Beck'scheReihe

Denker
BsR 539

W0338510

BsR

Mit den Vorsokratikern beginnt im sechsten und fünften Jahrhundert v. Chr. die griechische Philosophie. Der vorliegende Band führt mit philosophischem Anspruch, aber in leicht nachvollziehbaren Schritten in das Denken der Vorsokratiker ein. Im Mittelpunkt steht dabei die Darstellung und Analyse der Thesen und Argumente von Thales bis Demokrit. Später entwickelten Platon und Aristoteles viele ihrer Lehren in Auseinandersetzung mit dem vorsokratischen Denken. Vor allem auf diesem Umweg erlangen die Ideen der Vorsokratiker einen wichtigen Platz in der abendländischen Philosophie.

Christof Rapp ist wissenschaftlicher Assistent am philosophischen Seminar der Universität Tübingen und Redakteur der „Zeitschrift für philosophische Forschung". Veröffentlichungen: „Identität, Persistenz und Substantialität. Untersuchung zum Verhältnis von sortalen Termen und Aristotelischer Substanz" (1995); Herausgeber und Mitautor von „Aristoteles, Die Substanzbücher der *Metaphysik* (Z, H, Θ)" (1996); zahlreiche Aufsätze und Artikel v. a. zur antiken Philosophie.

Die Reihe „Denker" wird herausgegeben von Otfried Höffe, Professor für Philosophie an der Universität Tübingen. Über die weiteren Bände der Reihe siehe S. 280.

CHRISTOF RAPP

Vorsokratiker

VERLAG C. H. BECK

Die Deutsche Bibliothek – CIP-Einheitsaufnahme
Rapp, Christof:
Vorsokratiker/Christof Rapp. – Orig.-Ausg. – München :
Beck, 1997
(Beck'sche Reihe; 539)
ISBN 3 406 38938 4
NE: GT

Originalausgabe
ISBN 3 406 38938 4

Umschlagentwurf: Uwe Göbel, München
Umschlagabbildung: Thales von Milet. Römische Darstellung aus dem Philosophensaal das Museo Capitolino

Gesamtherstellung: C. H. Beck'sche Buchdruckerei, Nördlingen
Gedruckt auf säurefreiem, alterungsbeständigem Papier
(hergestellt aus chlorfrei gebleichtem Zellstoff)
Printed in Germany

Inhalt

Anhang

Abkürzungen und Zitierweise

AF	Allen, R. E./Furley, D. J. (Hg.), Studies in Presocratic Philosophy
DK	Diels, H./Kranz, W. (Hg.), Die Fragmente der Vorsokratiker
DL	Diogenes Laërtios, Leben und Meinungen berühmter Philosophen
Gen.Corr.	Aristoteles, De Generatione et Corruptione
HGP	Guthrie, W. K. C., A History of Greek Philosophy
KR	Kirk, G. S./Raven, J. E., The Presocratic Philosophers
KRS	Kirk, G. S./Raven, J. E./Schofield, M., The Presocratic Philosophers (überarbeitete Edition von KR); Seitenzahlen nach dt. Übers.
Met.	Aristoteles, Metaphysik
MOU	Mourelatos, A. P. D. (Hg.), The Presocratics
MXG	Pseudo-Aristoteles, De Melisso Xenophane Gorgia
Phys.	Aristoteles, Physik
PP	Barnes, J., The Presocratic Philosophers
Pyth.	Pindar, Pythische Oden

Die Fragmente der Vorsokratiker werden nach der Fragmentsammlung von Hermann Diels und Walther Kranz (= DK) zitiert. Dort wird zwischen Berichten über Leben und Lehre (= A) und den eigentlichen Fragmenten (= B) unterschieden. Den Buchstaben A oder B ist in der ausführlichen Zitierweise die Kapitelnummer des jeweiligen Autors in DK vorangestellt; sie kann entfallen, wo sich die Zugehörigkeit des Zitats aus dem Zusammenhang ergibt. Die auf die Buchstaben A oder B folgende Zahl gibt die Nummer des Fragments und ggf. die

Zeile an. Die angeführten Übersetzungen knüpfen mehr oder weniger frei an die Übersetzung von DK an; Zitate, denen ein von DK abweichender Wortlaut des griechischen Originals zugrunde liegt, sind eigens gekennzeichnet.

Wie üblich werden Platon nach den Seiten der Stephanus-Ausgabe (Venedig 1560ff.) und Aristoteles nach der Akademie-Ausgabe von Bekker (Berlin 1831) zitiert.

Um diesen Band einem weiteren Leserkreis zugänglich zu machen, werden die griechischen Ausdrücke und Zitate in lateinischer Umschrift wiedergegeben. Dabei steht *ô* für den griechischen Buchstaben ω, *ê* für η, *y* für υ, *ch* für χ.

Für Titel, die nur mit Autorennamen und Erscheinungsjahr angeführt werden (z.B. Fränkel [3]1968), siehe Bibliographie am Ende des Bandes.

Vorwort

Die vorliegende Einführung stellt die Vorsokratiker unter dem Aspekt vor, daß es sich bei ihnen um frühe Philosophen handelt. Sie geht davon aus, daß sich ihr Philosophieren grundsätzlich von derselben Art von Fragestellungen aus erschließen läßt, die wir seit Platon und Aristoteles kennen. Dies hat Konsequenzen für die Auswahl der zu behandelnden Autoren und für die Weise der Darstellung:

Insoweit die Vorsokratiker Philosophen sind, stellen sie Konzeptionen auf, die beanspruchen, das Wesen der Welt und unsere Erkenntnis davon angemessen erklären zu können. Bis zu einem gewissen Maße versuchen sie, diese Konzeptionen mit Argumenten zu untermauern. Solche Argumentationen können mehr oder weniger brauchbar, richtig oder falsch, in manchen Fällen aber auch irreführend sein. Meine Darstellung wird sich daher auf die Erörterung solcher Konzeptionen, auf ihre gedanklichen Voraussetzungen und auf die Brauchbarkeit der jeweils angeführten Argumente konzentrieren. Aus demselben Grund werde ich einige andere Fragen, die in der Vorsokratik-Literatur bisweilen im Vordergrund stehen, übergehen: etwa die Frage nach einem besonderen „Welt-“ oder „Lebensgefühl“ der Vorsokratiker, nach dem Verhältnis ihrer Lehren zu religiösen und kultischen Praktiken, nach möglichen Ursprüngen des philosophischen Denkens im Mythos und in der Dichtung oder nach dem Verhältnis zu politisch-historischen Ereignissen. Auf die Darstellung von Persönlichkeiten und Werken, die nur mit Blick auf solche Fragestellungen von Interesse sind, werde ich weitgehend verzichten. (Hierbei kommt mir entgegen, daß in der Denker-Reihe ohnehin ein eigener Band über Pythagoreer geplant ist.) Auf Einzelheiten des astronomisch-kosmologischen Weltbildes werde ich nur eingehen, insoweit sie sich mit philosophischen Fragen berühren.

Außerdem werde ich darauf verzichten, in der vorsokratischen Philosophie einen „anderen Anfang“ oder eine ursprüngliche Wahrheit zu suchen, die durch die platonische und aristotelische Tradition irgendwie verschüttet worden sei. Ein so ambitioniertes Projekt halte ich weder für durchführbar noch für erforderlich: Wenn nämlich alle Schichten der philosophischen Tradition abgetragen wären und wir der Vorsokratik als dem schlechthin Fremden gegenüberstünden, dann bliebe auch nichts, was wir interessant finden oder woran wir anknüpfen könnten. In diese Bresche springt allzu oft die visionäre Begabung des Interpreten oder die Vermutung, daß im „anderen Anfang“ der Philosophie genau das Gegenteil von dem gegolten haben muß, was wir als für die uns bekannte Philosophie kennzeichnend ansehen. So läuft die Entbergung des „anderen Anfangs“ oft nur auf die nicht weiter bemerkenswerte Feststellung hinaus, daß so, wie man in den Wald hineinruft, es einem auch wieder zurückhallt; oder philosophischer – mit den Worten Friedrich Nietzsches – gesagt: „Wenn jemand ein Ding hinter einem Busche versteckt, es ebendort wieder sucht und auch findet, so ist an diesem Suchen und Finden nicht viel zu rühmen“.

Bei der Ausarbeitung dieses Bandes habe ich viel von früheren Kommentaren zur vorsokratischen Philosophie profitiert; vor allem möchte ich J. Barnes’ erhellende Analysen erwähnen, aber auch die Darstellungen von G. S. Kirk, J. E. Raven, M. Schofield sowie von W. K. C. Guthrie. Christoph Horn danke ich für geduldige Korrekturen und Ermunterungen. Dem Herausgeber der Denker-Reihe, Otfried Höffe, danke ich für zahlreiche Überarbeitungsvorschläge, durch die der Text weniger schwerfällig wurde. Das Buch ist der genau vergeltenden Dikê und außerdem Bettina gewidmet.

C.R.

I. Einleitung

Die sogenannte „vorsokratische“ Epoche der Philosophie läßt man üblicherweise mit Thales von Milet um 600 v. Chr. beginnen; sie erstreckt sich bis etwa in das Jahr 380 v.Chr., dem Todesjahr des Atomisten Demokrit von Abdera, welcher Sokrates (gest. 399 v. Chr.) bereits um einige Jahre überlebt hat. Die Epoche der Philosophie vor Sokrates zerfällt selbst wiederum in ganz unterschiedliche Gruppierungen und Persönlichkeiten, weswegen es aussichtslos wäre, eine einheitliche Charakteristik der Vorsokratik geben zu wollen.

Die zeitlich erste dieser Gruppierungen ist die milesische oder ionische Naturphilosophie, die sich durch den Versuch charakterisieren läßt, eine einheitliche Substanz auszuweisen, aus der die Welt mit ihren mannigfaltigen Phänomenen und Veränderungen hervorgegangen ist; Kandidaten für einen solchen Stoff sind in dieser frühen Phase das Wasser, das Unbegrenzte (*apeiron*) und die Luft. Keiner Gruppierung zuordnen läßt sich der aus dem ionischen Kolophon stammende Xenophanes, der in das süditalische Elea ausgewandert sein soll und deswegen bisweilen mit der eleatischen Schule in Verbindung gebracht wird. Er ist bekannt für seine Kritik am konventionellen Götterglauben und Ansätze zu einem philosophischen Monotheismus. Pythagoras von Samos nimmt eine Sonderrolle unter den Vorsokratikern ein. Zwar übte er und die von ihm in Unteritalien gegründete Sekte offenbar einen erheblichen Einfluß auf verschiedene Philosophen aus, andererseits sind seine Lehren nach Form und Inhalt kaum der rational verfahrenden Philosophie zuzuordnen.

Etwa um 500 v.Chr. erleben sowohl Heraklit aus dem ionischen Ephesos als auch Parmenides aus dem süditalischen Elea ihre „Blütezeit“, ohne daß ein gegenseitiger Einfluß mit Bestimmtheit auszumachen wäre. Heraklits Aufmerksamkeit gilt dem Phänomen des Wechsels und der Bewegung sowie dem Zusammenhang von Gegensätzlichem. Beständig ist für ihn nur der eine *logos*, dem gemäß alles geschieht, was geschieht, für den die Menge der Menschen jedoch kein Verständnis zeige.

Parmenides' in epischen Versen verfaßtes Lehrgedicht übt einen maßgeblichen Einfluß auf die folgenden Systeme der frühgriechischen Philosophie aus. Parmenides entwickelt darin den Gedanken, daß das, was ist, nicht nicht-sein kann und daß nur das, was ist, gedacht werden kann. Aus diesem Ansatz leitet er die Unmöglichkeit des Entstehens und Vergehens sowie der Veränderung ab, so daß das Zeugnis der Sinne, demzufolge sich die Dinge verändern und entstehen oder vergehen, zu verwerfen ist. Das „eleatische" Philosophieren, das an Parmenides' Vorgabe festzuhalten versucht, wird von Zenon von Elea auf die Spitze getrieben: Zenon zeigt, welche Paradoxien sich ergeben, wenn man entgegen der Lehre des Parmenides die Phänomene der Vielheit und Bewegung zu retten versucht. Melissos von Samos stellt in den Mittelpunkt seines Denkens die monistische Konsequenz, zu der der Eleatismus führt, nämlich die Konsequenz, daß es nur ein einziges, räumlich und zeitlich unbegrenztes Seiendes geben kann.

Das Festhalten an der Parmenideischen Vorgabe, daß das Seiende nicht entstehen und nicht vergehen kann, kennzeichnet zwar auch die Systeme von Empedokles von Akragas, von Anaxagoras aus Klazomenai und der Atomisten, Leukipp von Milet und Demokrit von Abdera, doch anders als bei den Eleaten ist es das Ziel dieser Entwürfe, die Parmenideische Logik mit der Möglichkeit von Bewegung und Veränderung in Einklang zu bringen. Das Ergebnis dieses – allen gemeinsamen – Kompromißanliegens ist eine von ontologischen Fragestellungen geprägte Naturphilosophie, die sich gleichwohl in drei höchst unterschiedlichen Systemen niederschlägt.

1. Wann beginnt die Philosophie?

In der Geschichtsschreibung der Philosophie ist es üblich, Thales von Milet als den ersten Philosophen zu nennen. Die Tradition dieser Zuschreibung geht zurück auf das erste Buch der Aristotelischen *Metaphysik*, wo sich Aristoteles in den Kapiteln 3–9 mit den Ansichten seiner Vorgänger auseinandersetzt. Er entfaltet dort die Auffassung, daß die ersten Philosophen nur stoffliche Prinzipien (*archai*) des Seienden gekannt hätten und daß diese Art des Philosophierens von Thales aufgebracht worden sei, insofern er das Wasser als Prinzip angeführt habe (Met. 983b20ff.). Schon Aristoteles scheint sich aber einer gewissen Beliebigkeit dieser Festsetzung durchaus bewußt gewesen zu sein, denn er schränkt ein, daß ähnliche Auffassungen möglicherweise bereits sehr viel früher, nämlich in der epischen Dichtung, wo Okeanos und Tethys als Urheber aller Entstehung genannt werden, zu finden seien. Sinnvoller als der Versuch, den zeitlichen Anfang der Philosophie an irgendwelchen Personen festzumachen, ist daher die Frage nach sachlichen Kriterien und Entstehungsbedingungen, aufgrund deren es angemessen ist, bestimmte Personen und Strömungen der vorsokratischen Epoche der Philosophie zuzurechnen. Einen ersten Leitfaden dafür bietet der genannte Versuch des Aristoteles, das Denken seiner Vorgänger entlang der Frage zu rekonstruieren, welche Art von Prinzipien sie berücksichtigt hatten.

Die Frage nach den Prinzipien: Aristoteles charakterisiert die philosophische Aktivität als eine Wissenschaft von den obersten Prinzipien. Dabei umfaßt der entsprechende griechische Ausdruck *archê* die Bedeutungen „Prinzip, Ursache, Grund, Ursprung, Erklärung“. Daß das eigentliche Wissen nicht auf einzelne und zufällige, sondern auf allgemeine Sachverhalte aus ist und darüber hinaus nach deren Gründen fragt, ist für ihn ein grundsätzlicher Zug der Theoriebildung. Daß man nach den *obersten* Gründen oder Prinzipien fragt, ist dagegen ein Kennzeichen der Philosophie, die es nicht mit bereichsspezifischen Prinzipien zu tun hat, sondern mit den Prinzipien des Seienden überhaupt. Aristoteles sieht darin ein so allgemeines Merkmal der Philosophie, daß er auch keine Bedenken hat, die verschiedenen Ansätze seiner Vorgänger als die Verteidigung von Prinzipien zu beschreiben, obwohl diese selbst den Begriff des Prinzips so nicht gekannt haben.

Der Sache nach enthält die Vorstellung einer Prinzipienforschung Merkmale, die für die klassisch griechische Philosophie in der Tat kennzeichnend sind und die daher hinreichende Kriterien für das Vorliegen eines im engeren Sinn philosophischen Denkens darstellen können. Die Prinzipienforschung setzt nämlich voraus, daß sich die Wirklichkeit, so wie sie uns erscheint, für den Forscher nicht als schlechthin unhintergehbar darstellt, sondern daß sich hinter der Oberfläche dieser Wirklichkeit, die unserer Erfahrung und Wahrnehmung zugewandt ist, eine wahre und eigentliche Ebene der Wirklichkeit verbirgt, die den Ursprung, den Grund oder die Erklärung für die nur vordergründige Ebene darstellt.

Für die jüngeren Entwürfe der Vorsokratiker ist klar, daß eine solche Unterscheidung vorliegt; so kontrastieren die Atomisten die uns vertrauten makroskopischen Gegenstände als bloß temporäre Zusammensetzungen mit der eigentlichen Wirklichkeit; diese liegt für sie in den Atomen, aus denen die Welt zusammengesetzt sein soll. Auch für die mittlere Phase der vorsokratischen Philosophie liegt eine solche Unterscheidung ohne Frage vor: für Heraklit ist im eigentlichen Sinn nur der *logos* seiend, demzufolge alles geschieht, den die Mehrzahl der Menschen jedoch noch nicht einmal kenne. Ebenso steht bei Parmenides das eine Seiende der vordergründigen Welt des Entstehens und Vergehens und der Veränderung gegenüber. Für die früheste Phase, die der milesischen Naturphilosophie, lassen sich solche Feststellungen schon aufgrund der Überlieferungslage zwar nur unter Vorbehalt treffen, es scheint aber nicht unplausibel, in der Benennung eines Ur- und Grundstoffes ebenfalls die Auszeichnung einer Wirklichkeitsebene zu sehen, die sich gegenüber abgeleiteten Phänomenen der Wirklichkeit begründend verhält. Nun wird zwar in der milesischen

Philosophie nicht ausdrücklich nach Gründen, sondern vielmehr nach dem Ursprung oder der Herkunft gefragt; darin dürfte aber kein grundsätzliches Problem liegen, zumal sich auch noch die klassische Philosophie bisweilen der genealogischen Frage nach der Abstammung bedient, um in diachroner Form Bedingungsverhältnisse darzustellen, bei denen es auf die zeitliche Sukzession im wörtlichen Sinn gar nicht ankommt.

Die Frage nach der Erkenntnis: Die Unterscheidung zwischen einer nur vordergründigen und einer eigentlichen, ursächlichen Wirklichkeit ist sachlich und historisch eng verknüpft mit der Reflexion auf die Möglichkeiten und die Reichweite der menschlichen Erkenntnis; denn wenn die sinnlich erfahrbare Welt nicht alles und noch nicht einmal das Wesentliche ist, das es zu erkennen gibt, dann liegt es nahe, zur kritischen Beurteilung der menschlichen Erkenntnisfähigkeit im allgemeinen oder speziell der sinnlichen Erfahrung sowie zu einer Differenzierung unterschiedlicher Erkenntnisweisen überzugehen. Überlegungen, die deutlich erkenntniskritische Züge tragen, liegen erstmals bei Xenophanes vor. Von da an finden sich regelmäßig Ansätze zu einer Erfahrungs- oder Erkenntniskritik. Für Parmenides enthält bloße Erfahrung nichts Zuverlässiges; nur das kann gedacht oder erkannt werden, was im eigentlichen Sinne des Wortes *ist.* Daher vollzieht sich in der Parmenideischen Tradition die Erkenntniskritik immer auch als eine Kritik des Erkenntnisgegenstandes. Ausgearbeitete Wahrnehmungs- und Erkenntnislehren finden sich bei den jüngeren Naturphilosophen Empedokles, Anaxagoras und Demokrit.

„Vom Mythos zum Logos": Die Entwicklung, die zum Entstehen der ersten philosophischen Entwürfe im 6. Jahrhundert v. Chr. führte, wird in der Literatur immer wieder durch das Schlagwort „vom Mythos zum Logos" (so ein Buchtitel von Nestle 1942) charakterisiert. Der Tendenz nach ist es zweifellos richtig, daß an die Stelle überlieferter Mythen (etwa solcher, die die Entstehung der Welt oder bestimmte natürliche Phänomene erklären sollen) selbstgedachte Entwürfe treten und daß die Autorität der Tradition allein nicht mehr die

Richtigkeit irgendwelcher Erklärungen verbürgt, was zunehmend durch die Aufbietung von Evidenzen und schlüssigen Argumenten ausgeglichen werden muß. Unbestreitbar ist auch, daß der Verzicht auf personifizierende Darstellung einen entscheidenden Schritt auf dem Weg zur Bildung abstrakter Begriffe und allgemeiner Gesetzmäßigkeiten darstellt. Insofern die Formel aber impliziert, daß der Beginn der Philosophie lediglich in einer Entmythologisierung und Entpersonalisierung des bisher nur bildhaft Gesagten besteht, greift sie deutlich zu kurz:

So ist eine wesentliche Voraussetzung für die Entstehung der Philosophie die Bereitschaft, selbständig Modelle zur Erklärung einzelner Phänomene oder der Entstehung bzw. dem „Wesen" der Welt im ganzen zu entwerfen und sie in bewußter Konkurrenz zu traditionellen Erklärungen zu verteidigen. Das ist im Ansatz auch schon in der mythologischen Darstellungsform der Fall, wie etwa bei Hesiod, der eine bewußte Auswahl aus überlieferten Mythen trifft, um daraus eine passende Erklärung der Welt- und Götterentstehung zu konzipieren. Andererseits spielen bildhafte Darstellungsmomente und auch der reflektierte Mythos in der Philosophie noch lange Zeit eine wichtige Rolle. In vielen Fällen ist gerade in der frühen Philosophie eine sichere Entscheidung zwischen metaphorischem und literalem Wortgebrauch noch gar nicht möglich, auch wenn wir nach allen gängigen Kriterien zuversichtlich sind, es mit Philosophie zu tun zu haben. So ist mit der Eliminierung bildhafter Elemente zwar im allgemeinen ein Gewinn an Klarheit und Rationalität verbunden, ein viel wesentlicherer Rationalitätszuwachs dürfte hingegen mit der Bereitschaft und der Fähigkeit verbunden sein, Gründe für die eigene Konzeption anzuführen und bis zu einem gewissen Grad auch den Modell- und Hypothesencharakter solcher Konzeptionen zu durchschauen. Schließlich ist daran zu erinnern, daß auch die entmythologisierte Form dazu benutzt wird, dogmatisch vertretene Lehren mit irrationalen Anliegen vorzutragen.

Philosophie und Naturwissenschaft: Bisweilen wird versucht, die neu erlangte Wissenschaftlichkeit der Vorsokratiker mit der angeblich zentralen Rolle der Beobachtung und des Experimentes in dieser Zeit zu belegen (vgl. Burnet [4]1930, 24ff.). In *diesem* Sinn jedoch müßten die meisten ihrer Lehren als unwissenschaftlich gelten (kritisch auch Cornford in: AF I); indessen hängt längst nicht alles an einer induktiven Vorgehensweise und der Verwendung von Experimenten: Auch wenn sich die Vorsokratiker um eine Beschreibung natürlicher Abläufe bemühen, handelt es sich dabei um eine spekulative Form der Naturerklärung, bei der meist aufgrund eher zufälliger und als bedeutsam eingestufter Einzelbeobachtungen oder aufgrund ontologischer Vorgaben auf ein einheitliches Prinzip zur Erklärung der gesamten Welt geschlossen wird. Solche Erklärungen können falsch sein (und sind es in der Regel), aber brauchen deswegen nicht weniger rational zu sein.

Die Vorsokratiker als Aufklärer: Nach Popper (in: AF I) zeichnen sich die vorsokratischen Denker gegenüber dem Mythos vor allem dadurch aus, daß es sich um Forscher handelt, die als frühe Vorläufer der Kritischen Rationalisten offen für Kritik sind und ihre Theorien als vorläufig und stets verbesserbar durchschauen. Diese Beschreibung ist jedoch sehr fragwürdig; sie verlangt von den Vorsokratikern weit mehr, als nötig wäre, um als undogmatisch und prinzipiell rational zu gelten. Einerseits wirken die Vorsokratiker gegenüber der Autorität mythologischer Welterklärungen zweifellos als Aufklärer, ihre kritische Einstellung veranlaßt sie andererseits aber in der Regel nicht dazu, ihre eigenen Lehren unter den Vorbehalt einer möglichen Falsifikation zu stellen: Heraklit und Parmenides beispielsweise halten ihre Lehren für unwiderlegbar. In der Regel wird sogar versucht, die dargelegte Wahrheit gegen mögliche Angriffe zu immunisieren, was erst von der zweiten großen Aufklärungswelle in Griechenland, der Sophistik, konterkariert wird.

Philosophie und Theologie: Die Rolle der Theologie und der Religion unter den ersten Philosophen war in der Vergangenheit Gegenstand von Kontroversen: Einerseits zählte man eine gewisse Enttheologisierung zu den Entstehungsbedingungen der Philosophie (Burnet [4]1930), andererseits betonte man die

Bedeutung des Theologischen in der Vorsokratik (Cornford 1952, Jaeger 1953). Tatsächlich verfolgten die meisten der Vorsokratiker auch theologische Anliegen; insoweit diese theologischen Fragen in die Gesamtentwürfe integriert sind und nicht mehr dem naiven Vertrauen in Mythen entspringen, ist nicht zu sehen, wie dadurch die Entwicklung der eigentlichen Philosophie beeinträchtigt werden könnte. Zugleich ist aber auch vor einer Überbewertung des Theologischen zu warnen: Die meisten Konzeptionen behalten ihre Bedeutsamkeit und Konsistenz auch ohne die theologische Komponente, und oft spielt das Attribut des Göttlichen nur eine beiläufige Rolle.

Philosophie und Dichtung: Viele einzelnen Motive der frühen Philosophie gehen auf Vorbilder in der Dichtung zurück. Schon bei Platon und Aristoteles war es beispielsweise geläufig, die Behauptung des Thales, alles bestehe aus Wasser, auf eine Stelle bei Homer („Okeanos, den Ursprung der Götter, und die Mutter Tethys" *Ilias* XIV 201) zurückzuführen. In der Literatur zur Vorsokratik nimmt die Erforschung solcher Einflüsse und Abhängigkeiten oft großen Raum ein. Man darf nur nicht vergessen, daß die Herkunft eines Motivs für den philosophischen Wert einer daraus entwickelten Konzeption ohne Bedeutung ist; entscheidend ist vielmehr, zu welchem Zweck und mit welchen Argumenten solche Motive eingesetzt werden. Daß Dichtung und Philosophie bestimmte Themen und Motive gemeinsam haben, heißt daher weder, daß die betreffenden Dichter deshalb schon Philosophen, noch, daß die betreffenden Philosophen deswegen weniger rational wären. Ähnliches gilt für die oft bemühten ägyptischen und orientalischen Einflüsse auf die frühe griechische Philosophie: Daß hier und dort Vorstellungen nachweisbar sind, die anderenorts, nämlich in Griechenland, zur Entwicklung einer systematischen Philosophie führen, sagt offensichtlich über das Wesen des systematischen Philosophierens selbst nichts aus.

Lebensgefühl, Gestimmtheit, Vergänglichkeitserfahrung: Bisweilen wird in der Literatur zur frühgriechischen Philosophie ein besonderes Lebens- und Weltgefühl oder eine besondere „Gestimmtheit" für die Entwicklung der Philosophie verantwortlich gemacht. Insbesondere wird hierbei auf eine ausgeprägte Erfahrung der Vergänglichkeit und der Wechselhaftigkeit des Schicksals verwiesen. Literarische Zeugnisse für eine solche Erfahrung finden sich etwa bei Homer („Wie der Blätter Geschlecht, so ist auch das der Menschen": *Ilias* VI 147) oder bei Pindar, wo die Situation des Menschen wiederholt mit dem Kennwort „Tageswesen", „dem Tag unterworfen" (*ephêmeros, epameros*, vgl. Fränkel [3]1968, 23–39) beschrieben wird (z.B. „Eintagswesen: Was ist man? Was ist man nicht? Der Mensch – ein Schatten im Traum": *Pyth.* 8.25). Der Erklärungswert solcher Hinweise scheint jedoch dürftig: Es ist nicht einzusehen, was mit der Feststellung gewonnen sein soll, daß die Suche nach einem wahrhaft Seienden als Reaktion auf solche Erfahrungen verstanden werden muß, denn in jedem Fall sind diese Motive zu allgemein und zu vage, um das Zustandekommen der systematischen Philosophie überhaupt und bestimmter philosophischer Strömungen erklären zu können. Außerdem dürften auch in anderen Kulturen solche Erfahrungen gemacht worden sein, und dennoch ergab sich daraus keine der griechischen Philosophie vergleichbare Entwicklung.

Ethik: In der klassischen griechischen Philosophie nimmt die Auseinandersetzung mit ethischen Fragen einen zentralen Rang ein. Nun finden sich Ratschläge darüber, wie man leben und was man lassen soll, schon in der Dichtung oder bei den sogenannten „Sieben Weisen"; von einer systematischen Rückführung solcher Regeln auf wenige Prinzipien und der Herausbildung einer reflektierten Ethik sind solche Ansätze aber noch weit entfernt. Sporadisch ist zu beobachten, daß Verhaltensregeln von bestimmten Grundsätzen hergeleitet werden, wie bei den Pythagoreern das Verbot, Fleisch zu essen, auf die Annahme der Seelenwanderung zurückgeht; insgesamt aber spielen ethische Fragen in der vorsokratischen Philosophie eine untergeordnete Rolle. Erst die Sophisten und Sokrates lenken die Aufmerksamkeit konsequent auf die Möglichkeit einer Begründung ethischer Normen. In dieser und nur dieser Hinsicht ist es daher gerechtfertigt, Sokrates' Lehre und Wirkung als eine Zäsur gegenüber dem bisherigen Philosophieren anzusetzen.

2. Das Problem der indirekten Überlieferung

Die Beschäftigung mit den Denkern vor Sokrates und Platon ist von dem Umstand geprägt, daß von ihnen selbst keine originalen Werke erhalten sind. Was wir von ihnen besitzen, sind einerseits Zitate bei späteren antiken Philosophen und Schriftstellern und andererseits Zeugnisse oder „Testimonien", also Berichte über ihre Lehren, die gar nicht oder nur zum Teil durch Zitate belegt werden. In manchen Fällen scheint eine schriftliche Aufzeichnung von Zitaten und Lehrmeinungen ohne unmittelbare Vorlage nur aus dem Gedächtnis erfolgt zu sein. Viele der Quellen für Zitate und Lehrmeinungen stammen von Autoren, die mehrere Jahrhunderte später gelebt und so unter dem Einfluß ganz unterschiedlicher weltanschaulicher und philosophischer Strömungen, wie etwa der Stoa, des Skeptizismus oder des frühen Christentums, gestanden haben, was sich oft unmittelbar in Art und Auswahl der Zeugnisse niederschlägt.

Von besonderer Bedeutung sind die Originalzitate. Weil jedoch die meisten der antiken Autoren, denen wir solche Zitate verdanken, selbst keinen Zugang zu Quellen erster Hand hatten, kann oft nicht einmal die Authentizität eines Zitates als ohne weiteres gewährleistet gelten. Bei kürzeren Zitaten ergibt sich besonders die Schwierigkeit, den Anfang und das Ende des Zitats innerhalb des Textes sowie mögliche Interpolationen genau zu bestimmen. Außerdem verwenden die Autoren, die den Vorsokratikern zeitlich am nächsten standen, Platon (427–347 v.Chr.) und Aristoteles (384–322 v.Chr.), nur selten wirkliche Zitate. Reichlich Zitate finden wir erst bei viel späteren Autoren, wie dem Schriftsteller und Philosophen Plutarch (45–120 n.Chr.) und dem Skeptiker Sextus Empiricus (Ende 2. Jh. n.Chr.), außerdem bei den frühen christlichen Autoren Clemens von Alexandrien (gest. 215 n.Chr.) und Hippolytos (gest. 235 n.Chr.); letzterer scheint für seine *Refutatio omnium haeresium* wenigstens zum Teil Zugang zu guten Quellen gehabt zu haben.

Im 3. Jahrhundert n.Chr. lebte der griechische Biograph Diogenes Laërtios, dessen Buch über Leben und Lehrmeinungen bedeutender antiker Philosophen als Quelle für die vorsokratische Philosophie von unschätzbarem Wert ist. Diogenes selbst begeisterte sich zwar am meisten für kuriose Begebenheiten rund um das Leben und Sterben berühmter Philosophen, neben den vielen Anekdoten finden sich in seinem Buch aber auch Berichte über die Lehrmeinungen sowie zahlreiche Zitate. Die bei Diogenes verwendeten chronologischen Angaben gehen größtenteils auf eine Chronik des Apollodor zurück, der bereits im 2. Jahrhundert v. Chr. gelebt hat. Diese Daten sind bei vielen Philosophen die einzigen äußeren Anhaltspunkte für eine zeitliche Einordnung, gehen jedoch selbst schon auf eine Rekonstruktion zurück, insofern Apollodor die „Blütezeit“ (*akmê*; lat.: das *„floruit“*), das 40. Lebensjahr, eines Philosophen an einer herausragenden persönlichen Leistung oder an einem historischen Ereignis festmacht und den zeitlichen Abstand zwischen vermeintlichen Lehrern und Schülern in der Regel auf vierzig Jahre festlegt.

Eine weitere wichtige Quelle für Zitate ist die bereits aus dem 5. Jahrhundert n.Chr. stammende *Anthologie* des Johannes Stobaeus. Aus dem 6. Jahrhundert n.Chr. schließlich stammt der Aristoteles-Kommentar des Neuplatoniker Simplikios, der die bedeutendste Quelle für das Lehrgedicht des Parmenides darstellt.

Unter den Zeugnissen sind Platons Dialoge von besonderer Bedeutung. Platon setzt sich des öfteren mit Meinungen seiner Vorgänger auseinander, bisweilen läßt er sie sogar als unmittelbare Gesprächspartner (meistens) des Sokrates auftreten. Trotz dieser Fülle an Material ist Platon alles andere als zuverlässig, weil es ihm nie darum geht, die Lehre eines Vorgängers möglichst authentisch darzustellen. Viele dieser Darstellungen sind in deutlich ironischer Absicht verfaßt, andere sind von vornherein auf den zu erbringenden Nachweis einer Inkonsistenz des betreffenden Standpunktes hin angelegt. Vor allem aber sind Platons Dialogfiguren meistens zu idealtypischen Vertretern einer bestimmten Position stilisiert, wobei es auf die Einzelheiten der historischen Vorlage nicht ankommt.

Auch bei den Zeugnissen des Aristoteles ist Vorsicht angebracht, jedoch aus ganz anderen Gründen. In der Methodologie des Aristoteles spielt die Anknüpfung an die Lehren der Vorgänger eine zentrale Rolle: sie bilden stets den Ausgangspunkt für seine eigenen Untersuchungen. Es wäre daher abwegig, Aristoteles eine gewollt verfälschende Absicht zu unterstellen, denn er würde damit ja seiner eigenen Argumentation die Grundlage entziehen. Weil Aristoteles aber davon überzeugt ist, daß seine Vorgänger nichts grundsätzlich anderes suchten als er selbst und dabei durchaus – wenn auch nur undeutlich, „stammelnd" und nur in begrenzten Ausschnitten – ein Stück von genau der Wahrheit trafen, an der ihm auch selbst gelegen ist, legt er den Vorgängern oftmals seine eigenen Fragestellungen und vor allem seine eigene Terminologie in den Mund. Die Nuancen, auf die es einer hermeneutisch reflektierteren Interpretation gerade ankommt, bleiben bei dieser Art der Berichterstattung oft auf der Strecke.

Die nach Platon und Aristoteles wichtigsten Zeugnisse entstanden in oder im Umkreis der Aristotelischen Schule, dem Peripatos, und weisen daher oft deutliche Abhängigkeiten von der Aristotelischen Rekonstruktion vorsokratischer Philosopheme auf. Aristoteles' Schüler Theophrast verfaßte ein zahlreiche Bücher umfassendes Werk mit dem Titel „Lehrmeinungen der Naturphilosophen", von dem jedoch nur ein einziges Buch, nämlich „Über die Sinneswahrnehmung", in weiten Teilen erhalten ist. Ein Buch, das über die stofflichen Prinzipien handelt, ist zwar auch verloren, wurde aber von Simplikios im 6. Jahrhundert n.Chr. aus – ebenfalls verlorenen – Kommentaren des Alexander von Aphrodisias exzerpiert. Weitere Einzeldarstellungen, die Theophrast von vorsokratischen Philosophen verfaßt hat, sind ebenfalls verloren. Andere Aristoteles-Schüler, wie Eudem und Menon, verfaßten wissenschaftshistorische Werke, u.a. über die Mathematik, Astronomie und Medizin, oder wie Aristoxenos Philosophen-Biographien.

Später angelegte Sammlungen der naturphilosophischen Lehrmeinungen (griech.: *doxai*, lat.: *placita*), die Doxographien, sind in erheblichem Maß von Theophrasts Werk abhängig. Eine zentrale Rolle für die an Theophrast anknüpfende Tradition spielt die verlorene Schrift eines unbekannten Autors des 1. Jahrhunderts v.Chr., die in der Forschung als *Vetusta Placita* bezeichnet wird. Diese Schrift nämlich wurde im 2. Jahrhundert n.Chr. von einem Autor namens Aëtios als Vorlage benutzt und ergänzt. Auch diese Schrift ist nicht überliefert, sie läßt sich jedoch als die gemeinsame Quelle zweier anderer Schriften, nämlich Pseudo-Plutarchs *Epitomê* (2. Jahrhundert) und der *Anthologie* des Stobaeus, rekonstruieren (was Diels in einer Studie von 1879 unternommen hat). Weitere wichtige Zeugnisse sind schließlich in den *Stromateis* eines Autors des 2. Jahrhunderts enthalten, der unzutreffenderweise mit Plutarch identifziert wurde (daher „Pseudo-Plutarch“, jedoch nicht mit dem Autor der *Epitomê* identisch).

Insgesamt also sind die uns zugänglichen Zeugnisse der vorsokratischen Philosophie alle unter dem Einfluß von späteren philosophischen Schulen entstanden, wobei vor allem die in der Aristotelischen Schule entstandenen Zeugnisse eine Schlüsselrolle einnehmen. Man macht daher häufig die Erfahrung, daß die traditionellen Darstellungen der frühgriechischen Philosophie bereits Begriffe und Vorstellungen der Peripatetiker aufweisen, die so von den vorsokratischen Philosophen selbst noch nicht verwendet werden konnten. Aus dieser Einsicht hat etwa Cherniss (1935) wegweisende Konsequenzen gezogen und auf die unangemessene Verwendung Aristotelischer Denkmodelle bei der Darstellung und Kritik vorsokratischer Philosophie hingewiesen. Spätestens seit Forschern wie Cherniss gehört es daher zu den Standards seriöser Vorsokratik-Forschung, Versatzstücke peripatetischer Interpretation in den erhaltenen Zeugnissen aufzuspüren und kenntlich zu machen.

Allerdings mischt sich in die philologisch wohlbegründete Vorsicht im Umgang mit solchen Zeugnissen bisweilen ein Motiv, das in der Konsequenz zu einer radikalen Skepsis gegenüber den antiken Zeugnissen führt: Es handelt sich um die von Friedrich Nietzsche angeregte und von Martin Heidegger zum maßgeblichen Modell der Philosophiegeschichte erhobene Vorstellung, die von Sokrates, Platon und Aristoteles geprägte klassische Philosophie (die „abendländische Metaphysik" wie Heidegger sagt) stelle einen so tiefgreifenden Einschnitt dar, daß von ihrem Boden aus der frühere und ursprüngliche Erkenntnisstand der Vorsokratiker nicht mehr adäquat nachvollzogen werden könne. Wichtig ist nun zu sehen, daß sich die aus solchen Vorstellungen resultierende Verdächtigung der von Aristoteles und der „abendländischen Metaphysik" geprägten Zeugnisse nicht primär auf die Quellenlage berufen kann, sondern das Ergebnis einer philosophischen Konstruktion ist, die man richtig finden kann oder auch nicht.

Wie auch immer man zu dem Modell Heideggers steht: Die Annahme des Aristoteles, die Philosophie vor seiner Zeit habe sich nach und nach von einer nur unklaren und undifferenzierten Artikulation zu einem immer klareren und begrifflich differenzierteren Status entwickelt, ist jedenfalls nicht unplausibler als der konträre Standpunkt, daß eine ursprüngliche und keiner weiteren Entwicklung bedürfende Einsicht mit einem Mal nicht mehr verstanden werden konnte. Deshalb scheint es durchaus ratsam zu sein, das Wenige, das über die Vorsokratiker zuverlässig gesagt werden kann, durch die Reaktionen der Nachfolger, also auch durch die Platonischen und Aristotelischen Interpretationen, zu stützen. Der Blick auf die Deutung durch die unmittelbaren Nachfolger ist dazu geeignet, grundlegende Interpretationsentscheidungen zu stabilisieren, auch wenn es trivialerweise wahr ist, daß durch die Interpretationen der Nachfolger nicht automatisch die eine oder andere Lesart autorisiert wird.

II. Erste Schritte: Die milesische Naturphilosophie

1. Thales von Milet

Die Lebensdaten des Thales lassen sich relativ zuverlässig angeben, weil die Sonnenfinsternis, die Thales der Überlieferung zufolge vorhergesagt haben soll, nach astronomischen Berechnungen im Jahr 585 v.Chr. stattgefunden haben muß. Das paßt zu den Angaben in der Chronik des Apollodor, wonach Thales während der 58. Olympiade, also in den Jahren zwischen 549 und 545, gestorben sei. Thales lebte in der ionischen Stadt Milet, die auch die Heimat seiner philosophischen Nachfolger Anaximander und Anaximenes war; Thales' Vorfahren sollen nach dem Bericht von Herodot (*Historiae* I 170) von einem phönikischen Geschlecht abstammen. Verschiedene Zeugnisse bringen Thales mit östlichen Weisheitslehren, insbesondere mit der ägyptischen Philosophie und Geometrie in Verbindung. In diesem Zusammenhang stehen auch Berichte über Reisen des Thales nach Ägypten (z.B. DK 11A11). Solche Einflüsse sind keineswegs unwahrscheinlich. Angaben wie diese stehen jedoch unter dem Vorbehalt, daß Ägypten in der griechischen Welt traditionell als das Ursprungsland der Philosophie und der Wissenschaften galt, so daß die Verbindung des vermeintlich ersten griechischen Philosophen mit der ägyptischen Wissenschaft auch das Ergebnis einer Rekonstruktion sein könnte. Daß Thales seine Lehren schriftlich niedergelegt hat, gilt als unwahrscheinlich, wenngleich ihm spätere Quellen ein Buch mit dem Titel „Seefahrers Sternenkunde" zuschreiben (vgl. DL I 23).

a) Ein typischer Weiser

Thales gilt in der griechischen Literatur als der Prototyp des Weisen; so werden ihm unterschiedliche Errungenschaften aus dem Bereich der Geometrie, Astronomie, dem Navigations- und dem Ingenieurswesen zuerkannt. Man kann jedoch davon ausgehen, daß ein Großteil der kursierenden Zuschreibungen dem von Thales verkörperten Typus und weniger der historischen Person gelten dürften:

Als typischer Weiser taucht Thales konstant in den ansonsten schwankenden Auflistungen der sogenannten „Sieben Weisen" auf (eine repräsentative Liste in: Platon, *Protagoras* 343a; bis zu siebzehn Weise dagegen in: DL I 40–42). Bei den Sieben Weisen handelt es sich um angesehene Persönlichkeiten des öffentlichen Lebens, die vor allem wegen besonders gelungener Spruchweisheiten (*apophthegmata*) zitiert werden; neben Thales ist Solon, der Gesetzgeber von Athen, ein typischer Exponent dieser Gruppe. Zur allgemeinen Charakteristik der Sieben Weisen passen daher Berichte, die politische und praktische Ratschläge des Thales hervorheben, wie etwa den Rat, den er den Ioniern erteilt haben soll (Herodot, *Historiae* I 170), eine gemeinsame Ratsversammlung in der Mitte Ioniens einzurichten. Ebenfalls bei Herodot (*Historiae* I 75) findet sich die Geschichte, wie Thales das Heer des Kroisos über den Fluß Halys gebracht haben soll: er ließ um das Heer herum einen halbmondförmigen Bogen ausheben, in den Wasser umgeleitet wurde, so daß das Heer den dadurch trockengelegten Teil des alten Flußbetts überqueren konnte.

Dazu dürfte kaum passen, daß Thales in einer anderen Gruppe von Anekdoten zum Repräsentaten der lebenspraktischen Untauglichkeit des Philosophen stilisiert wird. So war die Geschichte im Umlauf, daß Thales im Zuge seiner astronomischen Studien so konzentriert zum Himmel sah, daß er in einen Brunnen stürzte, wofür er von einer Magd aus Thrakien (vgl. Platon, *Theaitet* 174a) ausgelacht wurde. Aus dem Gegensatz zu der erstgenannten Gruppe von Erzählungen wird ein tiefgreifender Wandel im Begriff und der Wertschätzung des sogenannten „Weisen" deutlich. Um die Rechtfertigung der philosophischen Lebensweise ist eine Erzählung bemüht, die zeigen soll, „daß es für Philosophen leicht ist, reich zu werden, wenn sie nur wollen, aber daß es nicht dies ist, woran ihnen liegt" (Aristoteles, *Politik* 1259a17f.): Thales habe nämlich schon im Winter vor einer zu erwartenden reichen Olivenernte alle Ölpressen angemietet und auf diese Weise bei der kommenden Ernte einen satten Gewinn erzielt.

b) Astronomie, Meteorologie und Mathematik

Daß Thales Entdeckungen im Bereich der Astronomie gelungen seien, geht aus verschiedenen Quellen hervor. Im einzelnen gibt es Berichte von der Berechnung und Vorhersage der Sonnenwende (DL I 23) und der Beobachtung von Sternbildern zum Zwecke der Navigation (vgl. DK 11A3). Aber keine dieser Errungenschaften hat einen solchen Eindruck hinterlassen wie die erwähnte Vorhersage der Sonnenfinsternis von 585 v.Chr., von der Herodot berichtet (*Historiae* I 74). Eine besondere Dramatik kommt dem Ereignis dadurch zu, daß sich die Verfinsterung der Sonne während einer Schlacht im Krieg zwischen Lydern und Medern ereignete und auf diese Weise dazu beitrug, den schon mehrere Jahre anhaltenden Krieg zu beenden. Wie es Thales allerdings gelungen ist, das Eintreten einer Sonnenfinsternis zu berechnen, ist einigermaßen rätselhaft; allgemein wird angenommen, daß ihm die babylonischen Aufzeichnungen früherer Sonnenverfinsterungen zugänglich waren und er seine Vorhersage (vermutlich nur des Jahres, nicht des exakten Datums) auf dieses Erfahrungsmaterial und nicht auf eine wirkliche Berechnung stützte.

Thales wird auch eine originelle Theorie zur Überschwemmung des Nils zugeschrieben (Herodot, *Historiae* II 20), was bemerkenswert ist, weil seine Erklärung durchaus mit einer naturwissenschaftlichen Hypothesenbildung vergleichbar scheint. Allem Anschein nach hatte Thales einen zeitlichen Zusammenhang zwischen der Überschwemmung des Nils und den sogenannten Etesien – das sind vom Norden her wehende Winde im östlichen Mittelmeer – beobachtet und daraus gefolgert, daß es diese Winde sind, die den Nil daran hindern, ins Meer abzufließen, und so das Ansteigen des Wasserstandes zu verantworten haben.

In Ägypten soll Thales die Pyramiden nach ihrem Schatten bemessen haben, indem er denjenigen Zeitpunkt zuhilfe nahm, zu dem die Schatten der Menschen genauso groß sind, wie sie selbst (DL I 27). Der „Geschichte der Geometrie" des Eudem von Rhodos zufolge soll Thales den Zweiten Kongruenzsatz, nämlich daß Dreiecke, bei denen eine Seite und die beiden anliegenden Winkel gleich sind, selbst gleich sind, formuliert haben. Mit diesem Satz sei ihm auch möglich gewesen, die Entfernung von Schiffen zu berechnen (vgl. DK 11A20). Nach derselben Quelle soll Thales außerdem als erster gewußt haben, daß die Basiswinkel im gleichschenkligen Dreieck gleich sind und daß bei zwei sich rechtwinklig schneidenden Geraden die Scheitelwinkel gleich sind. Außerdem soll er als erster bewiesen haben, daß der Durchmesser den Kreis halbiert. Ob hingegen der nach ihm benannte Satz über das Einbeschreiben eines rechtwinkligen Dreiecks in einen Kreis von Thales selbst stammt, ist nicht sicher zu entscheiden: Zwar verweist Diogenes Laërtios (DL I 24) auf einen Bericht der Pamphila, wonach Thales als erster ein rechtwinkliges Dreieck in einen Kreis einbeschrieben „und dann (darauf) einen Ochsen geopfert" habe, andere Quellen dagegen schreiben diesen Satz erst Pythagoras zu.

c) Die Thesen vom wäßrigen Kosmos

Den philosophisch relevanten Beitrag des Thales sah man immer schon in dessen Thesen über die Rolle des Wassers. Ob es sich jedoch bei den betreffenden Bemerkungen über das Wasser als Prinzip tatsächlich um Behauptungen von dem Typ handelt, wie man sie bei Thales' milesischen Nachfolgern Anaximander und Anaximenes mit einiger Wahrscheinlichkeit ausmachen kann oder ob es sich lediglich um den Ausdruck einer durchaus verbreiteten Wertschätzung handelt (vgl. Pindars „*ariston men hydôr* – das Beste ist Wasser", *Olympische Ode* I 1), wäre erst durch den exakten Wortlaut zu entscheiden, der jedoch nirgendwo überliefert ist. Auch Aristoteles, auf dessen Zeugnis wir in diesem Punkt angewiesen sind, äußert sich nur mit deutlicher Vorsicht zu Thales, so als habe er sich auch selbst auf eine zweifelhafte Überlieferung stützen müssen.

Genau genommen sind es zwei voneinander unabhängige Thesen, die Thales hinsichtlich der Bedeutung des Wassers zugeschrieben werden: erstens handelt es sich um die bekannte These, wonach – in den Worten des Aristoteles – Wasser das Prinzip oder der Ursprung (aller Dinge) sei; zweitens wird über die Vermutung berichtet, daß die Erde wie ein Stück Holz auf dem Wasser treibe (Aristoteles, *De Caelo* 294a28ff. = DK 11A14). Aristoteles stellt beide Gedanken in einen Zusammenhang, indem er die zweite Hypothese als eine Konsequenz aus der ersten darstellt. Was die zweite These angeht, so fühlt man sich bei dem Bild der auf dem Wasser treibenden Erde zwar an die aus der Mythologie stammende Vorstellung erinnert, daß der Okeanos die runde Erde umfließe (vgl. Homer, *Ilias* XVIII 607f., Herodot, *Historiae* IV 8); daß die Erde auf dem Wasser schwimme, scheint im griechischen Mythos dagegen nicht vorzukommen. Verschiedene Kommentatoren weisen deshalb auf ähnliche Vorstellungen in der ägyptischen und babylonischen Mythologie hin (vgl. z.B. Hölscher 1968, 40 ff.). Wichtiger als die Frage nach der Herkunft einer solchen Vorstellung scheint jedoch zu sein, in welchem Zusammenhang und mit welcher Absicht er von dieser These Gebrauch gemacht hat. Hierzu fällt auf, daß Aristoteles diese Lehre umstandslos als einen Lösungsvorschlag für das Problem akzeptiert, wie es möglich sei, daß die Erde sich in einer stabilen Lage befindet. Er billigt zwar den Vorschlag des Thales am Ende nicht, weil man dann ebenso nachweisen müsse, wodurch das die Erde tragende Wasser zu seiner stabilen Lage kommt; aber immerhin wäre Thales' These, wenn sie tatsächlich aus diesem Kontext stammen sollte, ein durchaus erwägenswerter und nicht-mythologischer Versuch, für ein gängiges Problem eine Lösung zu finden. Spätere Quellen (nämlich Seneca, der sich seinerseits auf Vorlagen aus dem Umkreis von Aristoteles bzw. Theophrast gestützt haben dürfte; vgl. DK 11A15) verbinden mit dem Modell der auf dem Wasser schwimmenden Erde zusätzlich den Versuch, das Zustandekommen von Erdbeben durch die Bewegung des Wassers zu erklären, was ebenfalls für den nicht-mythologischen Charakter dieser Lehre sprechen würde.

Um sich dem Sinn der ersten und bekannteren These des Thales, Wasser sei das Prinzip, anzunähern, ist kurz der Zusammenhang zu umreißen, in dem Aristoteles ihm diese Auffassung zuschreibt. Aristoteles behandelt im ersten Buch der *Metaphysik* seine philosophischen Vorgänger unter dem Gesichtspunkt, welche Art von Prinzipien diese schon gekannt hätten, nachdem er zuvor alle Philosophie als eine Wissenschaft von den obersten Prinzipien bestimmt hatte. Sein Anliegen ist es zu zeigen, daß von den vier Typen von Ursachen bzw. Prinzipien, die er selbst unterscheidet (nämlich Stoff-, Form-, Bewegungs- und Zweckursache), seine Vorgänger jeweils nur einen oder zwei, keiner aber alle vier Typen gekannt habe. Dabei sieht es Aristoteles als ein Merkmal der frühesten Philosophen an, daß sie ausschließlich über Prinzipien im stofflichen Sinne gehandelt haben; Thales, der das Wasser als (stoffliches) Prinzip bezeichnet haben soll, komme es zu, diese Art des Philosophierens aufgebracht zu haben.

Besonders interessant wäre es zu wissen, wodurch Thales zu dieser Auffassung gebracht worden sein könnte, aber schon Aristoteles konnte darüber nur Vermutungen anstellen: „Zu dieser Annahme könnte er (Thales) vielleicht durch die Beobachtung gelangt sein, daß die Nahrung aller Dinge feucht ist und aus dem Feuchten das Warme selbst hervorgeht und dadurch lebt . . . und auch dadurch, daß die Samen von allem von Natur aus feucht sind, das Wasser aber für das Feuchte Prinzip seiner Natur ist“ (Met. 983b22–27). Theophrast vermutet außerdem, daß Thales ein Austrocknen der Leichen als einen Beleg für seine These angesehen habe (vgl. das Theophrast-Referat bei Simplikios, DK 11A13). Weil schon Aristoteles diese Begründungen nur als Vermutungen anführt, ist es unwahrscheinlich, daß sie unmittelbar auf Thales zurückgehen, vielmehr dürfte Aristoteles aus den im Umlauf befindlichen Begründungen diejenigen ausgewählt haben, die ihm am ehesten einen plausiblen Kern zu enthalten schienen. Der Verdacht, daß die aufgezählten Gründe zumindest nicht direkt von Thales stammen, ergibt sich auch aus folgendem: Mindestens einen der genannten Gründe schreibt Aristoteles an anderer Stelle (*De Anima* 405b1ff.) auch Hippon zu, der ca. 150 Jahre nach Thales, also um 450–420 v.Chr., dessen Lehre vom Wasser als Grund aller Dinge zu erneuern versuchte, indem er etwa einen Zusammenhang des Grund- und Brunnenwassers mit dem Meer behauptete (DK 38B1; weitere Zeugnisse unter DK 38A1–19). So wäre es denkbar, daß alle angeführten Gründe der Vorlage bei Hippon entliehen sind.

Was den Wortlaut der Thaletischen These selbst angeht, so ist weitgehend unbestritten, daß das Wort „Prinzip“ (*archê*) der Interpretation des Aristoteles zuzuschreiben ist, weshalb die Aristotelische Formulierung am besten im Sinne von „was ich ‚Prinzip‘ nenne, ist bei Thales das Wasser“ gelesen werden sollte. Außerdem ist klar, daß Thales selbst das Wasser nicht als *stoffliches* Prinzip charakterisieren würde, weil dies nur vor dem Hintergrund der Form-Stoff-Distinktion einen Sinn ergäbe, über die er aber sicher nicht verfügte. Wenn außerdem die oben angeführten Gründe auch nur ungefähr in die Richtung von Thales Intention weisen sollten, dann wäre klar, daß das Wasser dabei als so etwas wie ein lebenspendendes Prinzip gedacht ist. Schon deswegen wird es nicht nur im Aristotelischen Sinne eines Stoffes verstanden, sondern enthält Teilaspekte der Form-, Bewegungs- und Zweckursache. Welches also die Aristotelischen Anteile an der Vorstellung vom Wasser als eines stofflichen Prinzips sind, läßt sich relativ genau bestimmen; was sich als authentische Behauptung des Thales ergibt, wenn man diese Anteile einklammert, bleibt dennoch unklar. Ein wenig hilft die Beobachtung weiter, daß Aristoteles offenbar darum bemüht ist, eine Brücke zu schlagen zwischen seinem Begriff des Prinzips und „dem, woraus alles entsteht“ (Met. 983b24f.). Und weil letztere Formulierung zugleich dem Frage-Typus entspricht, der Thales vom genealogischen Mythos her vertraut ist, liegt die Vermutung nahe, daß die Lehre, von der Aristoteles Kenntnis hatte und die er in seinen eigenen Worten wiedergibt, ungefähr „alles ist aus Wasser" oder „alles wurde aus Wasser" (*panta ek hydatos*) gelautet haben muß.

Die Formel, daß alles aus Wasser sei, bietet signifikante Mehrdeutigkeiten, die für eine philosophische Deutung entscheidend sind. Erstens kann damit gemeint sein, daß alle Dinge aus Wasser *bestehen*, so daß auch von allen Dingen gesagt werden könnte, sie *seien* Wasser – „sein" im Sinn der materialen Konstitution (wie z.B. in „x ist Holz", „x ist hölzern") (1). Zweitens kann aber auch gemeint sein, daß alle Dinge ihren Ursprung im Wasser haben bzw. aus Wasser *entstanden sind*, ohne aber selbst andauernd in einem gewissen Sinn Wasser zu sein (2). Außerdem ist nicht unerheblich, ob damit gemeint ist, daß jedes einzelne Ding unmittelbar aus Wasser besteht (1.1) bzw. unmittelbar aus Wasser entstanden ist (2.1) oder ob nur jedes Ding aus solchen Dingen besteht, die letztlich aus Wasser bestehen (1.2) bzw. nur aus solchen Dingen entstanden ist, die letztlich aus Wasser entstanden sind (2.2). So könnte etwa im Sinne von (2.2) nur die Erde aus dem Wasser entstanden sein, die auf der Erde existierenden Wesen aber aus der Erde o.ä. Nur die These (1.1) bringt einen strikten materialen Monismus zum Ausdruck, den man traditionell mit der milesischen Philosophie assoziiert, während sich die Thesen (1.2), (2.1) und (2.2) in dieser Reihenfolge zunehmend von einem monistischen Ansatz entfernen.

Aristoteles tendiert bei seiner Darstellung deutlich zu einer Beschreibung im Sinne von Lesart (1): So erläutert er den Gedanken eines stofflichen Prinzips, indem er das Prinzip als dasjenige darstellt, was bleibt, während sich alles andere ändert, und die Persistenz des stofflichen Substrats damit vergleicht, daß etwa Sokrates bestehen bleibt, während Merkmale wie „schön" und „musisch" kommen und gehen. Nach dieser Beschreibung wäre ein bestimmter Stoff – bei Thales das Wasser – deswegen als die eigentliche Wirklichkeit anzusehen, weil er durch alle Veränderungen der phänomenalen Welt hindurch bestehen bleibt und sich alle einzelnen Phänomene im Vergleich zu ihm nur wie flüchtige Eigenschaften oder Modifikationen dieses Stoffes ausnehmen. Die vielen einzelnen Dinge der Welt würden sich lediglich durch die Art und Weise unterscheiden, wie sie den einen Stoff modifizieren. Dieses Erklärungsmodell hat nicht zu Unrecht das Mißtrauen einiger Interpreten geweckt, weil darin schon zu deutlich das Aristotelische Substanz-Akzidens-Modell unterstellt wird. Als Alternative dazu wäre die Vorstellung zu berücksichtigen, daß Veränderung in dieser Phase der Philosophie überhaupt nicht als Wechsel von Eigenschaften an einem persistierenden Substrat, sondern als eine Art von substratloser Mischung und Rekomposition gedacht wurde (vgl. dazu Heidel in: MOU).

Eine etwas schwächere Lesart liegt der Aristotelischen Standardformulierung zugrunde, das Prinzip sei das, „woraus als Erstem das Seiende entsteht und wohinein es am Ende wieder untergeht"; Aristoteles behandelt mit dieser Formel den fraglichen Stoff als denjenigen elementaren Baustein, aus dem alle Dinge entstanden sind und aus dem sie zugleich bestehen, weil nach ihrem Vergehen wiederum nur dieser Stoff übrigbleibt. Da nach dieser Beschreibung nicht jedes einzelne Ding unmittelbar aus dem betreffenden Stoff zu bestehen braucht, der Stoff auf einer basalen Ebene aber doch zu persistieren scheint, weist diese Formulierung in die Richtung von (1.2). Allerdings dürfte die Vorstellung, daß das Vergehen ein ungebundenes Vorkommen der elementaren Stoffe hervorruft, wohl kaum von Thales vertreten worden sein. Gut denkbar bleibt daher, daß Thales' Intention sich mit keiner der Aristotelischen Beschreibungen deckt und im Sinne von (2.1) oder (2.2) zu verstehen ist. Dies wäre wohl auch die Form, die dem Sinn der Woher-Frage der Mythologie am nächsten käme. Die Auszeichnung des Wassers als eines Prinzips hätte in den beiden Fällen (1) und (2) ganz unterschiedliche Implikationen: Während nach (1) schon eine Art von „metaphysischer Zäsur" zwischen scheinbarer und wahrer Welt impliziert wäre, insofern mit dem Wasser eine einheitliche, permanente und elementare Ebene der Wirklichkeit gefunden ist, die den vielfachen, flüchtigen und komplexen Phänomenen gegenübergestellt wird, würde nach (2) mit dem Wasser lediglich dasjenige, was Ursprung für anderes ist, aber selbst keinen Ursprung aus anderem hat, gegenüber demjenigen ausgezeichnet, was einen Ursprung aus anderem hat.

Im Unterschied zu den offensichtlich aristotelisch gefärbten Fragen nach einem stofflichen Prinzip oder einem permanenten Substrat hat die so verstandene Frage nach dem Ursprung am ehesten die Chance, als authentisch zu gelten. Obwohl diese Fragestellung eine gewisse Verwandtschaft mit dem Interesse der Götter- und Weltentstehungsmythen verrät, braucht sie selbst durchaus nicht vor-philosophisch oder irrational zu sein: Entscheidend ist, daß bei der Rückführung auf einen Ursprung die vielfältigen Erscheinungen der Welt auf einen einzigen oder einheitlichen Ursprung reduziert werden können. Die Reduktion von Vielem und Komplexem auf Weniges und Einfaches ist das, was auch wir unter einer Erklärung verstehen, so daß nichts im Wege steht, die Frage nach dem Ursprung als die vielleicht anschaulichste Form solcher Reduktions- und Erklärungsbemühungen anzusehen.

d) Der beseelte Magnet

Während man den übrigen Zeugnissen mit etwas gutem Willen Ansätze zu einem wissenschaftlichen Denken oder wenigstens Alternativen zur mythologischen Welterklärung entnehmen kann, ist man versucht, die Nachrichten, Thales habe dem Magnetstein eine Seele zugesprochen und meine außerdem, daß alles voll von Göttern sei, als Kuriosität abzutun. Zumindest für die These vom beseelten Magneten ergibt sich jedoch ein gut nachvollziehbarer Sinn:

Der Zusammenhang, in dem über diese Auffassung des Thales berichtet wird, ist Aristoteles' Schrift *Über die Seele* (*De Anima* 409a19–21 = DK 11A22); hier wie auch sonst in der vorchristlichen Zeit bedeutet ‚eine Seele zu haben' zunächst einmal, lebendig zu sein. Dabei hält Aristoteles zwei Kriterien fest, durch die man das Beseelte vom Unbeseelten unterscheidet, und zwar erstens die Fähigkeit zur Bewegung und zweitens die Fähigkeit zur Wahrnehmung. Eines dieser Kriterien scheint nun Thales für den Magneten erfüllt zu sehen: „Nach dem, was überliefert wird, hat es den Anschein, daß auch Thales die Seele für etwas Bewegendes hält, wenn er behauptet, daß der Magnet eine Seele habe, weil er das Eisen bewege." Aristoteles unterstellt Thales somit das folgende Argument: Was die Fähigkeit hat, von sich aus etwas in Bewegung zu setzen, hat eine Seele; der Magnet hat die Fähigkeit, von sich aus etwas in Bewegung zu setzen; der Magnet hat eine Seele. Aristoteles – und die meisten von uns – würden zur Erwiderung den Obersatz dieses Argumentes angreifen, mit der Begründung, daß ein Magnet nicht so in Bewegung setze, wie es für das Lebendige kennzeichnend ist, nämlich in Verbindung mit Wahrnehmung oder Meinung und unter Beteiligung eines Willens oder Strebevermögens. Das wäre natürlich eine entscheidende Einschränkung für Thales' Prämisse, und Thales hätte es schwer, den Fall des Magneten unter einen derart restringierten Obersatz zu subsumieren. Es wird daran aber wenigstens deutlich, daß es philosophische Diskussionszusammenhänge gibt, in die sich die überraschende These von der Seele des Magneten einordnen läßt.

Weit weniger klar ist, welche Konsequenzen Thales aus dem Einzelfall des Magneten gezogen haben mag. Nahm er den Magneten zum Anlaß für die verallgemeinernde Behauptung, daß, wenn schon der als unbelebt geltende Magnetstein beseelt ist, dann auch die übrige, vermeintlich unbelebte Welt eine Seele haben mag (wie es DL I 24 nahelegt)? Oder verfolgte er im Gegenteil das abgrenzende Ziel, daß allenfalls der Magnet, aber sonst nichts aus der unbelebten Welt eine Seele haben kann? Wählt man die erste Möglichkeit, dann könnte der Ausspruch, alles sei voll von Göttern (DK 11A22), ebenfalls eine Erklärung in dem Gedanken finden, daß die Unterscheidung von belebter und unbelebter Welt nicht so klar sei, wie man gewöhnlich denkt, und daß auch vermeintlich Unbelebtes Seelenhaftes oder Göttliches in sich trage.

2. Anaximander von Milet

Ein philosophisches Profil ist bei Anaximander schon viel besser zu erkennen als bei Thales, was zum Teil mit einer wesentlich aussagekräftigeren Quellenlage, zum Teil aber auch damit zu tun hat, daß Anaximander eine pointiertere und besser entwickelte Theorie vertreten hat. Anaximander war nur wenig jünger als Thales, im Jahr 547/48 v.Chr. soll er 64 Jahre alt gewesen und kurz darauf gestorben sein (DK 12A1). Er stammte wie Thales aus Milet und wird als dessen „Verwandter, Schüler und Nachfolger" bezeichnet. Als erster soll er seine Lehren schriftlich fixiert haben; gemäß der von ihm behandelten Themen werden bis zu vier Buchtitel überliefert, was allerdings nicht zu überprüfen ist; daß er aber irgend etwas schriftlich fixiert hat, ist wahrscheinlich, weil Theophrast ein wörtliches Zitat vorgelegen haben muß. Ebenfalls als erster soll er eine Karte von dem, was damals als die bewohnte Welt galt, angefertigt haben, und schließlich wird ihm die Erfindung des Gnomon zugeschrieben, eines senkrecht aufgestellten Stiftes, an dessen Schatten man – unter anderem zur Konstruktion einer Sonnenuhr – den Stand der Sonne abmißt. Letzteres ist vermutlich eher im Sinne einer Weiterentwicklung zu nehmen, weil andere Quellen den Gnomon schon den Babyloniern zuschreiben und weil auch für Thales bezeugte Vermessungsmethoden vom Prinzip des Gnomon bereits Gebrauch machen.

a) Das Unbegrenzte als Urstoff

Wie Thales wird auch Anaximander von der Doxographie zu den Denkern gezählt, die ein stoffliches Prinzip oder einen stofflichen Ursprung vertraten. Anaximander habe behauptet, „daß das Prinzip und das Element des Seienden das Unbegrenzte (*apeiron*) sei, indem er als erster diese Bezeichnung des Prinzips einführte. Er sagt, daß es weder Wasser noch sonst eines der sogenannten Elemente sei, sondern eine bestimmte andere, unbegrenzte Natur" (aus DK 12A9; vgl. A10 und A11).

Für den Begriff des Prinzips (*archê*) gelten dieselben Einschränkungen, die schon mit Blick auf Thales gemacht wurden (im obigen Zitat ist nicht gemeint, daß Anaximander als erster den Begriff *archê* gebraucht, sondern daß er als erster das Prinzip als Unbegrenztes bezeichnet); es ist aber klar, daß er damit dasjenige meint, woraus und woher alles ist – im Sinne der schon für Thales dargestellten Ursprungsfrage. Neu ist dagegen, daß er ein solches Prinzip im Unbegrenzten (*apeiron*) vorliegen sieht, das einerseits die Rolle des Stofflichen einnehmen, andererseits mit keinem bestimmten Stoff identifiziert werden soll.

Mit der Einführung des Unbegrenzten in diesen Zusammenhang ist offenbar die These verbunden, daß keiner der sichtbaren Stoffe den Ursprung der Welt bildet und daß diese Auszeichnung nur einem Bereich zugeschrieben werden kann, der diesen uns vertrauten Stoffen vorgeordnet ist. Entscheidend ist daher die Frage, warum Anaximander diesen Bereich ausgerechnet als „unbegrenzt" bezeichnet bzw. was er mit diesem Ausdruck gemeint haben kann; die Antwort darauf ist alles andere als eindeutig: Zunächst konkurrieren zwei unterschiedliche etymologische Deutungen des Wortes *apeiron*. Nach der einen setzt sich das Wort aus der privativen Vorsilbe *a-* (= un-) und dem Nomen für Grenze, Schranke usw. *peras* oder *peirar* zusammen, so daß man zu Bedeutungen wie „Unbegrenztes", „Grenzenloses", „Uneingeschränktes" gelangt; nach der alternativen Deutung (vgl. Kahn 1960) geht der Ausdruck auf die Verbindung der privativen Vorsilbe *a-* mit dem Verb *peraô* (durchschreiten, durchdringen) zurück, so daß das *apeiron* das Nicht-Durchdringbare, Nicht-Durchquerbare usw. meinen würde. Eine Brücke zwischen beiden Varianten läßt sich dadurch herstellen, daß man bei demjenigen, was nicht zu durchdringen oder zu durchschreiten ist, auch an kein Ende oder keine Grenze gelangt.

Die Analyse der Wortbedeutung allein gibt allerdings noch keinen auch nur annähernd sicheren Anhaltspunkt für den Sinn der *apeiron*-Lehre. Das wird daran deutlich, daß auf der Grundlage der beiden genannten Varianten das *apeiron* mit ganz unterschiedlichen Vorstellungen in Verbindung gebracht werden kann: nämlich als räumlich unbegrenzt, als zeitlich unbegrenzt, als unendlich, als unendliche bzw. unerschöpfliche Masse, als unendlich teilbar, als stofflich unbestimmt oder qualitativ bzw. der Art nach unbestimmt, als dasjenige, dem klare Grenzen fehlen, als unbedingt und anfangslos oder als dem *chasma*, dem „riesigen Schlund" oder der „klaffenden Öffnung", aus Hesiods *Theogonie* (v. 740) verwandt (ein Überblick in: Classen 1970, 36 ff.). Die antiken Darstellungen stimmen im allgemeinen darin überein, dem *apeiron* bestimmte räumliche Konnotationen zuzusprechen; u.a. wird es etwa auch als „unbegrenzter Körper" angesprochen. Daß das *apeiron* aus Vorstellungen hervorging, die räumlicher Natur sind oder räumliche Konnotationen zumindest nicht verbieten, schließt andererseits nicht aus, daß es zusätzlich oder hauptsächlich einen anderen Sinn von Unbegrenztheit wie etwa den der qualitativen Indifferenz miteinschließt. Wichtig bei der Charakterisierung des *apeiron* als räumlich unbegrenzt ist nur, daß man keine Unendlichkeitskonzeptionen mit ins Spiel bringt, wie sie mit großer Sicherheit erst sehr viel später, nämlich von den eleatischen Nachfolgern des Parmenides, Zenon und Melissos, aufgebracht wurden. So hat die Vorstellung von der unendlichen Teilbarkeit von Größen für Anaximander sicher keine Rolle gespielt.

Genauere Anhaltspunkte für den Sinn des *apeiron*-Begriffs bei Anaximander ergeben sich allerdings erst im Zusammenhang mit der Frage, welche Gründe Anaximander dafür gehabt haben mag, nicht einen der gewöhnlichen, uns vertrauten Stoffe, sondern den unbegrenzten Stoff als den Ursprung des Kosmos anzusehen. Die antike Doxographie seit Aristoteles (vgl. z.B. Aristoteles, Phys. 203b15–30 = DK 12A15) bietet uns auf diese Frage eine ganze Reihe von Antworten, von denen allerdings die Mehrzahl wohl kaum Anaximander selbst zugeschrieben werden darf. In die engere Auswahl kommen folgende Begründungen:

1. Bei Aristoteles ist ein Argument überliefert (Phys. 203b4–7), das von Kahn (1958) sogar in den Rang eines Zitats erhoben

wurde: Alles sei entweder ein Prinzip oder aus einem Prinzip. Vom Unbegrenzten aber gibt es kein Prinzip, d.h. es ist nicht aus einem Prinzip, denn sonst hätte es eine Grenze; das Unbegrenzte aber hat keine Grenze. Weil es nicht aus einem Prinzip ist, ist es selbst ein Prinzip. Aristoteles schreibt dieses Argument zwar nicht Anaximander zu, aber er verweist am Ende desselben Abschnittes auf ihn. Weil das ganze Argument schon unübersehbar an die Argumentation für die Unbegrenztheit des Seienden bei Melissos von Samos anspielt, klingt das Ganze sehr nach einer Rekonstruktion.

2. Bei Simplikios (im Anschluß an Theophrast: DK 12A9) wird ein Gedanke des Anaximander so zusammengefaßt: Weil er den Übergang der vier Elemente ineinander beobachtet hatte, wollte er keines dieser Elemente zum Substrat machen, sondern etwas anderes von ihnen Verschiedenes (und führte als ein solches das Unendliche ein). Handelt es sich um eine Zusammenfassung oder eine freie Interpretation? Die Entscheidung fällt leicht, wenn man sich die Voraussetzungen des Arguments klar macht: Jede Veränderung bedarf eines gleichbleibenden Substrats, an dem die Veränderung auftritt; auch die Veränderung, die erfolgt, wenn die Elemente ineinander übergehen, braucht ein Substrat, und das muß die erste, selbst unbestimmte Materie (prima materia, *prôtê hylê*) sein. Diese Voraussetzung, daß jede Veränderung ein persistierendes Substrat braucht, ist offensichtlich nach-aristotelisch.

3. In Phys. 203b18–20 führt Aristoteles das Unendliche auf die Begründung zurück, „daß wohl nur so das Entstehen und Vergehen nicht aufhören, wenn dasjenige unendlich ist, woraus die Entstehung erfolgt." Dieses Argument wird zwar nicht von Aristoteles selbst, aber von Aetios auf Anaximander zurückgeführt (DK 12A14), und bedeutende moderne Interpreten folgen ihm darin (Hölscher 1968, 38; Jaeger 1953, 35 u.a., dagegen: Classen 1970). Das eigentliche Wesen des *apeiron* wäre es demnach, eine unerschöpfliche Quelle für das Entstehen und in diesem Sinn quantitativ unbegrenzt zu sein. Richtig ist, daß man diesen Aspekt der quantitativen Unbegrenztheit dem *apeiron* nicht absprechen kann. Auch Anaximanders Nachfol-

ger Anaximenes vertritt ein ähnliches Argument (DK 13B3). Allerdings ergibt sich für dieses Argument ein Problem: Schon Aristoteles hat gesehen, daß die Begründung, die die Annahme einer solchen unerschöpflichen Ressource nahelegt, nicht schlüssig ist, weil möglicherweise das Vergehen der einen Sache das Entstehen einer anderen Sache bedeutet (vgl. Phys. 208a8–11), so daß das Gesamtsystem, in dem sich Entstehen und Vergehen abspielen, durchaus geschlossen sein kann. Auffallend ist nun, daß Anaximander selbst in dem einzigen Satz, der mit Sicherheit ein wörtliches Zitat ist (DK 12B1, siehe unten), die Vorstellung eines geschlossenen Systems beschreibt und daher nicht konsistenterweise eine unendliche Quelle des Entstehens gefordert haben kann. Es bleibt somit nur das Argument von der Entgegensetzung der Elemente:

4. Es gibt Naturphilosophen, sagt Aristoteles (Phys. 204b24–29, aus DK 12A15), die das Unbegrenzte so (als etwas neben den Elementen) und nicht als Luft oder Wasser bestimmen, „damit nicht das andere (Element) durch die Einwirkung des Unbegrenzten von ihnen zugrunde gehe. Sie sind nämlich einander entgegengesetzt, wie z.B. die Luft kalt, das Wasser feucht und das Feuer warm ist. Wenn nun eines davon unbegrenzt wäre, wären die anderen schon zugrunde gegangen. Nun aber sagen sie, es gebe ein davon Verschiedenes, aus dem die anderen sind.“ Dieses Argument hat zur Voraussetzung eine Lehre vom „Kampf der Gegensätze“: Bestimmte Stoffe, wie Wasser, Luft, Feuer (der Begriff des Elements ist erst später aufgekommen), sind mit bestimmten Primärqualitäten, wie heiß, kalt, trocken, feucht (vgl. DK 12A9), verknüpft. Diese Stoffe oder die mit ihnen verknüpften Qualitäten stehen in einer Gegnerschaft, in der jede Seite danach trachtet, die andere Seite auszulöschen, wie man sich für das Verhältnis vom heißen und trockenen Feuer zum kalten und feuchten Wasser leicht vorstellen kann. Zumindest die Beachtung solcher Gegensätze wird Anaximander auch in anderen Zeugnissen zugeschrieben und dürfte überhaupt verbreitet gewesen sein (vgl. HGP I 78–83), so daß Anaximander durchaus von dieser Voraussetzung Gebrauch gemacht haben kann. Die nähere Re-

konstruktion des Arguments enthält allerdings eine Schwierigkeit:

Dem Wortlaut bei Aristoteles zufolge besagt das Argument, daß kein so-und-so bestimmter Stoff als unbegrenzt angesetzt werden kann, weil er als unbegrenzter die Oberhand gegenüber dem entgegengesetzten Stoff gewinnen und ihn dadurch vernichten würde. So gelesen erscheint das Argument allerdings etwas verquer, weil es voraussetzt, daß andere Philosophen erwägen, einen bestimmten Stoff wie etwa das Wasser als unbegrenzt anzusetzen; das ist aber nicht die Alternative, um die es geht – die Frage ist vielmehr, ob ein bestimmter Stoff als Ursprüngliches (*archê*) angesehen werden soll. Diese umständliche Ausdrucksweise rührt daher, daß es Aristoteles an dieser Stelle nur darauf ankommt, daß einige das Unendliche als etwas neben den Elementen ansehen, und nicht darauf, warum man überhaupt das Unendliche als Ursprung ansehen soll. Befreit man das Argument von dieser fremden Beweisabsicht, dann muß es heißen, daß kein so-und-so bestimmter Stoff als Prinzip oder Ursprung angesetzt werden kann, weil er als Ursprung den gegnerischen Stoff entweder gar nicht entstehen lassen oder gleich wieder vernichten würde – daher müsse der Ursprung etwas neben bzw. vor den so-und-so bestimmten Stoffen und als solcher unbegrenzt im Sinne von „unbestimmt" sein. Weil man aber leicht feststellen kann, daß ein entwickelter Kosmos entstanden ist und daß in diesem Kosmos bisher kein einzelner Stoff die Oberhand gewonnen hat, kann man schließen, daß die Ursubstanz nicht von einer so-und-so bestimmten Art, sondern eine unbegrenzte Natur sein muß. Nur so wird daraus ein Grund dafür, das Unbegrenzte als Ursprung anzusetzen, und nur so wird deutlich, was verschiedene Interpreten behaupten (z.B. KRS 120), daß nämlich die Unbegrenztheit (zumindest auch) auf eine stoffliche Unbestimmtheit hinausläuft.

Bevor wir im nächsten Abschnitt auf das einzige wirkliche Zitat von Anaximander eingehen werden, seien noch kurz verschiedene Kennzeichnungen erwähnt, die dem Unbegrenzten in den antiken Zeugnissen beigelegt werden: Erstens spricht

Aristoteles immer wieder von einem „Mittelding" (*to metaxy*) zwischen den Stoffen bzw. „neben den Elementen" (Phys. 189b1, 203a18, Gen.Corr. 328b35, 332a20f. u.a), wobei er in der Mehrzahl dieser Stellen an Anaximanders *apeiron* zu denken scheint. Selbstverständlich geht diese Charakterisierung nicht auf Anaximander zurück, sondern zeugt von dem Versuch des Aristoteles, das für die Interpretation unangenehm sperrige Unbegrenzte irgendwie in seine Systematik einzuordnen. Schwieriger sind die Epitheta zu beurteilen, das Unbegrenzte umfasse und steuere alles (Aristoteles, Phys. 203b11f.) und sei göttlich und unsterblich (b13f.). Daß Anaximander den Ursprung als göttlich und unsterblich bezeichnet haben könnte, ist im Vergleich mit anderen Ursprungskonzeptionen nicht weiter überraschend. Daß die Ursubstanz als unsterbliche neben dem, was aus ihr hervorgegangen ist, weiterbesteht, bedeutet noch nicht, daß sie anhaltend zur Konstitution des entwikkelten Kosmos beitragen oder auf diesen in anderer Weise Einfluß nehmen würde. Gerade das könnte jedoch das Merkmal, daß das Unbegrenzte alles steuert (*kybernan*), bedeuten. In welchem Sinn ein solches Steuern verstanden werden muß, um keine sachlichen Inkonsistenzen mit anderen Vorstellungen hervorzurufen, wird uns noch im nächsten Abschnitt beschäftigen.

b) Anaximanders Gesetz: Kosmische Gerechtigkeit

Der früheste Satz der griechischen Philosophie, der im authentischen Wortlaut überliefert ist, beinhaltet eine in eigentümlicher Metaphorik formulierte Aussage des Anaximander über das Gleichgewicht entgegengesetzter Substanzen oder Kräfte im Kosmos. Dieser Satz wird innerhalb eines Textes von Simplikios zitiert, der wiederum das – verlorene – Buch des Theophrast über die „Lehrmeinungen der Naturphilosophen" als Vorlage benutzt. Auf diese Weise wird das eigentliche Zitat eingeleitet und abschließend kommentiert durch Bemerkungen, welche die Anaximander-Interpretation des Theophrast zum Ausdruck bringen. Der Abschnitt (aus DK 12A9 bzw. B1) lautet: „(i) Er bezeichnet (als Prinzip) weder das

Wasser noch sonst eines der üblicherweise genannten Elemente, sondern eine andere, unbegrenzte Natur, (ii) aus der alle Himmel und die Welten in ihnen hervorgehen. (iii) Woraus aber für das Seiende das Entstehen ist, dahinein erfolgt auch ihr Vergehen (iv) *gemäß der Notwendigkeit; denn sie schaffen einander Ausgleich und zahlen Buße für ihre Ungerechtigkeit nach der Ordnung der Zeit* (v) wie er es mit eher poetischen Worten ausdrückt."

Die Schlußbemerkung (v) über die poetische Wortwahl zeigt, daß der vorausgegangene Satz (iv) ein Zitat darstellt. Einige Interpreten (z.B. Jaeger 1953, 46; Kahn 1960, 166ff.) halten auch noch Satz (iii) für echt, was aber deshalb problematisch scheint, weil die Formel „woraus das Entstehen ist, dahinein erfolgt das Vergehen" vermutlich aristotelisch ist. Während Satz (i) ohnehin nur in den Zusammenhang einführt, wirft die Formulierung (ii), die vom Himmel (*ouranos*) und der Welt (*kosmos*) in der Mehrzahl spricht, die Frage auf, ob Theophrast an dieser Stelle nicht eine ganz fremde Theorie mit Anaximander in Verbindung bringt. Insgesamt also zeichnet sich für die genaue Deutung des Fragments die Frage ab, ob nur der Satz (iv) auf Anaximander zurückgeht und die Sätze (ii) und (iii) auf eine falsche Interpretation des Theophrast zurückgehen oder ob der ganze Abschnitt eine Argumentation des Anaximander wiedergibt. Zunächst aber zur Bedeutung des Zitates selbst:

Anaximander möchte in diesem Zitat eine allgemeine Gesetzmäßigkeit über das Geschehen im entwickelten Kosmos zum Ausdruck bringen; daß er sich dabei mit den Begriffen „Buße", „Ausgleich", „Ungerechtigkeit" einer Metapher aus dem Bereich des menschlichen Zusammenlebens bedient, ist weder besonders überraschend noch wird dadurch der Erklärungswert seines Gesetzes wesentlich beeinflußt. Als Subjekte dieser Gesetzmäßigkeit kommen besonders die schon oben genannten Gegensätze, wie heiß, kalt, trocken, feucht, oder die Stoffe oder Grundsubstanzen, die durch diese gegensätzlichen Qualitäten repräsentiert werden, in Frage. Somit beinhaltet die dargestellte Gesetzmäßigkeit im wesentlichen, daß die eine

Seite, etwa das Heiße, zeitweise die Oberhand gewinnt und einen Übergriff zu Ungunsten der entgegengesetzten Seite, etwa des Kalten, begeht (und in diesem Sinn eine „Ungerechtigkeit" vorliegt), woraufhin die andere Seite sich dadurch Buße und Ausgleich verschafft, daß sie ihrerseits einen Übergriff vornimmt, so daß der ersten Seite wiederum „Unrecht" widerfährt, das nur wieder durch einen erneuten Übergriff ausgeglichen werden kann usf. Dieser beständige Wechsel von Rechtsverletzung und Reparation, bei dem die Reparation bereits wieder eine Rechtsverletzung auf der Gegenseite darstellt, beschreibt einen kontinuierlichen und ausgeglichenen Prozeß, der nur durch Einflüsse von außen aus dem Gleichgewicht gebracht werden könnte, so daß man das Ganze am besten als geschlossenes System betrachtet, wenn damit die beständige Ordnung des Kosmos dargestellt sein soll.

Während die Darstellung dieser Wechselwirkung von Rechtsverletzung und Wiedergutmachung weitgehend klar und unumstritten ist, besteht in der Forschungsliteratur Uneinigkeit darüber, ob an diesem Geschehen auch das Unbegrenzte unmittelbar beteiligt ist oder ob es sich um ein rein innerweltliches Geschehen handelt. Die Beteiligung des Unbegrenzten wird durch die Schilderung von Theophrast bzw. Simplikios nahegelegt. Demnach würde sich Anaximanders Gesetzmäßigkeit auf das Verhältnis des Unbegrenzten zu dem daraus Entstandenen beziehen, wobei das Entstandene, der Kosmos, „nach der Ordnung der Zeit" wieder in dasjenige hinein vergehen würde, woraus es einmal entstanden war, nämlich in das Unbegrenzte. Auf diese Weise kommt offenbar auch die Vorstellung von einer Mehr- oder Vielzahl nebeneinander oder nacheinander existierender Welten ins Spiel. Nach der alternativen Deutung, wonach sich Anaximanders Gesetz ausschließlich auf einen innerweltlichen Gleichgewichtszustand bezieht, ist die eigentliche Beteiligung des Unbegrenzten auf eine Phase der Weltentstehung beschränkt, im Zuge deren sich die Gegensätze herausbilden, die später, in der Phase der schon entwickelten Welt die Subjekte desjenigen Wechselspiels sind, das allein die Stabilität des Kosmos garantiert.

Ob Anaximanders Gesetz (a) auf eine Wechselwirkung von kosmos-immanenten Kräften oder Substanzen zu beziehen ist (am konsequentesten: Kirk 1955 und KRS 129–145, 151–153) oder (b) auf die Wechselwirkung zwischen Kosmos und Unbegrenztem (z.B. Freudenthal 1986), läßt sich aufgrund der spärlichen und z.T. widersprüchlichen Zeugnisse nicht endgültig entscheiden; beide Parteien haben gute Gründe auf ihrer Seite – am Ende wiegen vielleicht die Gründe für (a) etwas mehr: Neben dem Zeugnis des Theophrast spricht für (b), also für eine Interaktion zwischen Unbegrenztem und Kosmos, der Umstand, daß es vom Unbegrenzten heißt, es steuere oder regiere die Welt, denn wenn Anaximander mit seinem Gesetz nur ein innerweltliches Gleichgewicht beschreiben würde, wäre nicht zu sehen, wozu es noch eines regelnden Prinzips bedürfe. Die Vertreter von (a) müßten den Steuerungsanteil des Unbegrenzten entweder auf die kosmogonische Phase begrenzen, so daß nur die Einrichtung einer Welt, in der ein sich selbst reproduzierendes Gleichgewicht möglich ist, direkt auf das Unbegrenzte zurückgeht, oder auf die Aufgabe, die ursprüngliche Gleichheit der Gegensätze zu garantieren (Vlastos in: AF I 172). Weil (b) behauptet, daß sich Anaximanders Gesetz zumindest auch auf das Entstehen und Vergehen des Kosmos aus dem Unbegrenzten und in das Unbegrenzte zurück bezieht, könnte für (b) sprechen, daß Anaximander eine Austrocknung der Erde anzunehmen scheint (DK 12A27), welche auf das Ende des Kosmos hinweisen könnte. Allerdings sind diese Zuschreibungen vage, und außerdem könnte es sich um nur einen Teil eines zyklischen Prozesses handeln.

Für (a) hingegen spricht, daß das in Anaximanders Gesetz beschriebene Wechselspiel nur zwischen gleichgeordneten Parteien sinnvoll ist (vgl. KRS 130), während das Prinzip und der prinzipiierte Kosmos offensichtlich ungleichrangige Parteien darstellen. Ist erst einmal der Zustand eines Gleichgewichts erreicht, dann ist außerdem kein Anlaß für das Vergehen der Welt mehr ersichtlich. Schwer zu begreifen wäre ferner die Vorstellung, daß in der Entstehung des Kosmos eine Ungerechtigkeit des Unbegrenzten liegt, die durch ein entsprechendes Vergehen wieder ausgeglichen werden könnte. Gegen (b) spricht, daß das Zeugnis des Theophrast, auf das sich die Vertreter von (b) stützen müssen, nicht gerade den Eindruck erweckt, etwas Authentisches über Anaximander zu berichten. Erstens nämlich enthält zumindest Satz (iii) eine nacharistotelische Vorstellung, weswegen es durchaus plausibel ist zu sagen, Theophrast habe hier nur dasjenige auf Anaximander angewandt, was Aristoteles im allgemeinen über die Milesier feststellt (vgl. McDiarmid in: AF I). Und zweitens ist auch Mißtrauen gegenüber der Zuschreibung mehrerer Himmel und Welten angebracht, zumal hierin, wie Kirk gezeigt hat (1955 und KRS 134–138), eine atomistische Konzeption der Welten verarbeitet zu sein scheint, von der Theophrast vielleicht aufgrund einer Bemerkung von Aristoteles in Phys. 203b23–30 meinte, sie auf die Vertreter des Unbegrenzten im allgemeinen anwenden zu können.

c) Der Kosmos: Entstehung und Gestalt

Die Frage, wie die Welt entstanden ist, nimmt unter den Annahmen des Anaximander die spezifische Form an, wie ein Übergang von dem Unbegrenzten zu einem entwickelten Kosmos, in dem sich die Gegensätze in einem Gleichgewicht befinden, möglich sei. In der Überlieferung wird diese Entstehung als Aussonderung (*ekkrisis*) oder Absonderung (*apokrisis*) der Gegensätze beschrieben. Bei Aristoteles heißt es, die Gegensätze bei Anaximander würden aus dem Einen, nämlich dem einen Ursprung, ausgesondert (DK 12A16); demnach würden die Gegensätze direkt aus dem Unbegrenzten hervorgehen, so als sei das Unbegrenzte nur eine Mischung des später Geschiedenen. Die Vorstellung jedoch, der Ursprung sei Mischung, könnte Aristoteles zu Unrecht von der jüngeren Naturphilosophie des 5. Jahrhunderts auf Anaximander projiziert haben. Vielleicht ist seine Beschreibung daher nur die Verkürzung einer etwas komplizierteren Lehre (DK 12A10): „Er (Anaximander) sagt, ein Warmes und Kaltes Erzeugendes sei bei der Entstehung unserer Welt aus dem Ewigen abgesondert worden, und aus diesem sei eine feurige Kugel um die die Erde umgebende Luft herum entstanden, wie Rinde um einen Baum herum. Als diese (Kugel) dann geplatzt war und (das Feuer) in bestimmten Kreisen eingeschlossen wurde, seien Sonne, Mond und Sterne entstanden."

Aus dem ewigen Unbegrenzten gehen nach diesem Bericht nicht direkt die Gegensätze, sondern „ein – die Gegensätze Warmes und Kaltes – Erzeugendes" (*gonimon*) hervor. Dieses Erzeugende, das als zusätzliche Stufe zwischen dem Unbegrenzten und den Gegensätzen dient, ist einigermaßen rätselhaft; der griechische Ausdruck dafür wird auf Samen und Eier angewandt, so daß die Weltentstehung in die Nähe der organischen Erzeugung gerückt wird. An ein Ei erinnert auch die Schilderung der feurigen Hülle, die sich um das Ganze legt, wie die Schale um das Ei, und mit deren Aufplatzen ein fortgeschrittenes Stadium der Entwicklung beginnt. Die Vorstellung eines kosmogonischen Eis spielt in der sogenannten „orphischen" Weltentstehung eine zentrale Rolle (DK 1A12–13), womit eine Affinität von orphischem Weltei und Anaximanders „Erzeugendem" nahezuliegen scheint (so Cornford 1952, 163). Jedoch zerbricht die Assoziationskette, wenn der Ausdruck *gonimon* der Anaximandrischen Lehre erst später als Interpretation beigefügt worden sein sollte (KRS 144). In jedem Fall ermöglicht die Annahme einer die Gegensätze erst generierenden Zwischenstufe, das ursprüngliche Unbegrenzte von den gegensätzlichen Qualitäten vollständig freizuhalten; außerdem wird auf diese Weise plausibel, daß die Gegensätze der entwickelten Welt in keiner direkten Interaktion mit dem Unbegrenzten zu stehen brauchen.

Die in DK 12A10 gegebene Kosmogonie führte die Vorstellung von Kreisen ein, in denen Feuer eingeschlossen sei. Diese Vorstellung wiederum ermöglicht Anaximander eine bahnbrechende Antwort auf die Frage, wodurch die Erde ihre Stabilität erhält: Hatte Thales noch mit seinem Vorschlag, die Erde schwimme auf dem Wasser, das Problem nur verlagert, behauptet Anaximander, die Erde beharre schwebend, weil sie sich genau im Zentrum von allem, nämlich von den besagten

Kreisen oder Ringen, befinde (A11). Denn, wenn sich etwas in der Mitte im gleichen Abstand von allen Rändern befinde, berichtet oder kommentiert Aristoteles (*De Caelo* 295b10ff. = DK 12A26), komme es ihm um nichts mehr zu, sich nach oben zu bewegen als nach unten oder zu den Seiten hin; außerdem sei die Bewegung in entgegengesetzte Richtungen unmöglich, so daß es notwendig ruhe. Diese Erklärung für die Stabilität der Erde ist eingebettet in eine ausgearbeitete Kosmologie:

Die Erde selbst ist zylinderförmig wie das Segment einer Säule; die Tiefe dieses Zylinders beträgt ein Drittel seines Durchmessers. Auf einer der beiden Fläche befinden wir uns (DK 12A10 und 11). Um die Erde herum liegen die Feuerringe, die in der Phase der Weltentstehung durch das Zerplatzen der feurigen Hülle zustande gekommen waren. Das eingeschlossene Feuer selbst ist nicht sichtbar, weil es von dunstiger, undurchsichtiger Luft umgeben ist. Allerdings befinden sich in der Dunsthülle dieser Himmelsringe röhrenartige Öffnungen oder Ausblasestellen, durch die hindurch wir das Feuer als Himmelskörper wahrnehmen können. Bisweilen werden die Öffnungen verschlossen (warum, wissen wir nicht), wodurch die Verfinsterungen und Mondphasen erklärt werden können. Der äußerste Ring ist der der Sonne, sein Durchmesser beträgt das 27fache (nach anderer Quelle: das 28fache) des Erddurchmessers. Es folgt der Mondring, dessen Durchmesser 18 mal so groß ist wie der der Erde. Die Planeten und Sterne schließlich sind der Erde am nächsten (vgl. DK 12A11, 18 und 21). Genaueres über die Sterne ist allerdings nicht bekannt; nach dem 27fachen und 18fachen Durchmesser wäre für den Sternenring ein 9facher Durchmesser anzunehmen. Möglicherweise bilden die einzelnen Sterne je eigene Räder mit demselben Durchmesser, die versetzt zueinander liegen.

d) Entstehung der Arten

Eine bemerkenswerte Auffassung vertrat Anaximander über den Ursprung der Spezies Mensch. Er war auf den Umstand aufmerksam geworden, daß sich Exemplare anderer Arten relativ schnell selbst versorgen können, während der Mensch sehr lange dazu braucht, überlebensfähig zu werden. Daraus schloß er, daß der Mensch einen außermenschlichen Ursprung haben müsse und am Anfang von andersartigen Lebewesen geboren wurde (vgl. DK 12A10). In anderen Zeugnissen wird diese These dahingehend spezifiziert, daß die Menschen zuerst im Körper von Fischen oder von den Fischen sehr ähnlichen Lebewesen herangewachsen und diesen Lebewesen erst entstiegen und an Land gegangen seien, als sie in der Lage waren, sich selbst zu erhalten (vgl. DK 12A30 und KRS, Text 135). Daß er hierbei gerade an Fische oder im Wasser lebende Tiere denkt, mag mit einer weiteren These zusammenhängen, die den Ursprung des Lebendigen und der Tiere im allgemeinen mit dem Feuchten in Zusammenhang bringt: „Anaximander sagt, die ersten Lebewesen seien im Feuchten entstanden und von stachligen Rinden umgeben gewesen. Im weiteren Verlauf ihrer Lebenszeit seien sie auf das trockene Land gegangen und hätten, nachdem die sie umgebende Rinde aufgeplatzt sei, ihr Leben noch für kurze Zeit auf andere Weise verbracht" (aus DK 12A30). Deutlich ist, daß Anaximander in beiden Theorien für das Leben an Land eine Vorgeschichte behauptet, die sich im Wasser abspielte. Für das Leben im Wasser wiederum scheint er eine Art von Spontanentstehung aus dem Feuchten anzunehmen, die nach anderen Quellen entweder im Zusammenspiel mit der erwärmten Erde (KRS, Text 135) oder infolge einer durch Sonnenbestrahlung bewirkten Austrocknung erfolgt (vgl. DK 12A11). Vermutlich meint Anaximander, daß der Übergang vom Wasser zum Land bzw. vom fischgeborenen zum sich selbst reproduzierenden Menschen innerhalb einer Generation vor sich geht. Leider liegt keine weitere Auskunft über die Frage vor, ob zwischen Mensch und Fisch auch eine Art von genetischem Zusammenhang behauptet wird oder ob der Mensch im Fisch spontan entsteht und diesen gewissermaßen nur als Wirtstier nutzt.

3. Anaximenes von Milet

Anaximenes, Sohn des Eurystratos, aus Milet soll Schüler des Anaximander gewesen sein. Bei der Überlieferung seiner Lebensdaten gibt es gewisse Inkonsequenzen; weil es aber durchaus glaubhaft scheint, daß er ein jüngerer Zeitgenosse des Anaximander gewesen sein könnte, kann man sich in etwa an dem überlieferten Zeitpunkt seines Todes, nämlich den Jahren der 63. Olympiade (528–525 v.Chr.), orientieren. Anaximenes hat seine Lehre offenbar schriftlich niedergelegt; seine ionische Sprache soll – im Gegensatz zu den „eher poetischen Worten" des Anaximander – „klar und einfach" gewesen sein (vgl. DK 13A1); längere wörtliche Auszüge aus dieser Schrift sind allerdings nicht überliefert.

Wie vor ihm Thales und Anaximander, so hat auch Anaximenes eine These über den Ursprung oder das Prinzip (*archê*) der Welt vorgelegt. Nach Anaximenes kommt diese Rolle der Luft (*aêr*) zu (vgl. Aristoteles, Met. 984a5–7). Diese Behauptung sieht auf den ersten Blick wie ein Rückschritt gegenüber Anaximander aus, da dieser offenbar gute Gründe dafür hatte, keine bestimmte Substanz wie Wasser oder Luft als ein solches Prinzip auszuzeichnen, sondern nach einem Bereich zu suchen, der den Einzelstoffen genealogisch noch vorausliegt. Dieser Eindruck wird jedoch dem originellen Beitrag des Anaximenes nicht gerecht, insofern es diesem gelungen ist, das milesische Ursprungsdenken so weiterzuentwickeln, daß er durch die Vorstellung einer Verdünnung und Verdichtung des Grundstoffes sämtliche Phänomene als Aggregatzustände einer einzigen Art von Grundsubstanz deuten kann. Auf diese Weise vertritt Anaximenes als erster denjenigen Theorietyp, der im Anschluß an die Aristotelische Rekonstruktion der gesamten frühen Naturphilosophie (einschließlich Heraklit) zugeschrieben wurde und von den Kritikern der Aristotelischen Rekonstruktion für die gesamte vor-parmenideische Philosophie zurückgewiesen wurde, nämlich einen materialen Monismus.

a) Das erste monistische System: Eine Welt aus Luft

Die prägnanteste Darstellung von Anaximenes' Lehre findet sich wieder in der verlorenen Schrift des Theophrast, aus der Simplikios berichtet: „Anaximenes . . ., ein Gefährte des Anaximander, behauptet auch selbst wie jener, daß die zugrundeliegende Natur nur eine einzige und unbegrenzt sei, aber nicht unbestimmt, wie es jener (Anaximander) sagt, sondern bestimmt, indem er sie Luft nennt; sie unterscheide sich je nach Substanz durch Dünne und Dichte: durch Verdünnung wird sie Feuer, durch Verdichtung dagegen Wind, dann Wolken, bei noch weiterer Verdichtung Wasser, dann Erde, dann Steine, das andere aber entstehe aus diesem" (aus DK 13A5; vgl. A6 und A7). Abgesehen von einzelnen Termini, welche offenbar auf Theophrast zurückgehen, scheint der Bericht ziemlich zuverlässig; die Hauptpunkte sind daher: (i) der Ursprung bzw. der Urstoff ist einer bzw. von einer einzigen Art, (ii) er ist unendlich, (iii) er ist aber nicht wie bei Anaximander unbestimmt, sondern läßt sich als Luft identifizieren, (iv) allein durch Verdünnung und Verdichtung des Urstoffes entstehen Substanzen wie Feuer, Wind, Wolken, Wasser, Erde, Steine, (v) aus letzteren entsteht alles andere.

Mit These (i) lehnt sich Anaximenes eher an Thales als an Anaximander an, denn vom Unbestimmten, wie es Anaximander annimmt, ergibt es keinen Sinn zu sagen, es sei eines oder von einer Art. Aristoteles zählt daher Anaximander auch nicht zu denen, die den zugrundeliegenden Körper als einen einzigen ansetzen, sondern zu jenen, die „aus dem Einen die Gegensätze hervorgehen lassen" (Phys. 187a12–23). Wie wir bei Thales jedoch gesehen haben, macht die Annahme, alles „sei aus einem", allein noch nicht unbedingt einen Monisten aus.

These (ii), der Urstoff sei unendlich, hat bei Anaximenes klarerweise einen quantitativen Sinn, weil der Aspekt der Unbestimmtheit, der bei Anaximander zusammen mit der quantitativen Konnotation in den Begriff des *apeiron* eingegangen war, explizit ausgeschieden wird. Daß Anaximenes eine quantitative Unbegrenztheit seiner Ursubstanz annahm, könnte mit demselben Grund zu tun haben, der bereits für Anaximander erwogen wurde: der Annahme einer unendlichen Ressource für das Entstehen; so ist der Satz überliefert: „Die Luft steht dem Unkörperlichen nahe, und weil wir durch ihren Ausfluß entstehen, muß sie unendlich und reich sein, weil sie niemals ausgeht" (DK 13B3). Für die entwickelte Welt leuchtet das Argument nicht ein, denn wenn alles Entstandene aus der Verdünnung und Verdichtung von Luft besteht, dann müßte jeder Vergehensprozeß dieselbe Menge an Luft wieder freisetzen, die zur Entstehung benötigt wurde, so daß das Entstehen auch bei einem endlichen Vorrat an Luft nicht „ausgehen" würde. Vermutlich resultiert daher das Argument von der unerschöpflichen Quelle des Werdens eher aus der Vorstellung eines als unendlich anmutenden Entstehungsprozesses, der erforderlich ist, um aus dem undifferenzierten Urstoff die entwickelte Welt mit ihren zahllosen Einzelphänomenen zu erzeugen, als aus der Betrachtung der schon ausdifferenzierten Welt.

Die erste Hauptthese des Anaximenes, These (iii), die die Ursubstanz mit der Luft identifiziert, wirft zunächst die Frage auf, inwiefern Anaximenes meinen kann, der Kritik, die Anaximander an Thales geübt hat, entgehen zu können; denn Anaximander hatte sich unmißverständlich gegen die Identifikation der Ursubstanz mit einem bestimmten Stoff gewandt, weil auf diese Weise die entgegengesetzten Stoffe ausgelöscht würden. Offenbar kann dieser Kritik nur entgangen werden, wenn man den Urstoff so konzipiert, daß es nicht zu der „Gegnerschaft" anderer Stoffe kommen kann, wie sie von Anaximander beschrieben worden war. Dies wird im System des Anaximenes auf folgende Weise sichergestellt: Erstens kann er mit Hilfe der These (iv) von der Verdünnung und Verdichtung der Luft alles, was nicht unmittelbar Luft ist, immerhin als Aggregatzustände von Luft verstehen, so daß es nichts gibt, was von der Luft in seinem Wesen verschieden wäre und sich ihr daher widersetzen könnte. Zweitens hatte sich bei Anaximander die Lehre von der Gegnerschaft der Stoffe nur daraus ergeben, daß jedem der elementaren Stoffe eine

Qualität wie warm, kalt, trocken, feucht usw. zugeordnet war. Diese Voraussetzung umgeht Anaximenes dadurch, daß sein Urstoff als solcher mit keiner besonderen Qualität ausgestattet ist; vielmehr ergeben sich auch die Elementarqualitäten aus dem Prozeß der Verdünnung und Verdichtung: Nach einem Bericht von Plutarch (DK 13B1) habe Anaximenes nämlich die Auffassung vertreten, daß das sich Zusammenziehende und sich Verdichtende der Materie das Kalte sei, das Dünne und „Schlaffe" (*chalaron*; so Anaximenes wörtlich) dagegen das Warme.

Was die These von der Luft als Prinzip aller Dinge angeht, so ergibt sich außerdem die Frage, warum ausgerechnet die Luft auf diese Weise ausgezeichnet wird; denn wenn sich alles aus Verdünnung und Verdichtung ergibt, könnte man die Entstehung der Welt etwa auch vom Feuer ausgehend konzipieren, demgegenüber sich alles andere als Verdichtungszustände ausnehmen würde. Die Auskunft, die die erhaltenen Fragmente und Zeugnisse dazu geben, ist weniger klar, als man es sich wünschte. Wenigstens ergeben sich zwei Hinweise: Zunächst scheint Anaximenes sowohl die Möglichkeit von Verdünnung und Verdichtung als auch deren qualitätsstiftenden Effekt erst nur für die Luft beobachtet und aus dieser Beobachtung geschlossen zu haben, daß es immer Luft sei, die sich verdünne oder verdichte. Daß nämlich eine Verdünnung der Luft Wärme und eine Verdichtung der Luft Kälte zur Folge hat, soll Anaximenes nach Plutarchs Bericht (DK 13B1) der Beobachtung entnommen haben, daß der aus dem Mund austretende Atem kalt ist, wenn die Lippen zusammengepreßt werden und die Luft dadurch eine Verfestigung erfährt, hingegen warm, wenn der Mund weit geöffnet und die austretende Luft dadurch schlaff und ausgedünnt ist. Die Verallgemeinerung, die von dieser Beobachtung ausgehend die Luft zum Urstoff macht, ist natürlich kühn; daß Anaximenes aufgrund solcher Beobachtungen zu der Auffassung gelangt sein könnte, die Luft und nur die Luft sei flexibel genug, um sich nach beiden Seiten, zum Dichten und Kalten wie auch zum Dünnen und Warmen, hin umzubilden, ist jedoch durchaus nachvollziehbar.

Zweitens vermutet man allgemein, daß das Fragment B2 den eigentlichen Grund für die Auszeichnung der Luft enthält; die Auskunft, die dieses Fragment erbringt, ist aber sachlich eher enttäuschend: „Wie unsere Seele Luft ist und uns zusammenhält, so umfaßt auch den ganzen Kosmos Atem und Luft." Darin ist natürlich kein Argument enthalten, das die grundlegende Rolle der Luft im Prozeß der Verdünnung oder Verdichtung irgendwie erhellen könnte; daß hierin aber ein Hinweis auf die Gründe liegt, die Anaximenes selbst für die Auszeichnung ausgerechnet der Luft gehabt haben könnte, scheint dennoch plausibel: Offenbar machte er sich dafür die Zweideutigkeit der Ausdrücke *aêr* und *pneuma* zunutze, die sowohl die Luft als auch den Atem meinen. Die Gleichsetzung von Seele und Luft bzw. Atem weisen darauf hin, daß der Atem – zunächst für den Menschen – als ein lebenspendendes Prinzip verstanden wird, das dazu geeignet ist, Lebewesen „zusammenzuhalten" im Sinne von „am Leben erhalten". In diese Richtung weisen auch Bemerkungen, in denen die Luft als göttlich und als ständig in Bewegung befindlich bezeichnet wird (DK 13A10). Wenn soviel feststeht, dann könnte das Fragment im Sinne eines Ähnlichkeits- oder Analogieschlusses verstanden werden: „Wie die Atemluft das lebensstiftende und lebenserhaltende Prinzip für den Menschen ist, so verhält sich die Luft im allgemeinen zum ganzen Kosmos." Dieser Argumentationstyp, der voraussetzt, daß es sich so wie für den einzelnen Menschen auch für den ganzen Kosmos verhält und dabei eine grundlegende Entsprechung zwischen Mikro- und Makrokosmos vorliegt, wird im späteren Verlauf der vorsokratischen Philosophie noch eine gewisse Bedeutung erlangen; er wird von Kommentatoren oft mit Vermutungen darüber versehen, wie wohl der Mensch, der eine derartige Entsprechung zugrundelegt, seine Rolle als Teil des ganzen Kosmos definiert haben mag. Für Anaximenes jedoch, der mit Bemerkungen wie dieser in einer methodisch eher unreflektierten Weise die Bedeutung seines Urstoffes zu belegen versucht, dürfte eine solche spekulative Ausdeutung unangebracht sein.

Während These (iii) von späteren Philosophen verworfen oder nicht weiter beachtet wurde, ging die Idee, die These (iv) zugrunde liegt, daß die hohe Differenziertheit der Welt durch eine einzige oder ganz wenige gleichbleibende Operationen auf der Grundlage elementarer Stoffe erklärt werden kann, in ganz unterschiedliche Theorien ein. Anaximenes' zweite Hauptthese erhält ihre besondere Zuspitzung dadurch, daß er meint, die Vielfalt der entwickelten Welt durch einen einzigen Operationstyp – die Verdünnung/Verdichtung – auf der Grundlage eines einzigen Stoffes erklären zu können. Außer der erwähnten Beobachtung, daß die austretende Atemluft entsprechend ihrer durch die Mundöffnung erzeugten Dichte warm oder kalt sein kann, wissen wir wenig über die Quellen dieser Theorie. Wahrscheinlich ist, daß auch die Beobachtung meteorologischer Phänomene wie der Verdunstung, der Wolkenbildung usw. den Anlaß für die Theoriebildung bot, was aufgrund von Zeugnissen über meteorologische Thesen (vgl. DK 13A17 und 21) erschlossen werden kann.

Indem Anaximenes mit dieser These klarstellt, daß der entwickelte Kosmos das Produkt einer Operation ist, die allein den einen Urstoff modifiziert, stellt er außerdem erstmals – soweit sich das belegen läßt – einen expliziten Zusammenhang her zwischen der Frage, woraus die Welt entstanden ist, und der Frage, woraus die Welt besteht. Wir erinnern uns, daß Thales vermutlich eher auf die erste Frage geantwortet hat, ohne einen erkennbaren Zusammenhang zur zweiten Frage herzustellen, weswegen es unpassend schien, seine These mit der Klassifikation des materialen Monismus zu versehen. Diese Lücke, die bei Thales bestanden hatte, füllt Anaximenes nun durch den Verdünnungs-/Verdichtungs-Prozeß, weil mit Hilfe dieses Prozesses von der Angabe des Ursprungs auch auf die Konstitution geschlossen werden kann: Wenn alles aus Luft entstanden ist und sich die Entfernung von diesem Ursprung hinreichend durch Veränderungen der Dichte beschreiben läßt, dann kann man ebensogut sagen, daß alles Entstandene aus Luft besteht, insofern dessen Bestandteile durch die Verdünnungs-/Verdichtungs-Analyse wieder auf Luft zurückgeführt werden könnten.

Anaximenes' materialer Monismus könnte allenfalls durch Satz (v) beschränkt werden, falls der Satz meint, daß sich nur Feuer, Wind, Wolken, Wasser, Erde und Steine direkt aus Luft bilden, während sich alles Übrige nicht unmittelbar aus Luft, sondern aus diesen Grundstoffen zusammensetzt. Der Satz, daß alles aus Luft sei, müßte dann dahingehend modifiziert werden, daß alles entweder direkt aus Luft durch Verdünnung/Verdichtung entstanden ist oder aus einem solchen Aggregatzustand der Luft und somit nur vermittelt aus Luft entstanden ist. Letzteres könnte etwa durch Mischung erfolgen. Jedoch ist nicht bekannt, daß Anaximenes neben der Verdünnung/Verdichtung noch weitere Operationen zur Bildung der ausdifferenzierten Welt angenommen hätte.

b) Luft als kosmologisches Erklärungsprinzip

Zu Anaximenes' Lehren über die Entstehung und die allgemeine Konstitution des Kosmos gibt es einige Zeugnisse, die sich zum Teil allerdings widersprechen. Wählt man diejenigen Berichte aus, die eine mit dem Verdünnungs-/Verdichtungs-Prozeß konsistente Erklärung der Weltentstehung ermöglichen (vgl. DK 13A6 und 7), ergibt sich folgendes Bild: Als sich die Luft verdichtete, sei als erstes die Erde entstanden, welche flach sei und auf der Luft umherfahre. Welchen Anlaß die Luft hatte, sich überhaupt zu verdichten, erfährt man nicht; vielleicht nimmt die der Luft zugeschriebene ewige Bewegung die Stelle einer solchen Erklärung ein. Von der Erde her nehme nun die Entstehung der Himmelskörper ihren Ausgang. So wird einmal die Sonne als Erde bezeichnet, die durch schnelle Bewegung ihre Wärme erhielt. Letzteres könnte jedoch eine anachronistische Zuschreibung sein und ist in der Verdünnungs-/Verdichtungs-Lehre nicht vorgesehen. Konsequenter erscheint daher ein Bericht über die Entstehung der Gestirne, der als allgemeines Vorbild für die Entstehung der Himmelskörper dienen könnte: Aus der zuerst entstandenen Erde steigt Feuchtigkeit auf, welche infolge von Verdünnung zu Feuer wird, so daß wir das in die Höhe gestiegene Feuer als Gestirne wahrnehmen können.

Die stabile Lage der Erde ergibt sich für Anaximenes aus folgender Überlegung: Weil die Erde flach sei, zerschneide sie nicht die unter ihr befindliche Luft, sondern decke diese wie mit einem Deckel zu (DK 13A20) und gleite oder fahre auf ihr. Gegenüber der Anaximandrischen Erklärung für die Ruhe der Erde scheint dies eher ein Rückschritt zu sein, weil sich das Gleiten der Erde auf Luft derselben Voraussetzung bedient, wie das Schwimmen der Erde bei Thales. Anders als Thales jedoch kann Anaximenes diese Erklärung auch auf die Himmelskörper Sonne, Mond und Sterne ausdehnen, die ebenfalls flach seien (die Sonne sogar „breit wie ein Blatt") und auf der Luft getragen würden. Letzteres wird allerdings durch einen Bericht in Frage gezogen, demzufolge die Sterne wie Nägel an dem eisartigen Himmel befestigt seien (DK 13A14). Man könnte den Widerspruch lösen, indem man die zweite Erklärung nur auf Fixsterne bezieht; vielleicht sollte man aber überhaupt nur der ersten Erklärung, der Schwebe-Theorie, trauen, weil es sonst keine Hinweise auf einen derart beschaffenen Himmel gibt, in den Nägel eingeschlagen werden könnten.

Die Sterne weisen bei Anaximenes anscheinend die Besonderheit auf, daß sie Erdteilchen bei sich führen, die unsichtbar sind und sich um die Sterne herum bewegen (A14). Fraglich ist, was Anaximenes mit der Annahme solcher Teilchen erklären wollte: Gewöhnlich geht man davon aus, daß damit Verfinsterungen der Gestirne erklärt werden sollen (z.B. HGP I 135), allerdings wurde mit derselben Annahme später das Auftreten von Meteoriten gedeutet (weswegen Kirk in KRS 170 meint, die ganze Lehre sei zu Unrecht von Diogenes von Apollonia auf Anaximenes übertragen worden). Die Gestirne bewegen sich in Anaximenes' Kosmologie nicht unter der Erde, sondern um die Erde herum, „wie wenn wir das Filzhütchen um unseren Kopf herum drehen". Und auch die Sonne wird in der Nacht nicht deswegen unsichtbar, weil sie unter die Erde abtaucht, sondern weil sie „von den höheren Teilen der Erde verdeckt wird" (vgl. DK 13A7). Nicht ganz klar ist, was mit den „höheren Teilen der Erde“ gemeint ist; zwei Deutungen kommen in Frage: entweder wird die Sonne nachts durch eine gewisse Neigung der flachen Erde verdeckt, oder es sind (nach einem Bericht von Aristoteles, *Meteorologie* 354a 27ff.) Gebirge im Norden der Erde, hinter welchen die Sonne für uns unsichtbar wird.

III. Unsichtbare Harmonie der Gegensätze: Heraklit

1. Leben und Schreiben eines „Dunklen"

Einmal habe man Sokrates die Schriften des Heraklit vorgelegt und ihn gefragt, was er davon halte; Sokrates habe geantwortet: „Was ich verstanden habe, ist ausgezeichnet – ich glaube auch das, was ich nicht verstanden habe, jedoch bedürfte es (dazu) eines delischen Tauchers" (DL II 22). Die Unverständlichkeit der Heraklitischen Schriften, auf die Sokrates hier anspielt, ist schon in der Antike berüchtigt gewesen und brachte ihm den Beinamen „der Dunkle" (*skoteinos*) oder „der in Rätseln Sprechende" (*ainiktês*) ein. Der von Heraklit gepflegte Rätselstil dürfte auch dafür verantwortlich sein, daß die Rezeption seiner Schriften wie bei kaum einem anderen Denker von Mißverständnissen und Entstellungen geprägt ist. Die Palette von Reaktionen auf Heraklits Thesen reicht deshalb vom Spott und der Häme, die schon von antiken Autoren über die Lehren Heraklits ausgegossen wurden, bis hin zur begeisterten Vereinnahmung Hegels („Hier sehen wir Land; es ist kein Satz des Heraklit, den ich nicht in meine Logik aufgenommen": *Geschichte der Philosophie*).

a) Sonderbare Berichte über Heraklit

Wie die milesischen Philosophen, so kommt auch Heraklit aus dem ionischen Teil Griechenlands, aus Ephesos. Er entstammt einer bekannten Aristokratenfamilie und macht auch in seiner Schrift aus seiner antidemokratischen Einstellung keinen Hehl. Nach der Überlieferung soll Heraklit während der 69. Olympiade (504–501 v.Chr.) 40 Jahre alt gewesen sein, so daß Pythagoras und Xenophanes ältere Zeitgenossen Heraklits, Parmenides dagegen ungefähr gleichaltrig gewesen sein dürften.

Antike Biographen trauten Heraklit eine recht absonderliche Persönlichkeit zu; so lesen wir bei Diogenes Laërtios: „Er (Heraklit) war hochmütig und herablassend wie kein anderer … Er griff auch die Epheser an, weil sie seinen Freund Hermodor verbannt hatten; er sagte: ‚Recht täten die Epheser, sich Mann für Mann aufzuhängen allesamt …‘ Zuletzt wurde er ein Menschenhasser, zog sich zurück und lebte in den Bergen, wo er Gras und Kräuter aß. Wie auch immer, er wurde davon wassersüchtig, kam herunter in die Stadt und befragte die Ärzte mit dem Rätsel, ob sie in der Lage wären, aus einer Überschwemmung Dürre zu machen. Als diese ihn nicht verstanden, grub er sich selbst in einem Kuhstall ein und hoffte darauf, durch die Wärme des Mistes ausgetrocknet zu werden. Aber als das auch nichts half, starb er im Alter von 60 Jahren“ (DL IX 1–3). Nach anderen Quellen, so weiß Diogenes Laërtios zu berichten (DL IX 4), soll er sich, als die Ärzte seine Wassersucht nicht heilen konnten, in die Sonne gelegt und Diener angewiesen haben, ihn mit Mist zu bedecken, wodurch er am zweiten Tag starb. Oder er soll, unfähig, sich selbst von dem Mist wieder zu befreien, ganz unkenntlich geworden und in Folge dessen von Hunden verschlungen worden sein.

Die karikierende Absicht, die hinter solchen Schilderungen steht, ist leicht zu durchschauen: Weil Heraklit allgemein in Rätseln spricht, kann er sich auch den Ärzten nicht anders als durch Rätsel verständlich machen, so daß ihm seine elitäre Gesinnung am Ende den Tod einbringt. Auch die näheren Umstände der geschilderten Todesart, Wassersucht und mißglückte Selbsttherapierung durch Mist, dürften ihren Ursprung in überlieferten Versatzstücken seiner Lehre haben; denn Heraklit erklärt, es sei der Seele Tod, Wasser zu werden (DK 22B36), Leichen seien eher noch wegzuwerfen als Mist (B96), und das Meer verdunste zur Hälfte zu Gluthauch (B31 zusammen mit DL IX 9–10 u.a.). Das überlieferte Diktum „ich durchforschte mich selbst“ (B101) soll seine Reaktion auf die Frage nach Lehrern gewesen sein (DL IX 5). Einem Fragment, das das Leben als spielende Knaben bezeichnet (DK 22B52), ist die Episode nachempfunden, daß Heraklit eine Beteiligung an der Gesetzgebung in Ephesos ablehnte, weil er es vorzog, mit Kindern im Artemis-Tempel zu spielen (DL IX 3), usw.

Neben den Etiketten der Dunkelheit und Misanthropie ist schließlich die Einschätzung Heraklits als eines Melancholikers am bekanntesten; sie gründet in einer Äußerung Theophrasts, der sein Urteil mit dem teils unfertigen, teils inkonsequenten Charakter der Heraklitischen Schriften begründete (DL IX 6), wobei Theophrast damit die Impulsivität des Autors gemeint haben dürfte. Dennoch wurde die Melancholie in dem uns bekannten Sinn später zum maßgeblichen Motiv für die Heraklit-Darstellungen in der Kunst, wie man etwa der Körperhaltung und den Gesichtszügen des Heraklit in Raffaels „Die Schule von Athen" deutlich entnehmen kann. Zusammen mit der Melancholie prägte sich die Rede von Heraklit als „dem weinenden Philosophen" ein, worin eine parodistische Anspielung auf Heraklits sogenannte Flußlehre und Platons Bemerkung, nach Heraklit verhielten sich die Dinge wie Menschen mit einem Katarrh (*Kratylos* 440c-d; der griech. Ausdruck *katarhous* meint wörtlich das Herabfließen), liegen dürfte. Wo das Konstruktionsprinzip für die Erfindung von Episoden und Charakterzügen so deutlich auf der Hand liegt, wäre es ein Mißverständnis, dahinter nach historischen Details zu suchen. Andererseits ist die Alltagspsychologie der antiken Biographen, wenn sie etwa hinter den scharfen Angriffen gegen die Volkssänger (DK 22B104), gegen Homer (A22, B42, B56), Archilochos (B42), Hesiod (B40, B57), Pythagoras (B40, B81, B129), Xenophanes (B40) oder gegen die Mitbürger in Ephesos (B121, B125a) einen überheblichen und einzelgängerischen Autor vermuten, nicht völlig von der Hand zu weisen.

b) Heraklits Rätselbuch

Von Heraklits Schrift (oder seinen Schriften) sind etwa 130 Fragmente erhalten, wovon die meisten nur in einem einzigen Satz bestehen. Das mit Abstand längste Fragment (22A1) umfaßt gerade drei Sätze. Das Wort „Fragment" allerdings bekommt bei der Anwendung auf Heraklit einen ganz eigenen

Sinn, denn in den meisten Fällen handelt es sich nicht um beliebig einsetzende oder abbrechende Satz- und Gedankenbruchstücke, sondern um wohlkomponierte, oft aphoristisch zugespitzte Sinnsprüche. Weil die einzelnen Sätze außerordentlich konzise formuliert sind und oft einen irgendwie abgeschlossenen Gedanken zum Ausdruck bringen, kann man sich nur schwer vorstellen, daß diese Fragmente Teile eines zusammenhängenden Textes gewesen sein könnten.

Dagegen ist bei Diogenes Laërtios ausdrücklich von einem Buch des Heraklit die Rede, das er im Artemistempel als Weihgeschenk dargebracht haben soll (DL IX 6). Bei Fragment B1 dürfte es sich, wie auch Aristoteles bestätigt (*Rhetorik* 1407b 13ff.), tatsächlich um den Anfang einer Schrift handeln. Aufgrund solcher Hinweise muß man damit rechnen, daß Heraklits Sätze tatsächlich in einer Schrift gesammelt und darin zu einem sinnvollen Ganzen angeordnet waren. Daher sind auch die Herausgeber der neueren Heraklit-Editionen (z.B. Marcovich, Kahn, Mansfeld) im Unterschied zu DK dazu übergegangen, die Fragmente in thematischen Gruppen anzuordnen.

Umstritten bleibt die Frage, ob diese Schrift eine erst nachträglich angelegte Anthologie von Aussprüchen darstellt oder ob die einzelnen Sätze immer schon auf eine bestimmte Komposition hin angelegt waren. Wie man sich auch entscheidet, man wird sich unter der Schrift des Heraklit kaum einen erörternden und argumentativ organisierten Text vorstellen dürfen: Wiederholt wurde festgestellt, daß Heraklit seine Sätze eher dem Stil der Orakelsprüche entsprechend konstruiert (vgl. Hölscher 1968, 136ff.) als daß er selbst einen Gedankengang vor dem Leser entwickeln würde. Deswegen bezieht man Heraklits Satz „Der Herr, dem das Orakel in Delphi gehört, sagt nichts, verbirgt nichts, sondern gibt Zeichen“ (B93) nicht zu Unrecht auch auf seinen eigenen Stil. Das Orakel nämlich legt die erfragten Zusammenhänge nicht deutlich dar, sondern beschränkt sich auf Andeutungen. Ebenso macht Heraklit besonders oft von Gleichnissen und antithetischen oder paradoxen Fügungen Gebrauch, die vom Hörer erst dechiffriert werden müssen.

2. Die verborgene Natur der Dinge

a) Der logos *des Heraklit:* Eine *Erklärung für alles*

Am Anfang der Heraklitischen Schrift stand ein Textpassus, der nicht nur das längste von Heraklit überlieferte Fragment, sondern überhaupt das längste erhaltene Stück griechischer Prosa vor den *Historiae* des Geschichtsschreibers Herodot darstellt. Es lautet: „Obwohl die hier gegebene Erklärung (*logos*) immer gilt, werden die Menschen sie nicht verstehen – sowohl bevor sie sie gehört als auch nachdem sie sie einmal gehört haben. Obwohl alles gemäß dieser Erklärung (*logos*) geschieht, gleichen sie Unerfahrenen, sooft sie sich an solchen Worten und Werken versuchen, wie ich sie erörtere, ein jegliches nach seiner Natur zerlegend und erklärend, wie es sich verhält. Den anderen Menschen aber bleibt verborgen, was sie tun, nachdem sie erwacht sind, so wie sie vergessen, was sie im Schlafe tun" (22B1). Heraklit kündigt hier seine Darstellung oder Erklärung als etwas an, das immer gelten soll. Diese Erklärung zeichne sich durch ihre Allgemeingültigkeit aus, insofern alle Geschehnisse dieser Erklärung oder der erklärten Gesetzmäßigkeit entsprechend erfolgen. Dabei zerlege seine Darstellung die Worte und Werke, von denen sie handelt, auf ihre Natur oder ihr Wesen (*physis*) hin. Die (gewöhnlichen) Menschen aber würden diese Erklärung nicht einmal dann verstehen, wenn sie sie von ihm vernommen hätten. Damit hängt zusammen, daß ihnen verborgen bleibt, was sie tun, so wie man vergißt, was man im Schlaf getan hat. Worin diese Erklärung bestehen könnte, bleibt an dieser Stelle noch völlig offen.

Der Schlüssel zu diesem Proömium liegt in dem griechischen Ausdruck *logos*, dessen berüchtigte Bedeutungsvielfalt die zuverlässige Deutung erheblich erschwert. Der Ausdruck geht auf das griechische Verb *legein* (sagen, ursprünglich: sammeln) zurück und meint in der Grundbedeutung etwa „Sagen, Rede, Wort, Erzählung", allgemein also etwas, was gesagt oder geschrieben wird. Davon ausgehend trat das Wort schon bald in spezifischeren Verwendungsweisen auf, wie etwa „Meinung, Überlegung, Grund, Erklärung, Rechtfertigung, Argument" bis hin zu „Vernunft", in anderer Weise aber auch „Maß, Relation, Proportion" u.a.

Im ersten Satz des Proömiums scheint ganz klar, daß damit einfach die Darstellung oder Erklärung gemeint ist, die Heraklit zu geben beabsichtigt. Diese Verwendung am Anfang einer Schrift ist durchaus konventionell (vgl. Ion von Chios, DK 36B1). Es wird jedoch rasch deutlich, daß Heraklit diesem eher blassen Wortgebrauch eine individuelle Wendung gibt. Erstens nämlich wäre es trivial zu sagen, daß die Menschen diesen *logos* nicht verstanden haben, *bevor* sie ihn gehört haben, wenn es ausschließlich um Heraklits Darstellung als solche ginge. Zweitens sagt Heraklit an einer späteren Stelle (B50) „Haben sie nicht mich, sondern den *logos* vernommen ...", was deutlich darauf hinweist, daß Heraklit dem *logos* einen von seiner eigenen Darstellung unabhängigen Status einräumt. Drittens: Seit Aristoteles (*Rhetorik* 1407b13 ff.) ist umstritten, ob das griechische Wort für „immer" auf die Verständnislosigkeit der Menschen oder auf den *logos* zu beziehen ist. Ist entweder beides zugleich (vgl. Kahn 1979, 97) oder nur letzteres der Fall, dann wird vom *logos* gesagt, er sei „immer seiend" (wohl im Sinne von „immer wahr" bzw. „immer gültig", vgl. z.B. Herodot *Historiae* I, 95 und 116), und das wiederum legt nahe, daß Heraklit nicht nur seine eigene Schrift gemeint haben kann.

Viertens heißt es in Fragment B72: „Sie sind mit demjenigen entzweit, mit dem sie am meisten beständig verkehren, dem *logos*, der alles verwaltet, und das worauf sie täglich stoßen, scheint ihnen fremd." Ganz analog zur Aussage von Fragment B1 wird die Unfähigkeit der gewöhnlichen Menschen hervorgehoben, den *logos* zu verstehen. Neu ist jedoch die Auskunft, daß dieser *logos* etwas ist, womit auch solche Menschen täglich verkehren. Somit ist endgültig klar, daß es weniger auf einen Lehrinhalt ankommt als auf einen durch diese Lehre erklärten universalen Zusammenhang. Schließlich wird der *logos* schon in Fragment B1 dadurch charakterisiert, daß alles ihm gemäß geschehe, womit deutlich der Charakter einer zu beschreibenden Gesetzmäßigkeit nahegelegt wird. Damit könnte in einer schwächeren Interpretation gemeint sein, daß alles in Übereinstimmung mit dem *logos* im Sinne einer gegebenen Erklärung oder Formel geschieht. Dagegen wird einer stärkeren Interpretation gemäß der *logos* als aktiv und ursächlich wirkendes Prinzip gedacht. Das scheint durch die Formulierung „der *logos*, der alles verwaltet" (B72) gestützt zu werden; jedoch gab die Übereinstimmung mit der späteren *logos*-Konzeption der Stoa Anlaß zum Zweifel an der Authentizität dieses Satzes. Andererseits ist schon für das Unbegrenzte des Anaximander überliefert, daß es die Welt „steuere", was Heraklit möglicherweise auf seinen *logos* überträgt.

Zweifellos also glaubt sich Heraklit im Besitz einer Erklärung, die, obwohl immer gültig und von universaler Bedeutung, von der Menge der Menschen nicht verstanden wird. Dabei ist für seinen Gebrauch des Wortes *logos* ein Oszillieren zwischen der gegebenen Darstellung oder Erklärung (die man „hören" oder „vernehmen" kann) als solcher und der dargestellten universalen Struktur oder Gesetzmäßigkeit in der Wirklichkeit signifikant. Entsprechend besteht in der Forschung Unsicherheit darüber, wie weit der Heraklitische *logos* in Richtung eines objektiv im Weltgeschehen wirksamen Prinzips gedeutet werden kann. Einige Interpreten gehen so weit zu sagen, „daß der Logos ... von Heraklit wahrscheinlich zeitweilig als eine wirkliche Komponente der Dinge aufgefaßt [wurde], und er ist in vielen Hinsichten koextensiv mit dem ursprünglichen kosmischen Konstituenten, dem Feuer" (KRS 206 und Kirk 1962, 402).

Eng mit der Deutung des *logos* verknüpft ist die Frage, was eigentlich Heraklit in diesem Proömium als den Gegenstandsbereich seiner Ausführungen einführt. Wenn er betont, daß *alles* seiner Erklärung gemäß geschehe, dann nimmt er zumindest keine ausdrückliche Einschränkung vor. Auf diese Weise erscheint es naheliegend, Heraklit als einen kosmologischen Denker in der Tradition der Milesier zu verstehen. Gegen diese Einordnung Heraklits wurde wiederholt Einspruch erhoben mit dem Hinweis, daß Heraklits eigentliches Thema nicht die natürliche Welt, sondern die Bedingungen des menschlichen Lebens, insbesondere die Bedingung seiner Sterblichkeit sei (Kahn 1964; dagegen: Wiggins 1982). Ein weiteres Argument für diesen Perspektivenwechsel in der Heraklitdeutung ist die Beobachtung, daß Heraklit in Fragment B1 ausdrücklich von den „Worten und Werken" als dem Gegenstand der Erörterung spricht (vgl. Dilcher 1995, Kap. 1), weil mit dem Paar „Worte und Werke" schon in der Sprache des Epos die Gesamtheit der menschlichen Aktivitäten gemeint war. Wahrscheinlich ist in dieser Frage gar keine ausschließende Entscheidung zwischen Kosmologie und conditio humana möglich: Auch Anhänger der klassischen kosmologischen Deutung betonen deutlich, daß für Heraklit der Mensch selbst Teil seiner Umgebung ist, so daß der *logos* auch die für sein Handeln maßgeblichen Bedingungen formuliert (Kirk 1962, 403), und auch für die Gegenseite ist klar, daß Heraklits Ausführungen aufgrund der von ihm unterstellten Analogie von Mikro- und Makrokosmos zugleich Konsequenzen für die den Menschen umgebende Welt haben.

b) Die Natur der Dinge pflegt sich zu verbergen

Heraklits *logos* ist durch den Umstand charakterisiert, daß er von der Menge der Menschen nicht gekannt und nicht verstanden wird, und dies, obwohl sie beständig mit ihm Umgang haben (B72) und auf ihn stoßen („Denn es verstehen solches viele nicht, soviele auch darauf stoßen, noch erkennen sie es, wenn sie es lernen; aber sie bilden es sich ein": B17) und obwohl er eine universale Bedeutung hat und in diesem Sinn auch „gemeinsam" zu nennen ist (B2). Er wird auch dann nicht verstanden, wenn die Menschen die Erklärung als solche durchaus vernommen haben: „Sie verstehen es nicht, auch wenn sie es vernommen; so sind sie wie Taube. Das Sprichwort bezeugt's ihnen: Anwesend sind sie abwesend" (B34). Für die Rolle, die Heraklit seinem *logos* zugedacht hat, wird aus Äußerungen wie diesen dreierlei deutlich. Erstens: Die universale Geltung des *logos* zeigt sich u.a. darin, daß er selbst in jedermanns Alltag anwesend oder wirksam ist, d.h. alles, womit die Menschen tagtäglich verkehren, läßt sich als Exemplifizierung des einen *logos* verstehen. Zweitens: Diesen *logos* nicht zu kennen oder nicht zu verstehen, hat für den einzelnen die Konsequenz, daß ihm die Zusammenhänge, in denen seine eigenen „Worte und Werke" stehen, verborgen bleiben. So jemand scheint für Heraklit nur bedingt an der gemeinsamen Welt der Wachenden (B89) teilzuhaben, weil ihm mit dem *logos* gleichsam der Schlüssel zu allen bedeutungsvollen Zusammenhängen fehlt: in diesem Sinn lebt er anwesend abwesend (B34), wie ein Schlafender in seiner eigenen Welt (B89) und so als gäbe es für jeden eine je eigene und vom gemeinsamen *logos* unabhängige Einsicht (B2).

Drittens: Heraklit unterstellt, daß sich das, was allein die Abläufe in der Welt zu erklären vermag, nicht an der Oberfläche der Dinge zeigt, und daß der *logos* von dieser Art ist (nur so ist die beanspruchte Exklusivität der Darstellung in Fragment B1 mit der mehrfach betonten Ubiquität des *logos* zu vereinbaren). Ungefähr das dürfte auch das Anliegen des Satzes „Die Natur (*physis*, hier eher: das Wesen der Dinge) pflegt sich zu verbergen" (B123) zusammen mit „Die unsichtbare Harmonie ist die stärkere" (B54) sein. In diesen Bemerkungen kann man den methodologischen und epistemologischen Grundsatz des Heraklit ausgedrückt sehen: Er scheint dem Zeugnis der Sinneswahrnehmung und der Erfahrung grundsätzlich durchaus zu vertrauen, wie etwa aus Fragment B55 „Alles, wovon es Gesicht, Gehör, Erfahrung gibt, das ziehe ich vor" und B101a „Augen sind genauere Zeugen als die Ohren" hervorgeht. Wer nach Weisheit strebt, muß durchaus „vieler Dinge Kenner" (B35) sein, jedoch bleiben diese Erfahrungen leerlaufende „Vielwisserei" (B40, B129), wenn nicht die Kenntnis der ihnen zugrunde liegenden Struktur hinzukommt. Ebenso bleibt die Sinneswahrnehmung epistemisch folgenlos, wenn sie nicht auf bestimmte Voraussetzungen im Wahrnehmenden trifft: „Schlimme Zeugen sind den Menschen Augen und Ohren, *wenn* sie barbarische Seelen haben" (B107). Die Suche nach den wesentlichen Zusammenhängen muß ihr Ziel verfehlen, wenn sie nicht durch eine Ahnung oder einen Vorbegriff von der Art des zu Entdeckenden geleitet ist: „Wenn er es nicht erhofft, wird er das Unerhoffte nicht finden, weil es unauffindbar ist und unzugänglich“ (B18).

Die angeführten Stellen machen einigermaßen verständlich, inwiefern die wahre Natur der Dinge verborgen und die unsichtbaren Zusammenhänge die stärkeren sind: Wahrnehmung und Erfahrung sind notwendige Bedingung für die Erkenntnis der wahren Natur, aber sie sind eben nicht hinreichend, vermutlich deswegen, weil sie immer nur Teilansichten der zu erkennenden Sachen und Sachverhalte wiedergeben, während die Erkenntnis des Ganzen oder des Grundes oder des Allgemeinen und Wiederkehrenden am Individuellen zusätzlich bestimmte, über die bloße Wahrnehmung und das Sammeln von Erfahrungen hinausgehende Voraussetzungen erforderlich macht. Worin diese zusätzlichen Voraussetzungen liegen, wird in den erhaltenen Fragmenten jedoch nicht gesagt. Um diese Lücke zu schließen, wird in der Forschungsliteratur mit Verweis auf Fragment B101 („ich durchforschte mich selbst“) erwogen, ob Heraklit zusätzlich eine Art von Selbst-Reflexion für erforderlich hielt (HGP I 416–419), und mit Verweis auf die Formulierung „... ein jegliches nach seiner Natur zerlegend ...“ aus Fragment B1 wird argumentiert, daß es ihm auf ein analytisches Verfahren angekommen sei (z.B. Marcovich 1965, 277f.): Eine solche Analyse könnte z.B. an den Tag bringen, daß sich hinter dem, was der unbedarfte Beobachter als einfach und einheitlich wahrnimmt, in Wahrheit ein Zusammenspiel entgegengesetzter Kräfte verbirgt. Wenn Heraklit hingegen die „barbarischen Seelen“ (B107) für die Unverständigkeit verantwortlich macht, könnte man meinen, es gehe ihm schlicht darum, daß bei vielen die unedle Veranlagung oder die oberflächliche Lebensweise einer tieferen Einsicht im Wege steht.

c) Die Formel für das Weltgeschehen

Welche Bedeutung Heraklit der von ihm angekündigten Erklärung beimißt und welche Konsequenzen sich aus der Kenntnis oder Unkenntnis dieser Erklärung ergeben, ist bereits klar. Weitaus weniger deutlich ist hingegen, worin eigentlich diese Erklärung oder das zu erklärende Prinzip besteht.

Verschiedene Interpreten versuchten das Rätsel um den Heraklitischen *logos* dadurch zu lösen, daß sie eine besondere technische Bedeutung dieses Ausdrucks in den Fragmenten Heraklits nachweisen wollten. Besondere Beachtung fand etwa die Bedeutung „Verhältnis, Proportion" (Schadewaldt 1978, 370ff. und Kurtz 1971), die in Fragment B31 gegeben ist, wenn es heißt, daß der Übergang von Erde zu Meer „nach demselben *logos*" erfolge. Zwar ist richtig, daß bei Heraklit das Moment der gleichbleibenden Verhältnisse und der Proportionalität eine zentrale Rolle spielt, wenig überzeugend ist dagegen der Versuch, den Ausdruck *logos* bei Heraklit durchgehend auf eine solche technische Bedeutung einzuschränken (ablehnend auch: Dilcher 1995, 2. Kap.) und dies als den Kern der Heraklitischen Lehre auszuweisen. Weil nämlich der *logos* auch bei Heraklit etwas ist, das man sagt oder schreibt und deshalb hören oder vernehmen kann, kommt es darauf an, was dieser *logos* sagt oder worin die zu gebende Erklärung besteht.

Sieht man sich nun in den Fragmenten Heraklits nach einer Formulierung um, die angibt, worin die angekündigte Erklärung besteht, so findet man erstens wenig Genaues und zweitens gleich mehrere Sätze, die sich als die gesuchte Formel anbieten, jedoch durchaus nicht alle dasselbe bedeuten. Im folgenden Satz wird die Formel „daß alles eines ist" ausdrücklich als das ausgewiesen, was die Erklärung des Heraklit behauptet:

B50. „Nicht auf mich, sondern auf die Erklärung (den *logos*) hörend, ist es weise zuzustimmen, daß alles eines ist."

Einige weitere Sätze werden zwar nicht ausdrücklich als die im *logos* behauptete Proposition ausgewiesen, bieten sich aber aufgrund ihres formelhaften Charakters als solche an:

B10: „Verbindungen: Ganzes und Nichtganzes, Zusammentretendes – Auseinandergehendes, Zusammenklingendes – Auseinanderklingendes: und aus allem eines und aus einem alles."

B80: „Das Auseinanderstrebende zusammentretend und aus dem Auseinandergehenden die schönste Harmonie."

B51: „Sie verstehen nicht, wie das Auseinandergehende mit sich selbst zusammengeht, eine rückgespannte Harmonie, wie vom Bogen und der Leier."

B80: „Man muß wissen, daß der Krieg allgemein ist und das Rechte Streit und daß alles geschieht in Übereinstimmung mit Streit und dem, was geschuldet ist."

B30: „Diesen Kosmos (derselbe für alle) schuf weder einer der Götter noch der Menschen, sondern er war immer und ist und wird sein immer lebendes Feuer, entflammend nach Maßen und erlöschend nach Maßen."

Jeder dieser Sätze kann mit einem gewissen Recht für sich beanspruchen, den Kerngedanken des Heraklit auf den Punkt zu bringen. Insofern bieten sie sich alle als Kandidaten für den Inhalt der angekündigten Erklärung an. Dies widerspricht dem Umstand, daß Heraklit etwa in Fragment B1 nicht von mehreren, sondern von einem bestimmten *logos* spricht; außerdem hieß es in Fragment B41 ausdrücklich, daß das Weise ein einziges sei. Um diesem Widerspruch zu entgehen, müßte der Interpret, der davon ausgeht, daß die verschiedenen Fragmente des Heraklit in einen systematischen Zusammenhang gebracht werden können, zeigen, daß diese verschiedenen Formeln miteinander und mit der Singularität der eigentlichen und wahren Einsicht zu vereinbaren sind. Zunächst ist es jedoch wichtig zu sehen, daß es sich bei den angeführten Sätzen tatsächlich um verschiedene Behauptungen zu unterschiedlichen Themen handelt:

Die Formeln „Alles ist eines" und „Aus allem eines und aus einem alles" aus den Fragmenten B50 und B10 stehen für die erste Art von Behauptung. Was man darunter verstehen muß, ist weit davon entfernt, selbstverständlich zu sein. Mindestens zwei Interpretationen bieten sich an. Erstens kann man darin eine monistische These in der Weise des materialen Monismus ausgedrückt sehen, nämlich daß alle Dinge aus ein und demselben Stoff bestehen oder entstanden sind. Als ein solcher Stoff käme bei Heraklit nur das Feuer in Betracht, von dem es in Fragment B30 heißt, es sei ewig lebendig. Die Ewigkeit des Feuers, sein regelmäßiges Entflammen und Erlöschen sowie die Identifikation der Weltordnung mit diesem Feuer, wie es in B30 beschrieben wird, ist zugleich die zweite Art von Behauptung, die wir unter den angeführten Sätzen identifizieren können.

Traditionell wird in den Formulierungen von B50 und B10 jedoch eher ein Beitrag zu dem Thema gesehen, das man rückblickend als „Einheit der Gegensätze" bezeichnet – das wäre bereits die dritte Art von Behauptung. Schließlich bietet das Fragment B80 die Begriffe „Krieg" und „Streit" als Beschreibung für eine in der Welt allgemein exemplifizierte Gesetzmäßigkeit an. Insofern ein als „Krieg und Zwist" zu beschreibender Weltverlauf unter anderem durch beständige Aktion und Reaktion gekennzeichnet sein muß, kann man darin eine vierte Art von Behauptung vorausgesetzt sehen, die allgemein unter der Bezeichnung „Flußlehre" bekannt ist.

3. Alles im Fluß?

Von allem, was Heraklit jemals sagte oder gesagt haben soll, haben sich besonders zwei Bemerkungen eingeprägt, die beide dem Themenfeld der sogenannten „Flußlehre" angehören; es sind die beiden Sätze „Alles fließt" (*panta rhei*) und „Man kann nicht zweimal in denselben Fluß steigen" (B31). Nun rechnet es sich die Heraklit-Forschung des 20. Jahrhunderts als Verdienst an, gerade diese Sätze als unecht erwiesen zu haben. Demnach wäre die Lehre, wonach sich die Dinge in einem beständigen Fluß befinden, nur eine Erfindung späterer Philosophen, die man Heraklit zu Unrecht – weil man dessen eigentliche Lehre mißverstand, weil man sie weiterentwickeln und zuspitzen wollte oder weil man sie bewußt entstellen und lächerlich machen wollte – in den Mund legte. Nur noch eine verschwindende Minderheit von Interpreten schreibt die Alles-fließt-Formel Heraklit selbst zu. Hieran kann man sehen, auf was für einem dünnen Eis sich die Deutung der Heraklitischen Fragmente bewegt.

a) Die sogenannten „Flußfragmente“

In insgesamt drei Fragmenten ist ausdrücklich von Flüssen die Rede. Während man allgemein in B12a die Grundform des Heraklitischen Flußthemas sieht, gelten B49a und besonders B91 bei vielen Interpreten als das Ergebnis späterer Entstellungen (vgl. Kirk 1962, 366ff. und Marcovich 1965, 289ff.):

B12a: „Denen, die in dieselben Flüsse hineinsteigen, strömen andere und andere Wasser zu.“

B49a: „In dieselben Flüsse steigen wir und steigen wir nicht, (wir sind und wir sind nicht).“

B91: „Man kann nicht zweimal in denselben Fluß steigen.“

Alle drei Fragmente leben von der paradox anmutenden Spannung zwischen der Identität oder Persistenz eines Flusses und dem Wechsel, dem diese Flüsse aufgrund des hindurchströmenden Wassers ausgesetzt sind. Der Wechsel des Wassers wird in den Sätzen B49a und B91 zwar nicht ausdrücklich genannt, aber offenbar wird damit gerechnet, daß sich eine entsprechende Vorstellung ohne weiteres aus der Anschauung eines Flusses ergibt, weil anderenfalls gar kein Anlaß bestünde, die Identität des Flusses als etwas Fragwürdiges anzusehen. Der Satz B12a stellt als einziger ausdrücklich die Selbigkeit des betreffenden Flusses („... die in *dieselben* Flüsse hineinsteigen ...“) dem Wechsel der zuströmenden Wassermassen gegenüber. Außerdem impliziert die Dativformulierung „denjenigen, die...“ einen gegenüber dem heranströmenden Wasser gleichbleibenden Betrachterstandpunkt. In B49a soll die Kontradiktion „steigen wir und steigen wir nicht“ offenbar darauf aufmerksam machen, daß der betreffende Fluß in der einen Hinsicht zwar derselbe sein mag (etwa weil es sich immer noch um den Fluß handelt, den man als „Skamandros“ bezeichnet), in einer anderen Hinsicht dagegen nicht (weil ständig neues Wasser hindurchfließt).

Daher ist auch unwahrscheinlich, daß in Satz B91 einfach die Nichtidentität des Flusses zu verschiedenen Zeitpunkten deklariert werden soll. In Entsprechung zu B12 und B49a ist davon auszugehen, daß auch B91 auf das paradoxe Verhältnis von Identität und Veränderung abzielt; dies ergibt sich aber nur dann, wenn man die Erwartung des Lesers in Rechnung stellt, daß es irgendwie doch derselbe Fluß ist, in den man zu verschiedenen Zeitpunkten steigt. Macht man diese Erwartung explizit, ergibt sich etwa folgendes Paradox „Man kann nicht zweimal in denselben Fluß steigen, [obwohl wir in irgendeinem anderen Sinn davon ausgehen, daß es derselbe ist, etwa weil wir mit dem Namen 'Skamandros' konstant auf ihn Bezug nehmen]". So gelesen besteht kein Anlaß, Fragment B91 als unecht einzustufen. Für die Authentizität des Satzes spricht auch der Umstand, daß der Herakliteer Kratylos auf eben diesen Satz anspielt, wenn er Heraklit mit der Bemerkung zu übertreffen versucht, daß man auch nicht *einmal* in denselben Fluß steigen kann (vgl. Aristoteles, Met. 1010a10f.).

Demnach geht es Heraklit in den Flußfragmenten vor allem darum, daß eine Sache, von der wir meinen, sie sei identisch, sich zugleich verändert. Dieselbe Spannung macht er sich etwa auch in Fragment B84a „Sich wandelnd ruht es aus" zunutze. Daß er darin eine bemerkenswerte Gegenüberstellung sieht und daß er damit seine zeitgenössischen Leser verblüffen konnte, ist nicht weiter überraschend, denn man kann auch sonst in den vorsokratischen Lehren beobachten, daß die Identität oder Persistenz einer Sache, die sich verändert, als problematisch empfunden wurde; so dürfte etwa das Merkmal der Unveränderlichkeit des Seienden bei Parmenides damit zu tun haben, daß Parmenides die Identität des Seienden auf diese Weise schützen zu müssen glaubte. Sogar noch Platon führt ein Argument vor (*Theaitet* 158e ff.), das auf der Schlußfigur „was sich verändert, ist anders – was anders ist, ist nicht identisch – was sich verändert, ist nicht identisch" beruht. Daß dabei der Ausdruck „anders (griech.: *heteron*)" mehrdeutig gebraucht wird, nämlich zuerst im Sinne der qualitativen und dann im Sinne der numerischen Verschiedenheit, dürfte zur Zeit der Vorsokratiker noch nicht klar gesehen worden sein. Auch eine Erklärung des Flußbeispiels, die unserer Intuition gerecht wird, daß der Austausch der materiellen Bestandteile (hier: des Wassers) in vielen Fällen die Identität des betreffenden Gegenstandes unberührt läßt, dürfte zu dieser Zeit schon deshalb schwer gefallen sein, weil die begriffliche Unterscheidung zwischen Form- und Materieprädikaten nicht zur Verfügung stand.

b) Vertrat Heraklit die Lehre vom Fluß aller Dinge?

Schon in der Antike verstand man den Fluß in den Heraklitischen Fragmenten als ein Sinnbild für die kontinuierliche Veränderung in der gesamten Wirklichkeit. Für sich genommen implizieren die Flußfragmente jedoch nicht notwendig den „Fluß aller Dinge". Man könnte sie etwa auch als Beitrag zum Thema „Gegensätze" lesen: So wie etwa beim Bogen „der Name Leben, sein Werk aber Tod" (B48) ist, so ist auch beim Fluß der Name derselbe, der Inhalt (das Wasser) jedoch stets verschieden. Manche Interpreten sehen in den Flußfragmenten vor allem den Gedanken ausgedrückt, daß das Maß (oder die Proportion) auch im Wechsel dasselbe bleibt (Reinhardt 1916, 206f.). Es fragt sich daher, ob Heraklit überhaupt eine Flußlehre vertreten hat und ob die Formeln „alles fließt" und „alles geht und nichts bleibt" (vgl. Platons *Kratylos* 401d, 402a, 439c) überhaupt angemessen auf Heraklit angewandt werden können. In mindestens drei Hinsichten geht die starke Lesart dieser Formeln an der Intention Heraklits klar vorbei. Es läßt sich aber auch eine schwächere Lesart finden, in der die Alles-fließt-Formel durchaus zu anderen Fragmenten des Heraklit paßt.

Zunächst die drei Einwände gegen eine starke Interpretation der Alles-fließt-Formel: (1) Wenn sich buchstäblich alles verändert und nichts gleich und identisch bleibt, dann gäbe es auch keine Hinsicht, in der der Fluß als identisch zu beschreiben wäre; damit aber wäre die Pointe der Flußfragmente offenbar verdorben, denn zumindest in B12 wird die Identität des Flusses sogar ausdrücklich hervorgehoben. (2) Heraklit will das Phänomen der Veränderung in seine allgemeine Erklärung (*logos*) des Weltgeschehens mitaufnehmen; zumindest dieser *logos* ist aber „immer seiend" oder „immer gültig" und verändert sich nicht. Der Status des Heraklitischen *logos* steht also der Auffassung entgegen, daß sich buchstäblich alles verändert. (3) Platon hat richtig gesehen (vgl. *Theaitet* 181cff.), daß die Alles-fließt-Formel bei konsequenter Handhabung auf die folgende, dreifache Zuspitzung hinausläuft: *Alles* bewegt oder verändert sich – Alles bewegt oder verändert sich *zu jedem Zeitpunkt* – Alles bewegt *und* verändert sich zu jedem Zeitpunkt. Diese Radikalisierung hat, wie Platon und Aristoteles mit Blick auf den Herakliteer Kratylos ausführen, einen erkenntnis- und bedeutungsskeptischen Standpunkt zur Folge, weil keine Erkenntnis möglich sei, „wenn alle Dinge sich verwandeln und nichts bleibt" (*Kratylos* 440a), und weil auch die Bezugnahme auf Dinge unmöglich wird, wenn man eine Sache nicht einmal mehr als „so" ansprechen kann (*Theaitet* 183a). Das skeptizistische Ergebnis aber widerspricht sowohl der Vorgehensweise als auch der erklärten Absicht des Heraklit.

Diese Hindernisse ergeben sich aber nur für eine starke Lesart der Alles-fließt-Formel. Denkbar sind jedoch auch unterschiedlich schwache Interpretationen: Dabei wäre erstens der Quantor „alles" nur auf die Subjekte der Veränderung und nicht (wie bei der zugespitzten Form des Kratylos) auf Zeitpunkte und Arten der Veränderung zu beziehen. Zweitens wäre eine Lesart der Alles-fließt-Formel plausibel, bei der nicht buchstäblich *alle* Entitäten, sondern nur die beobachtbaren Dinge oder die Gegenstände der Erfahrung gemeint sind, so daß die Formel etwa mit der Annahme einer ewig gültigen Erklärung (*logos*) für das Weltgeschehen durchaus vereinbar ist. Schließlich wäre sogar eine Lesart vertretbar, bei der die Veränderung dem zu erklärenden Weltgeschehen insgesamt, aber nicht jedem einzelnen Ding zugeschrieben wird. *Alles* befände sich nur in dem Sinne im Fluß, daß alles einer Gesetzmäßigkeit unterworfen ist, die wesentlich durch Veränderung geprägt ist. Auf diese Weise bräuchte die Formel auch dem Phänomen relativ beharrlicher Gegenstände (KRS nennen als problematische Beispiele einen Felsen und einen Bronzekessel: 214) keine Gewalt anzutun.

Vertrat Heraklit eine solche schwache Form der Flußlehre? Die Evidenzen zugunsten einer positiven Antwort sind eindeutig. Dennoch tun sich viele Interpreten damit schwer; ein kurzer Blick in die Rezeptionsgeschichte zeigt, warum: Platon stellte den Heraklitismus am liebsten in der (oben beschriebenen) radikalen Form dar, in der alles Identische und damit die Möglichkeit von Erkenntnis ausgeschlossen wird. In dieser Version konnte Platon nämlich am besten zeigen, was dem heraklitischen Weltbild seiner Meinung nach fehlt: die Annahme gleichbleibender, begrifflicher Entitäten, für die er selbst den Begriff der „Idee" prägte. Als man darauf aufmerksam wurde, daß Heraklit mit Nachdruck auf Gleichbleibendes und Identisches verweist, stuften viele Interpreten die Flußlehre als unecht ein, weil sie weiterhin der von Platon unterstellten Unvereinbarkeit von Flußlehre und Identitätsbehauptung aufsaßen. Dabei wurde übersehen, daß auch Platon eine Version der Flußlehre kannte, bei der durch Veränderung die Identität von Gegenständen nicht ausgeschlossen, sondern erst ermöglicht werden sollte. So zählt Sokrates in Platons Dialog *Theaitet*, um die Flußlehre für die Gesprächspartner zunächst plausibel zu machen, eine ganze Reihe von Beobachtungen auf, die den Satz belegen sollen, daß Ruhe die Dinge zugrunde richtet, während die spezifische Bewegung oder Aktivität sie erhält (153a-d), so wie Lernaktivität der Seele und Gymnastik dem Körper gut tue, während das Gegenteil sie verderbe. Einiges spricht dafür, daß dies auch die Intention des Heraklit war (vgl. Wiggins 1982):

(1) An den Flußfragmenten lernt der Leser, daß zumindest einige Dinge sich beständig verändern, *obwohl* wir sie als identisch ansehen. Unter der Oberfläche solcher Dinge zeigt sich, daß ihnen eine bestimmte Art von Veränderung wesentlich ist. Dies führt aber nicht dazu, daß die Rede von der Identität solcher Dinge aufgegeben wird, im Gegenteil: unterstellt man Heraklit ein Anliegen, wie es Platon in *Theaitet* 153a-d beschreibt, dann ist es die spezifische, durch die Strömung des Wassers bedingte Veränderung, die für die Beständigkeit oder Identität des Flusses verantwortlich ist. (2) Was für die Flußfragmente nur durch Rückgriff auf Platons Bericht vermutet werden konnte, zeigt sich in B125 unmittelbar:

„Auch der Mischtrank zersetzt sich, wenn er nicht gerührt wird". Der Mischtrank (*kykeôn*) ist ein Cocktail aus Gerste, Wein und geriebenem Käse; wird er nicht durch Rühren in Bewegung gehalten, hört er auf, als homogenes Gemisch zu existieren. So exemplifiziert der Gerstentrank das Gesetz, daß Dinge gerade durch Bewegung oder Veränderung Bestand haben. Nun kennen wir auch sonst aus der vorsokratischen Philosophie das Verfahren, daß Einzelbeobachtungen als exemplarisch eingestuft und so zum Ausgangspunkt für gewagte Verallgemeinerungen gemacht werden. Vermutlich hat auch Heraklit aus der Beobachtung von Flüssen und Cocktails Rückschlüsse auf die Beschaffenheit der gesamten Wirklichkeit gezogen.

(3) Die Aussage Heraklits, daß der Krieg allgemein ist und alles in Übereinstimmung mit dem Streit geschieht (B80), setzt voraus, daß sich die beteiligten Parteien in beständiger Aktion und Reaktion befinden. Wieder wird das gleichbleibend geregelte Geschehen, das hier als Krieg oder Streit bezeichnet wird, durch die Bewegung bzw. Aktivität der Konstituenten ermöglicht. (4) Auch die Lehren zum Verhalten der Gegensätze setzen eine Form von Flußlehre voraus: Wenn die Gegensatzlehre zum Inhalt hat, daß gegensätzliche Eigenschaften ineinander übergehen und daß dies ein wesentliches Merkmal der Wirklichkeit ist, dann ist dabei vorausgesetzt, daß überhaupt kontinuierliche Veränderungen und Übergänge stattfinden. Dieser enge Zusammenhang von Gegensatz- und Flußlehre wird z.B. deutlich in B126: „Das Kalte erwärmt sich, Warmes kühlt sich, Feuchtes trocknet sich, Dürres netzt sich". (5) Schließlich scheint auch die Charakterisierung des Feuers als „immerlebend" in Zusammenhang mit einer Form von Flußlehre zu stehen.

4. Wie das Gegensätzliche zusammenhängt

Heraklit wird in seinen Fragmenten nicht müde, Dinge wie Leben und Tod, feucht und trocken, hinauf und hinab, Hunger und Sattheit, Abfall und Gold usw. gegenüberzustellen. Obwohl er selbst den Ausdruck „Gegensatz“ nicht gebraucht, ist es offensichtlich, daß Heraklits Interesse in diesen Sätzen den Gegensätzen oder Extremen im weitesten Sinn gilt. Die Lehre dieser Sätze ist, auf den allgemeinsten Nenner gebracht, daß diese Gegensätze entgegen der gewöhnlichen Erwartung jeweils in irgendeiner Hinsicht zusammenhängen. Aufgrund von Fragmenten wie B57, wo Heraklit Tag und Nacht als „eines“ bezeichnet, wurde für diese Lehre die Bezeichnung „Einheit der Gegensätze“ eingeführt. Schon in der Antike ging man davon aus, daß sich auch die Formeln „alles ist eines“ und „aus allem eines und aus einem alles“, die Heraklit deutlich als Kern seiner Lehre ausweist, auf diese Art von Gegensätzen und ihre Einheit beziehen lassen.

a) Typologie der Heraklitischen Gegensatz-Fragmente

Die nähere Untersuchung der Heraklitischen Gegensatzlehre beginnt mit einer Enttäuschung: Es läßt sich überhaupt kein einheitlicher Sinn finden, in dem von einer Einheit der Gegensätze gesprochen werden könnte. Mindestens folgende Beispieltypen lassen sich unterscheiden (andere Einteilungen bei KRS 206ff., HGP I 445f.):

Typ A: Die Gegensätze sind eins, insofern ein und dieselbe Sache unter dem einen Aspekt betrachtet als P (für ein bestimmtes Prädikat) und unter einem anderen Aspekt betrachtet als der Gegensatz zu P beschrieben werden kann: „Der Weg hinauf und hinab ist ein und derselbe“ (B60). Je nachdem, von welchem Aspekt der Sache man Gebrauch macht, hat man es mit so entgegengesetzten Dingen wie dem Hinauf-Weg einerseits und dem Hinab-Weg andererseits zu tun, obschon es sich dabei um ein und denselben Weg handelt.

Typ B: Die Gegensätze sind eins, insofern ein und dieselbe Sache dem einen Betrachter als P, dem anderen Betrachter als Gegensatz zu P erscheint: „Meer: reinstes und scheußlichstes Wasser: den Fischen trinkbar und lebenserhaltend, den Menschen untrinkbar und tödlich“ (B61). Dieselbe Struktur ist in

B9 „Esel würden Abfall dem Gold vorziehen“ (… und Menschen Gold dem Abfall) oder B13 „Schweine erfreuen sich am Dreck“ (… und Menschen nicht) gegeben. Hier liegt ein mit dem Beispiel für Typ A eng verwandter Sachverhalt vor; der Unterschied jedoch besteht darin, daß bei Typ B vom Beobachter der je maßgebliche Aspekt der Beschreibung nicht einfach gewechselt werden kann: dem menschlichen Betrachter des Meeres steht es nicht frei, ob er das Meerwasser als lebenserhaltend oder als tödlich ansehen will (die jeweilige Eigenschaft ergibt sich, wie man sagt, nur „korrelativ“).

Typ C: Die Gegensätze sind eins, insofern die Beschreibung einer Sache als P die Erfahrung des Gegensatzes zu P voraussetzt: „Des Rechtes Namen würden sie nicht kennen, wenn es dieses (nämlich das Unrechte, wie man dem Kontext des Zitats wohl entnehmen darf) nicht gäbe“ (B23). Ganz anders als bei den beiden zuerst genannten Typen liegt hier der Zusammenhang der Gegensätze darin, daß wir das Prädikat P nicht hätten, ohne den Gegensatz zu P. Die Erfahrung, die hinter diesem Typ von Beispielen zu stehen scheint, ist deutlich in B111 formuliert: „Krankheit macht Gesundheit angenehm und gut, Hunger Sattheit, Mühe Ruhe“.

Typ D: Die Gegensätze sind eins, insofern sich die durch P und den Gegensatz von P definierten Klassen gegenseitig bedingen. Wie beim vorigen Typ so hebt auch diese Beschreibung darauf ab, daß sich die beiden Seiten eines Gegensatzes erst gegenseitig bestimmen. Anders als bei der zu Typ C gegebenen Beschreibung wird hier jedoch keine Beschränkung auf die Erfahrung von Gegensätzlichem vorgenommen. Typ D wird daher einige Beispiele mit Typ C gemeinsam haben, wie etwas das Rechte, das es nicht ohne das Unrechte gibt (und ähnlich keine Menschen ohne Götter, keine Sklaven ohne Freie, vgl. B53). Auch Fragment B62: „Unsterbliche Sterbliche, sterbliche Unsterbliche, denn das Leben dieser ist der Tod jener und das Leben jener der Tod dieser“ kommt als Beispiel für diesen Typ in Frage.

Typ E: Die Gegensätze sind eins, insofern P in kontinuierlicher Entwicklung aus dem Gegensatz zu P hervorgeht: „Das

Kalte erwärmt sich, Warmes kühlt sich, Feuchtes trocknet sich, Dürres netzt sich“ (B126). Inwiefern man bei diesen Vorgängen von einer Einheit der Gegensätze sprechen kann, läßt sich auf unterschiedliche Weise darlegen: Entweder könnte man sagen, daß bei solchen kontinuierlichen Vorgängen an keiner Stelle ein wirklicher Bruch zwischen den gegensätzlichen Qualitäten gegeben ist (so daß man nirgendwo sagen kann „Genau hier wird das Warme vom Kalten geschieden“), weswegen die Gegensätze nicht wirklich voneinander getrennt und diesem Sinne „eins“ sind. Oder man könnte argumentieren, daß sich dieser Wechsel von einem Extrem ins andere an *ein und demselben* Gegenstand vollzieht und daher – wegen der Identität des Substrats – die Gegensätze „eins“ zu nennen sind.

Typ F: Die Gegensätze sind eins, insofern P in den Gegensatz zu P umschlägt, wobei das eine die Stelle des anderen einnimmt (und nichts von einer anderen Art diese Stelle einnehmen könnte): „Es ist ein und dasselbe: Lebendes und Totes und Waches und Schlafendes und Junges und Altes. Denn dieses ist umschlagend jenes und jenes zurück umschlagend dieses“ (B88). Dieser Typ ist wiederum mit dem zuvor beschriebenen Typ E verwandt, allerdings geht es hier nicht um den kontinuierlichen Übergang, sondern darum, daß der eine Teil des Gegensatzpaares an die Stelle des anderen tritt; in diesem Sinn könnte auch die Aussage von Fragment B57 gemeint sein, Tag und Nacht (und ebenso Lebendes und Totes usw.) seien eins.

Typ G: Die Gegensätze sind eins, insofern P und der Gegensatz zu P in ein und derselben Sache anwesend sind. Diese Beschreibung trifft auch auf andere der angeführten Typen zu, bei manchen Beispielen scheint es jedoch genau und ausschließlich dieser Aspekt zu sein, der die Einheit der Gegensätze bedingt, wie in B59: „Der Walkerschraube Weg ist grad und krumm.“ Die beiden Wege der Walkerschraube, die Translationsbewegung einerseits und die Rotationsbewegung andererseits, haben nicht mehr an Einheit, als daß sie an derselben Sache vorkommen. Ähnlich in B103: „Gemeinsam ist Anfang und Ende des Kreisumfangs“.

Auch das bekannte Fragment B48 exemplifiziert diesen Typ: „Des Bogens (*biós*) Name also ist Leben (*bíos*), sein Werk aber Tod.“ Der Satz basiert auf der Mehrdeutigkeit des griechischen Wortes *bios*, das sowohl Leben (bei Betonung der ersten Silbe) als auch Bogen (bei Betonung der zweiten Silbe) heißen kann. Der Sache nach sind zwei gegensätzlich anmutende Dinge, das Leben und der todbringende Bogen, unter einer einzigen Bezeichnung versammelt. Heraklits eigene Gedankenführung macht den Satz dagegen zu einem Beispiel von Typ A: An ein und derselben Sache können unterschiedliche Gegensätze, nämlich Bezeichnung und Werk, hervorgehoben werden, die gegensätzliche Bestimmungen offensichtlich werden lassen.

Typ H: Die Gegensätze sind eins, insofern P und der Gegensatz zu P nur zusammen ein einheitliches Ganzes ausmachen (oder den Zusammenhalt dieses Ganzen oder eine bestimmte Funktion gewährleisten). Vor allem wird man an das Bild des Bogens und der Leier (vgl. B51) denken, das von den stärker systematisierenden Interpretationen oft zur allgemeinen Charakterisierung des Heraklitischen Gegensatzverhältnisses herangezogen wird: Die Gegensätze sind bei diesem Bild als die auseinanderstrebenden Kräfte präsent, die im gespannten Bogen und der Leier wirken. Daß das in entgegengesetzte Richtung Strebende (wie die an den Holzenden des Bogens wirkenden Kräfte) eine Einheit ausmacht, kann in diesem Fall bedeuten, daß es zusammen den einheitlichen Gegenstand (also den Bogen oder die Leier) ausmacht, daß es dessen Zusammenhalt gewährleistet oder daß es die spezifische Funktionsfähigkeit bedingt.

b) Die Einheit der Gegensätze

Ausgehend von dem Grundsatz, daß sich die wahre Natur der Dinge nicht an der Oberfläche zeigt, kann man die gemeinsame Aussage der verschiedenen Beispieltypen darin sehen, daß das, was sich uns an seiner Oberfläche als eines und einheitlich zeigt, in Wahrheit gegensätzliche Bestimmungen umfaßt und daher wesentlich als eine aus Gegensätzen konstituierte Einheit verstanden werden muß bzw. daß ein Teil eines Gegensatzpaares nie völlig selbständig auftritt, sondern immer durch den je anderen Teil des Gegensatzpaares bedingt ist. Heraklit hält dies offenbar für eine wichtige Entdeckung, die ihn von seinen Vorgängern abheben soll. Unter den späteren Interpreten fällt die Bewertung dieser Lehre jedoch ganz unterschiedlich aus (ein Überblick in: Emlyn-Jones 1976).

Wohlwollende Interpreten sehen darin eine innovative und kohärente Erklärung des Weltgeschehens, so daß Heraklit die Interaktion zwischen Gegensätzen als natürlichen Vorgang ansieht, der für den Fortbestand der uns bekannten Welt notwendig ist. Dabei sehe er deutlich, daß kein einzelner Gegensatz fortdauernd dominieren darf: Eine Balance oder ein gleichbleibendes Maß müsse in allen physikalischen Vorgängen gewahrt werden, so daß die Gesamtmenge jedes essentiellen Konstituenten der Welt dieselbe bleibe. Im Unterschied zu Anaximander betone Heraklit jedoch, daß es sich bei diesem Vorgang um kein Unrecht handle, wenn er sagt (B80), daß „der Krieg gemeinsam ist und das Recht der Zwist und daß alles geschieht auf Grund von Zwist und Schuldigkeit". Entsprechend werde die Welt durch ein einziges Arrangement oder eine einzige Formel, durch den *logos*, zusammengehalten, der die „zurückgespannte Harmonie" zwischen den entgegengesetzten Extremen sicherstellt (so die Erklärung von Kirk 1962, 401f.), wie sie von Heraklit im Bild des gespannten Bogens oder der Leier veranschaulicht (B51) werde.

Kritische Interpreten wie Aristoteles sehen mit dieser Lehre dagegen das Prinzip vom ausgeschlossenen Widerspruch verletzt, wonach dasselbe nicht zugleich P und nicht-P sein kann. Gegen diese Kritik wurde Heraklit von vielen Autoren verteidigt, weil er erstens nicht von „P und nicht-P" und weil er zweitens nicht von „dasselbe", sondern nur von einer Einheit spreche. Was die Wiedergabe der Heraklitischen Gegensätze angeht, so ist richtig, daß Heraklit selbst diese Gegensätze nur selten in die kontradiktorische Form „P und nicht-P" bringt und daß einige Grenzfälle, in denen er entgegengesetzt wirkende Kräfte anführt, nicht unbedingt als kontradiktorische

Sätze aufgefaßt werden sollten. Hingegen hat Aristoteles völlig recht, wenn er meint, daß die von Heraklit angeführten Gegensätze entsprechende Widersprüche implizieren: wenn etwas lebendig und tot sein soll, dann muß es auch lebendig und nicht-lebendig sein. Mit dem Begriff der Einheit verhält es sich komplexer: Einerseits möchte Heraklit mit einigen Formulierungen offenbar den Eindruck erwecken, als handle es sich tatsächlich um die Identität der Gegensätze, so daß das Nichtwiderspruchsprinzip verletzt würde. Andererseits läßt sich für jeden von Heraklit angeführten Fall eine Formulierung finden, durch die das Nichtwiderspruchsprinzip unangetastet bleibt; doch hätte dies Konsequenzen, die Heraklit nicht gewollt haben kann. Erstens würde so nämlich deutlich werden, wie vage und weit gefaßt der Einheitsbegriff bei Heraklit ist, wodurch sich zweitens die der Gegensatzlehre zugrundeliegende Entdeckung weit weniger spektakulär, in einigen Fällen sogar ausgesprochen trivial darstellen würde. Drittens würde sich der Einheitsbegriff entsprechend den verschiedenen Falltypen A bis H als mehrdeutig erweisen, so daß man es schließlich mit gar keiner einheitlichen Theorie mehr zu tun hätte. Die Umformulierung einiger typischer Fälle macht das deutlich:

(1) „Es ist ein und dasselbe: ...Wachendes und Schlafendes" (aus B88); eine Einheit liegt hier vor, weil es derselbe Gegenstand ist, der wacht und schläft. Ein Widerspruch läge nur dann vor, wenn derselbe Gegenstand *zugleich* wachen und schlafen bzw. nicht-wachen würde. Nur in diesem Fall würden Wachen und Schlafen in einem nicht-trivialen Sinn eine Einheit bilden. Was Heraklit jedoch tatsächlich beobachtet, ist, daß derselbe Gegenstand zum Zeitpunkt t_1 wacht und zum Zeitpunkt t_2 nicht wacht. Das ist weder sehr aufregend noch rükken dadurch die Prädikate Schlafen und Wachen näher zusammen. Eine gewisse Bedeutsamkeit kommt solchen Fällen allenfalls in Zusammenhang mit der Flußlehre zu: Weil sich die Dinge beständig verändern, sind sie bald so und bald nicht-so, bald wach und bald schlafend, bald lebend und bald tot usw. Aufgrund der Häufigkeit dieses Typs in den Heraklitischen

Fragmenten (Typ E und F) könnte man annehmen, daß diese Verbindung von Fluß- und Gegensatzlehre für Heraklit zentral ist. Jedoch paßt diese Struktur auf andere Beispiele (Typ A, B, C, D, H) weniger gut.

(2) In den Beispielen des Typs A und B erlangt ein Gegenstand die konträren Prädikate nicht durch reale Veränderung, sondern dadurch, daß er auf konträre Weise beschrieben wird: so ist das Meerwasser nach B61 zugleich lebenspendend und tödlich. Wäre dasselbe Ding daher zugleich und in derselben Hinsicht lebenspendend und tödlich, dann hätte man einen nicht-trivialen Beleg für die Einheit beider Prädikate gefunden, der allerdings widersprüchlich wäre, wenn 'lebenspendend' das Prädikat 'nicht-tödlich' impliziert. Macht man aber die nur relative Geltung der Prädikate explizit („ist nicht-tödlich-für-Fische" und „ist tödlich-für-Menschen"), entfällt der Widerspruch und damit auch die vermeintliche Einheit.

(3) Das Widersprüchliche an den Fällen G und H, in denen die Gegensätze im selben Gegenstand anwesend sind, kann meistens schon dadurch aufgelöst werden, daß man die genauen Subjekte benennt, denen die gegensätzlichen Prädikate zukommen. So kommen ‚Leben' und ‚Tod' in B48 nicht eigentlich dem Bogen, sondern das eine dem Namen und das andere der Wirkung des Bogens zu. Ist die Subjektsverschiedenheit aber erst einmal explizit, dann muß auch die effektvolle Einheitsbehauptung zugunsten eines vagen Miteinanderzusammenhängens aufgegeben werden. (4) Die Beispiele des Typs C und D schließlich bringen eine Einheit ohnehin nur in dem vagen Sinn zum Ausdruck, daß es ohne P kein konträres P' bzw. ohne Exemplare von P auch keine Exemplare von P' geben könnte: ohne Sklaven gibt es keine Freien, ohne Unrecht kein Recht usw. Das beinhaltet aber keineswegs, daß diese Prädikate miteinander identifiziert oder einem gemeinsamen Subjekt zugesprochen würden; die beiderseitige Abhängigkeit besteht nur darin, daß Prädikate zur Definition des je konträren Prädikats herangezogen werden.

5. Feuer: Grundstoff des Kosmos und der Seele

„Diesen Kosmos (derselbe für alle) schuf weder einer der Götter noch der Menschen, sondern er war immer und ist und wird sein immer lebendes Feuer, entflammend nach Maßen und erlöschend nach Maßen" (B30). Mit diesem Satz stellt sich Heraklit gegen die Tradition der ionischen Kosmogonien; eine Entstehung der Welt gibt es für ihn nicht. Diese Absage verbindet Heraklit jedoch gleich mit einem Gedanken, der mit den Theorien der Milesier durchaus verwandt scheint: mit der Auszeichnung des Feuers als einer Grundsubstanz. Beide Gedanken, die Zurückweisung einer Weltentstehung und die Annahme einer Grundsubstanz, sind durch die Art und Weise miteinander verknüpft, in der Heraklits Feuer der Welt als Grundstoff dient; denn anders als die Grundsubstanzen der Milesier ist das Feuer nicht das, woraus in einer unumkehrbaren Bewegung die Welt hervorgegangen wäre, sondern es steuert (vgl. B64) durch das für es typische „maßvolle" Entflammen und Erlöschen die Welt zu jedem Zeitpunkt; offenbar sieht Heraklit keinen Anlaß an dieser Regularität irgendeine Einschränkung vorzunehmen, so daß das immer andauernde und immer in gleicher Weise wirksame Feuer auch den Gedanken an die Entstehung aus einem Zustand, in dem sich die Dinge anders verhielten, abwegig macht.

Heraklits Charakterisierung des Feuers als „immer lebend" legt sofort den Verdacht nahe, daß er zumindest nicht in erster Linie an das Feuer denkt, das im Herd oder im Kamin brennt. Man hat deshalb erwogen, ob das Feuer am Ende nur ein Symbol sei; jedoch beschreibt Heraklit in B31 deutlich den Übergang von Feuer in Wasser, und ein symbolisches Feuer konnte nicht in einen wirklichen Stoff übergehen. Nun gab es zur Zeit Heraklits die auch populäre Vorstellung, daß die oberen Regionen des Himmels von einem glänzenden Stoff erfüllt sind; dieses besonders reine Feuer, das auch als Äther bezeichnet wurde, hielt man für ewig und göttlich (vgl. Aristoteles, *De Caelo* 284a11f.). Man kann daher annehmen, daß auch Heraklit primär an dieses reine Feuer dachte (vgl. Kirk 1962, 316f.) und das gewöhnliche, auf der Erde vorkommende Feuer nur als davon abgeleitete Substanz berücksichtigte.

Wie das Feuer konkret in das Weltgeschehen involviert ist, wird besonders in folgenden Fragmenten erläutert: „Feuers Umwende: zuerst Meer, vom Meer aber die eine Hälfte Erde, die andere Hälfte Gluthauch (Feuer) ... Erde löst sich auf in Meer und wird bemessen nach demselben Verhältnis (*logos*), welches galt, bevor es Erde wurde" (B31). „Alles ist austauschbar gegen Feuer und Feuer gegen alles, wie Gold gegen Waren und Waren gegen Gold" (B90). Die genaue Interpretation dieser Sätze ist heftig umstritten (vgl. z.B. Kahn 1979, 138ff., Robinson 1987, 98ff.); fraglich ist etwa, ob sich die beschriebenen Vorgänge nacheinander oder gleichzeitig abspielen. Sicher scheint, daß sich Feuer in Wasser (Meer) und Wasser in Feuer (das „Entflammen" und „Erlöschen" aus B30?) sowie Wasser in Erde und Erde in Wasser umwandeln. Die Betonung Heraklits liegt ganz klar darauf, daß in diesen Umwandlungen eine bestimmte Proportion zwischen den Stoffen gewahrt bleibt. Möglicherweise meint er damit, daß, wenn irgendwo Wasser in Feuer übergeht, dieselbe Menge Feuer in Wasser übergehen muß.

ekpyrôsis: Aufgrund der Fragmente B31 und B90 wurde Heraklit auch die von der Stoa vertretene Lehre von der *ekpyrôsis* zugeschrieben, wonach die Welt in bestimmten Zyklen von einem Weltbrand vollständig zerstört wird, um dann wieder neu zu entstehen. Selbst Aristoteles scheint Heraklit die Ekpyrosis-Lehre zuzuschreiben (*De Caelo* 279b12f.). Um die Angemessenheit dieser Zuschreibung entstand eine intensive Debatte (ein Überblick in: Kirk 1962, 335ff.), in der sich mehr und mehr Autoren der Auffassung anschlossen, daß es sich um ein Mißverständnis handelt: Heraklit sagt nie – auch nicht in B 90 -, daß *alles zugleich* zu Feuer wird, wie es bei einem Weltbrand der Fall wäre. Außerdem wären durch einen Weltbrand die Heraklitischen Prinzipien der ausgeglichenen Kräfte und der gleichbleibenden Proportionen verletzt. Schließlich wäre Heraklits emphatische Ablehnung einer Kosmogonie unvereinbar mit der Vorstellung, daß die Welt in regelmäßigen Abständen neu entsteht.

Feuer und logos: Wie hängt die Lehre vom Feuer mit den übrigen Grundgedanken Heraklits zusammen? Die Bemerkungen zum Feuer scheinen die Formeln „alles ist eines" und „aus allem eines und aus einem alles" bestens zu exemplifizieren, insofern zugleich aus allem Feuer und aus Feuer alles andere hervorgehen soll. Diese Formeln wiederum kamen als eigentlicher Inhalt des *logos* in Betracht. Autoren, die im *logos* ohnehin ein aktiv wirkendes Prinzip sehen, haben daher keine Schwierigkeit, das Feuer als die kosmologisch-physikalische Form des *logos* selbst anzusehen. Diese Autoren können darauf verweisen, daß nach Heraklit das Feuer wie der *logos* das Weltgeschehen „steuern" soll.

Demnach müßte die typische Verhaltensweise des Feuers auch in Begriffen der Fluß- und der Gegensatzlehre beschreibbar sein. Der Zusammenhang von Feuer und (schwacher) Flußlehre liegt auf der Hand: Die kontinuierlichen „Umwendungen" des Feuers, sein Entflammen und Erlöschen, stellen eine Art von Bewegung oder Veränderung dar, die für den Bestand der Welt wesentlich sein soll; auch das Motiv des gleichmäßigen Wechsels findet sich sowohl in der Fluß- (B19) als auch in der Feuerlehre (B30). Dagegen fällt auf, daß die kosmologischen Veränderungen des Feuers nie in Begriffen der Gegensatzlehre analysiert werden. Das ist eine bemerkenswerte Lücke im Heraklitischen System (aus der man vielleicht schließen muß, daß es sich um gar kein „System" handelt). Folgende Auswege scheinen möglich: (1) Die Umwendungen des Feuers unterliegen nicht selbst der Gegensatzlehre, jedoch ist der Feuer-Monismus eine Konsequenz aus dieser Lehre, denn wenn selbst die Gegensätze eins sind, dann ist (irgendwie) alles eins. (2) Die Gegensatzlehre ist eine Konsequenz aus der Flußlehre (daher muß sie hier nicht eigens eingeführt werden), denn Wechsel ist immer Wechsel zwischen Gegensätzen. (3) Der Feuer-Monismus ist der eigentliche Fluchtpunkt der Gegensatzlehre: Der Gedanke, daß alles aus Feuer ist, liefert den Sinn von Einheit, in dem alle Gegensätze letztlich eins sind. (4) Feuer in der Aggregatform des Feuers stellt selbst das Glied eines Gegensatzpaares dar.

Feuer und Seele: Heraklit spricht an auffallend vielen Stellen von der Seele. Das unterscheidet ihn von den Milesiern und verbindet ihn thematisch mit Pythagoras. Während für letzteren die Seele den Tod des individuellen Lebewesens überdauert, gibt es bei Heraklit zwar Hinweise auf die Unsterblichkeit der Seele (B63, B98), seine Konzeption der Seele macht es aber erforderlich, daß die Seele zu einem bestimmten Zeitpunkt entweder schlechthin oder zumindest als Individualseele zu existieren aufhört. Für Heraklit ist auch die Seele ein Feuer, für das der vollständige Übergang zu Wasser das Ende bedeutet: „Für Seelen ist es Tod Wasser zu werden, für Wasser aber Tod Erde zu werden. Aus Erde aber wird Wasser und aus Wasser Seele" (B36). Mit dieser Beschreibung macht Heraklit klar, daß die Seele demselben Prozeß unterliegt wie der gesamte Kosmos und so einen Mikrokosmos verkörpert. Die so unterstellte Parallele von Mikro- und Makrokosmos ist eine bemerkenswerte Vorstellung, wenngleich offen bleibt, was genau daraus folgt.

Am besten und weisesten ist die trockene Seele (B118). Ein Betrunkener hat eine feuchte Seele, er ist schwankend und weiß nicht, wohin er geht (B117). Heraklit lokalisiert offenbar die intellektuellen Fähigkeiten in der Seele und sieht sie proportional zum Anteil des Feuers, also der Trockenheit der Seele, wachsen. Die Fragmente, die die Schlafenden mit den Toten vergleichen (B23), legen außerdem nahe, daß in der Seele des Schlafenden der Feueranteil sinkt. Der Schlafende hat an der gemeinsamen Welt keinen Anteil, denn indem die Sinneskanäle verschlossen sind, ist er auch von seiner Umgebung abgeschnitten (A16), was möglicherweise meint, daß auch sein Seelenfeuer vom kosmischen Feuer getrennt ist.

IV. Vorgeschichte der italischen Philosophie

Es ist üblich, innerhalb der vorsokratischen Philosophie einen ionischen und einen italischen Traditionsstrang zu unterscheiden (vgl. DL I 13–15), wobei die ionische Tradition durch die Milesier und die Linie der italischen Philosophie durch Pythagoras, Xenophanes und Parmenides initiiert wird. Die inhaltlichen Unterscheidungskriterien, die dieser geographischen Klassifikation entsprechen, sind nur bedingt anwendbar; so ist es zwar richtig, daß für das frühe ionische Denken die naturphilosophische Fragestellung nach dem Ursprung der Welt und für den in Italien wirkenden Pythagoras eher die Frage nach der menschlichen Seele oder der Stellung des Menschen im Kosmos usw. im Vordergrund stehen, hingegen wäre etwa für Heraklit (der Xenophanes und Pythagoras bereits kannte), obschon er aus dem ionischen Teil Großgriechenlands stammt, eine im ausschließenden Sinn verstandene Zuordnung zur ionischen Naturphilosophie recht fragwürdig.

Trotz solcher Einschränkungen ist unbestritten, daß Parmenides aus Elea gegenüber der milesischen Naturphilosophie eine völlig neue Art des Philosophierens einführte und so zum Begründer einer eigenständigen Denkrichtung wurde, die zunächst eben von der süditalischen Heimat des Parmenides ausging. Vor diesem Hintergrund ist die Frage interessant, ob Parmenides seinerseits eine bestimmte Schultradition fortsetzte. Als Vorbilder für Parmenides sind immer zwei Persönlichkeiten im Gespräch, die beide aus Ionien kommend nach Süditalien übersiedelten, nämlich Xenophanes und Pythagoras.

1. Erkenntniskritik und Theologie: Xenophanes von Kolophon

In der Heimatstadt des Parmenides, in Elea, soll sich nach verschiedenen Zeugnissen auch der um einige Jahre ältere Xenophanes, der aus dem ionischen Kolophon stammte, niedergelassen haben; wohl schon deswegen wird er allgemein als Lehrer des Parmenides genannt. Wenn man einem Bericht bei Diogenes Laërtios Glauben schenkt (DL IX 18 = DK 21A1), ist davon auszugehen, daß Xenophanes um 570 v.Chr. in Kolophon geboren ist, etwa mit 25 Jahren die Stadt bei ihrer Einnahme durch die Meder verlassen und danach noch wenigstens 67 Jahre gelebt hat, so daß er jedenfalls von den äußeren Daten her „Lehrer" des Parmenides gewesen sein konnte. Anders als die Milesier schrieb er in Versen, die er auch selbst als Rhapsode vorgetragen haben soll. Einige der überlieferten Fragmente sind naturphilosophischen Inhalts und weisen auf eine enge Anknüpfung an die Lehren des Thales und des Anaximander hin: Alles, was entsteht, sei Erde und Wasser (DK 21B29), und wir alle seien aus Erde und Wasser hervorgegangen (B33). Bemerkenswert ist, daß er diese Vorstellung der Mischung und Entmischung von Wasser und Erde durch den Fund steinerner Abdrücke von Meerestieren sowie von Muscheln im Landesinnern belegt (DKA33) und in diesem Zusammenhang auch auf das in Höhlen herabtropfende Wasser (B37) hingewiesen haben soll.

Sieht man von solchen naturphilosophischen Erwägungen ab, dann sind es insbesondere drei Punkte, die ihn für die philosophische Deutung interessant machen. Erstens legt mindestens ein Fragment nahe, daß Xenophanes den Erkenntnisanspruch seiner Vorgänger und Zeitgenossen in Frage gezogen und an die Stelle dessen eine zumindest vorsichtigere, vielleicht auch erkenntnisskeptische Haltung gesetzt hat: „Klares hat freilich kein Mensch gesehen, und es wird auch keinen geben, der es gesehen hat, hinsichtlich der Götter und aller Dinge, die ich erkläre. Denn auch wenn es einem gelänge, Vollendetes zu sagen, so *weiß* er es trotzdem nicht, denn bei allem gibt es nur Annahme" (B34). Zweitens artikulierte er eine deutliche Kritik an den Gottesvorstellungen, wie sie vor allem von Homer und Hesiod verbreitet wurden (B10 und B11). Er bemängelt daran, daß den Göttern viel Verwerfliches unterstellt wird (B11 und B12), vor allem aber deckt er den anthropomorphen Charakter solcher Darstellungen auf: „Die Äthiopier sagen, ihre Götter seien stumpfnasig und schwarz, die Thraker, blauäugig und blond" (B16). Er schließt weiter, daß sogar die Tiere ihre Götter nach ihrem Vorbild gestalten würden, wenn sie es denn könnten (B15), und führt so die vorherrschenden Gottesvorstellungen und religiösen Praktiken ad absurdum. Wenn auch die genaue Tragweite und Motivation von Xenophanes' erkenntnisskeptischem Vorstoß umstritten bleibt (vgl. Fränkel ³1968, 338 ff.), so ist doch zumindest für diesen Bereich der Gottesvorstellungen und der religiösen Praktiken (er soll auch die Mantik abgelehnt haben, vgl. A52) das Anliegen deutlich, keine Aussagen als sicher hinzustellen, welche grundsätzlich nur auf Mutmaßungen beruhen können. Drittens – und vermutlich als Konsequenz aus den beiden zuvor genannten Punkten – entwirft Xenophanes ein Gottesbild, das auf der konsequenten Vermeidung der kritisierten herkömmlichen Zuschreibungen zu beruhen scheint. Der so beschriebene Gott ist „als einziger unter Göttern und Menschen der größte", ist „weder an Gestalt noch an Einsicht den Menschen ähnlich" (B23), er „sieht als ganzer, denkt als ganzer, hört als ganzer" (B24), er „lenkt ohne Mühe alles mit seinem Denken" (B25) und „verbleibt immer am selben Ort, ohne irgendeine Bewegung, denn es schickt sich nicht für ihn, hin- und herzugehen bald hierhin, bald dorthin" (B26).

Xenophanes' Bedeutung für die griechische Philosophie blieb in der Forschung umstritten: Während ihn etwa Jaeger, der allgemein den religiösen Aspekt im frühgriechischen Denken hervorhob, zum Markstein in der Entwicklung der griechischen „Theologie" macht (1953, 65), befindet Fränkel, daß sich „der merkwürdige Mann" – abgesehen von seiner Gotteslehre und Erkenntniskritik – „ausgesprochen unphilosophisch" gibt ([3]1968, 339). Wie auch immer, für einen möglichen Einfluß auf Parmenides ergeben sich mindestens drei mutmaßliche Anknüpfungspunkte. Erstens wird sich Parmenides dem, was ist, zuwenden, das von dem, was nicht ist, streng zu unterscheiden sei, und er wird darin den einzig möglichen Inhalt einer verläßlichen Erkenntnis sehen. Wenn man den Anlaß für diese überraschende Wendung darin sieht, daß sich Parmenides – vom Unwert gewöhnlicher Erfahrung überzeugt – dem einzig verbleibenden Bereich zuverlässiger Erkenntnis zuwenden wollte, könnte man seine Lehre als eine Antwort auf die erkenntnisskeptischen Ausführungen des Xenophanes lesen. Viel mehr als das epistemologische Thema, die Frage nach einem sicheren Wissen, wäre beiden allerdings auch so nicht gemeinsam.

Zweitens erinnern einige der Merkmale, die Parmenides dem Seienden zuspricht, an den von Xenophanes beschriebenen Gott; denn auch Parmenides spricht dem Seienden alle herkömmlichen Prädikate ab und bezeichnet es als ein einziges, als ein ganzes und als „unbeweglich am selben Ort verharrend". Die Übereinstimmung dieser Merkmale ist unübersehbar, sie könnte sich jedoch als nur oberflächlich erweisen, wenn man rekonstruiert, auf welchem Weg beide zu ihren Aussagen gelangt sind: Parmenides wird diese Merkmale als überempirische Prädikate aus der Disjunktion von „ist" und „ist nicht" zusammen mit der Undenkbarkeit des „ist nicht" ableiten, während Xenophanes eine im Prinzip empirische Basis nicht aufgegeben haben muß, wenn er sich weigert, solche Aussagen über Gott zu machen, die nicht auf einer deutlichen Erfahrung beruhen, und so via negativa – durch die Ablehnung herkömmlicher Merkmale – zu seinem Gottesbild gelangt sein dürfte. Schließlich gibt es aus der Antike verschiedene Zeugnisse, die Xenophanes und Parmenides gemeinsam zu Exponenten einer Philosophie des Einen machen (z.B. Aristoteles, Met. 986b18ff.). Doch dürfte in der Hervorhebung gerade dieses Motivs eine nachträgliche, erst durch Platon (*Sophistes* 242d) initiierte Stilisierung liegen: zwar scheint die Zuordnung zu den Vertretern des Einen oder einer gewissen Art von Monismus für Xenophanes nicht ausgeschlossen und für Parmenides durchaus plausibel, soweit wir es beurteilen können, hat dies aber keiner von beiden als Kern seiner Lehre herausgestellt.

2. Seelenwanderung und Zahlenlehre: Pythagoras von Samos

Pythagoras ist auf Samos geboren und wanderte etwa um 532 v.Chr. – angeblich als Vierzigjähriger – in die süditalische Stadt Kroton aus. Pythagoras muß auf die Bewohner dieser Stadt großen Eindruck gemacht haben. Er gewann schnell politischen Einfluß und gründete eine religiös-kultisch orientierte Lebensgemeinschaft, deren Mitglieder sich um die Erfüllung der asketischen, auf Reinhaltung der Seele abzielenden Verhaltensregeln des Meisters bemühten. Kroton blühte in dieser Zeit auf; der erfolgreichste Athlet der Antike, Milon von Kroton, schloß sich ebenfalls Pythagoras an und führte seine Heimatstadt um 510 v.Chr. zu einem wichtigen militärischen Erfolg. Die Gemeinschaft der Pythagoreer hatte inzwischen logenartige Niederlassungen in anderen süditalischen Städten, wo sie häufig auch die Regierung stellte.

Wohl aufgrund dieses politischen Einflusses erhob sich Widerstand gegen die Pythagoreer, und als ein gewisser Kylon und seine Anhänger offen gegen Pythagoras vorgingen, floh dieser nach Metapont, wo er schon bald, um 497 v.Chr., starb. Die Pythagoreer behielten aber auch in der Folgezeit ihren politischen Einfluß, bis es um das Jahr 450 v.Chr. in verschiedenen Städten erneut zu einer Aufruhr gegen die Pythagoreer kam, im Zuge deren viele von ihnen – Aristoxenos zufolge sogar alle bis auf zwei – ihr Leben verloren.

Die Autorität, die Pythagoras bei seinen Anhängern genoß, wurde schon bald sprichwörtlich: Die Formel „Er selbst hat's gesagt" ersetzte offenbar jede weitere Rechtfertigung. Viele Wundergeschichten wurden von ihm erzählt, wie etwa die, daß er zur selben Zeit in Metapont und in Kroton gewesen sei, daß er Zukünftiges voraussah und daß er eine giftige Schlange selbst durch einen Biß getötet hat. Während eines olympischen Wettkampfes soll er sich erhoben und seinen goldenen Schenkel gezeigt haben. Als er den Fluß Kosa überquerte, soll der Fluß „Hallo Pythagoras" gesagt haben.

Was die Lehren des Pythagoras betrifft, so weiß man sehr wenig Zuverlässiges, denn diese Lehren unterlagen einer strengen Geheimhaltung. Daher kann auch der moderne Forscher nicht viel mehr mit Sicherheit sagen, als schon in einer Schilderung des Porphyrios enthalten ist: „Was er also zu seinen Anhängern sagte, darüber weiß keiner etwas mit Sicherheit zu sagen; denn ganz außergewöhnlich war bei ihnen das Schweigen. Am meisten wurden jedoch folgende Lehren bekannt: erstens, daß er behauptet, die Seele sei unsterblich; zweitens, daß sie sich ändere, wenn sie in andere Lebewesen eingehe; ferner, daß das Entstandene nach einer gewissen Periode erneut entstehe und daß es nichts ganz Neues gibt; schließlich, daß man alles, was als Beseeltes entsteht, als verwandt ansehen soll" (DK 14, 8a).

Mit Ausnahme des dritten Punktes, der zyklischen Wiederkehr desselben, sind die genannten Lehren auch sonst gut bezeugt. Unter Zuhilfenahme anderer von Pythagoras inspirierter Quellen (z.B. Pindar, *Olympische Ode* II 57–77) gewinnt man das Bild, daß Pythagoras eine Seelenwanderung lehrte, bei der die unsterbliche Seele in verschiedenartigen Lebewesen Station macht. Auf diesen Vorgang kann man durch gute Lebensführung und Reinhaltung der Seele Einfluß nehmen mit dem Ziel, daß die Seele einer Bestrafung in der Unterwelt entgeht und ihre Bedingung für die nächste Inkarnation verbessert. Möglicherweise wird dabei langfristig ein Austritt aus der Folge der Wiedergeburten und der Verbleib auf einer Insel der Seligen angestrebt.

Auch der Sinn der pythagoreischen Verhaltensregeln (*akousmata*) muß größtenteils im Rahmen dieser Seelenwanderungslehre gesucht werden. So steht der in dem Gebot „Enthalte dich des Beseelten" geforderte Vegetarismus in Zusammenhang mit der Auffassung, daß alle Lebewesen menschliche

Seelen aufnehmen können. (Andere *akousmata* weisen jedoch auf keinen strikten Vegetarismus hin, sondern verbieten nur den Verzehr bestimmter Organe oder Tiere). Für viele andere Regeln ist der nähere Sinn jedoch unerfindlich, wie etwa für die Anweisung, beim Schuheanziehen mit dem rechten Fuß und beim Füßewaschen mit dem linken zu beginnen. Vielleicht kursierten schon bei den Pythagoreern unterschiedliche Vermutungen über den Ursprung bestimmter Regeln; beispielsweise werden für das Verbot, Bohnen zu essen, gleich fünf unterschiedliche Begründungen überliefert (DL VIII 34), die die Bohne u.a. mit den Pforten des Hades, mit den menschlichen Genitalien und mit dem Weltganzen vergleichen.

Nach alledem scheint Pythagoras ein Wundermann und Sektengründer gewesen zu sein. War er außerdem auch ein argumentierender Philosoph? Die Forschung tut sich mit einer Antwort außerordentlich schwer; für die Lehren nämlich, die traditionell Pythagoras zugeschrieben wurden, konnten bei genauerer Untersuchung keine Evidenzen vor der Mitte des 5. Jahrhunderts ausgemacht werden (so Burkert 1962; ein Verdacht schon bei Frank 1923). Die ersten Aufzeichnungen dürften bereits unter dem Einfluß späterer Pythagoreer, vor allem des Philolaos von Kroton gestanden haben, der etwa zur selben Zeit wie Sokrates geboren ist und seine philosophische Wirkung im ausgehenden 5. Jahrhundert entfaltete. Die Pythagoreer dieser Zeit setzten sich bereits mit der Philosophie des Parmenides und der Eleaten auseinander, und es ist gut möglich, daß erst sie den Lehren ihres Meisters zu einer philosophischen Form verholfen haben.

Umfangreichere Quellen für den Pythagoreismus stammen aus dem 4. Jahrhundert, aus einer Zeit also, zu der bereits Platon pythagoreische Motive in seine eigenen, höchst einflußreichen Lehren eingearbeitet hatte, so daß es für die folgenden Berichterstatter um so schwieriger wurde, einen vorplatonischen Pythagoreismus zu rekonstruieren. Besondere Bedeutung kommt hierbei den Berichten des Aristoteles zu (vgl. DK 58B4–13, 16–17, 22–31, 35, 37–43 sowie die Aristoteles-Fragmente 190–205 aus der verlorenen Schrift über die Pythagoreer), wobei umstritten ist, ob dieser als Quelle hauptsächlich Philolaos (ja: Burkert 1962, nein: PP II 88) oder andere Pythagoreer heranzieht. Aristoteles spricht sehr vorsichtig von „sogenannten“ Pythagoreern und nimmt ausdrücklich auf verschiedene Strömungen innerhalb des Pythagoreismus Bezug. Das deutet darauf hin, daß es schon unter den frühen Pythagoreern Differenzen über die wahre pythagoreische Lehre gab. Auch in anderen Berichten ist die Rede davon, daß die Nachfolger des Pythagoras in „Akousmatiker“ und „Mathematiker“ gespalten waren, und die Mathematiker von den Akousmatikern nicht als Pythagoreer anerkannt wurden.

Über eine philosophische Position des Pythagoras kann man daher keine zuverlässigen Feststellungen treffen. Dennoch sind zahlreiche Autoren bereit, den Kerngedanken der von den späteren Pythagoreern vertretenen Zahlen- und Harmonienlehre auf Pythagoras selbst zurückzuführen (z.B. Kahn in: MOU, KRS 256ff.). Diese Lehre mißt den Zahlen eine wichtige Bedeutung für die Entstehung und die Ordnung der Welt bei. Als Ausgangspunkt der Zahlenreihe wird dabei vor allem die Eins hervorgehoben. Besondere Verehrung genießt die Zehn, die als Summe der ersten vier natürlichen Zahlen (1 + 2 + 3 + 4 = 10) eine Vierergruppe (*tetraktys*) repräsentiert und als Punktmenge in einem gleichseitigen Dreieck dargestellt wird:

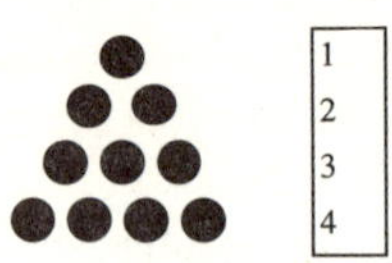

Mit der *tetraktys* und der Zehnzahl ist die Vorstellung einer Harmonie eng verknüpft, wobei offenbar die Entdeckung eine Rolle spielt, daß die musikalischen Harmonien durch Zahlenverhältnisse aus den vier ersten Zahlen erfaßt werden können, nämlich die Oktave durch das Verhältnis 2 : 1, die Quinte durch das Verhältnis 3 : 2 und die Quarte durch das Verhältnis 4 : 3. Solchen Zahlenverhältnissen wird eine konstitutive Rolle für die Ordnung der gesamten Welt zuerkannt, sei es in der Weise, daß sich in der Welt solche Verhältnisse widerspiegeln, oder sei es in der Weise, daß die Welt geradezu aus Zahlen besteht. Die Pythagoreer prägten aus dieser Auffassung die Formel, daß alles den Zahlen entspreche oder gleiche bzw. den Zahlen nachgebildet sei. Dieser Grundsatz wurde durch die spätere Entdeckung der Inkommensurabilität von Seitenlänge und Diagonale im Quadrat erschüttert.

Aufgrund der Lehre, die Welt könne durch Zahlenverhältnisse beschrieben werden, hat man in Pythagoras den Begründer der mathematischen Naturwissenschaft gesehen (HGP I 181), was aber sicher zu voreilig ist: Viele Zeugnisse deuten darauf hin, daß dieser Ansatz eher zum Ausgangspunkt für eine recht naive Zahlensymbolik genommen wurde, bei der nicht nur Begriffe wie die Gerechtigkeit, sondern auch Menschen, Pferde u.ä. jeweils durch eine eigene Zahl vertreten wurden.

Der genannte Kern der pythagoreischen Lehre wird nun bei den Pythagoreern des 5. Jahrhunderts durch eine Reihe von Theoremen erweitert, die zum kleineren Teil nur unter Vorbehalt, zum größeren Teil überhaupt nicht auf Pythagoras selbst zurückgeführt werden können. Es sind aber gerade diese Erweiterungen, die für die Möglichkeit eines Einflusses des Pythagoras auf Parmenides erst inhaltliche Anhaltspunkte liefern würden. Dazu gehören vor allem folgende Lehren: (i) die Lehre, daß das Unbegrenzte und das Begrenzte die Elemente der Welt seien und die Eins aus beidem zusammengesetzt sei; (ii) die kosmogonische Anwendung der Zahlenlehre, wonach die Welt dadurch entstanden sei, daß die Eins das Unendliche eingeatmet habe; (iii) die Aufstellung einer Gegensatzreihe, bei der „Begrenztes und Unbegrenztes" den ersten Gegensatz bilden, gefolgt von den Gegensätzen „Ungerades und Gerades", „Eines und Menge", „Rechtes und Linkes" usw., so daß eine Entsprechung zwischen den auf derselben Seite stehenden Begriffen „Begrenztes, Ungerades usw." einerseits und „Unbegrenztes, Gerades usw." andererseits angenommen werden muß; (iv) die Anwendung der Zahlenlehre auf die Kosmologie und Astronomie einschließlich der Lehre von einer für den Menschen nicht hörbaren Sphärenharmonie, die durch die Bewegung der Gestirne erzeugt sei. Um die neun bewegten Himmelskörper zur verehrten Zehnzahl zu ergänzen, wurde eine „Gegenerde" angenommen; (v) die Auffassung, die Zahlen selbst könnten als räumlich ausgedehnte Grundbestandteile die Welt auch materiell konstituieren; (vi) die Entwicklung geometrischer Gesetze einschließlich des sogenannten Satzes des Pythagoras.

V. Parmenides' Überwindung des Nicht-Seienden

1. Das Lehrgedicht und sein Verfasser

Parmenides' philosophische Errungenschaft besteht im wesentlichen in der Einsicht, daß das, was ist, nicht nicht-sein kann. Diesen Gedanken setzt Parmenides mit verblüffender Konsequenz ein, um die übliche Rede von Werden, Vergehen, Veränderung und damit die vermeintlich selbstverständlichen Voraussetzungen für jede Beschreibung der Welt als widersprüchlich zu erweisen. Er ist der Verfasser eines Lehrgedichts, von dem insgesamt etwa 150 Hexameterverse erhalten sind. Über sein Leben und seine Person weiß man kaum etwas. Die Wirkung jedoch, die von seiner Lehre auf die weitere Entwicklung der griechischen Philosophie ausging, ist kaum zu überschätzen, zumal alle nach Parmenides entstandenen Systeme der vorsokratischen Philosophie sowie auch Platon der Parmenideischen Herausforderung Rechnung trugen.

a) Vermutungen über Parmenides' Leben

Parmenides lebte um die Wende vom 6. zum 5. Jahrhundert v.Chr. in der süditalischen Stadt Elea. Schon eine genauere Datierung bereitet Schwierigkeiten: Nach antiken Quellen erlebte er seine „Blütezeit" während der 69. Olympiade, also zwischen 504 und 501 v.Chr., so daß seine Geburt etwa auf 540 v.Chr. anzusetzen wäre. Dagegen heißt es in Platons Dialog *Parmenides* (127a–d), er sei im Alter von 65 Jahren bei einem Aufenthalt in Athen dem damals noch sehr jungen Sokrates begegnet. Sokrates ist 470/469 v.Chr. geboren; die Begegnung und das von Platon inszenierte Gespräch der beiden könnte also nicht lange vor 450 v.Chr. stattgefunden haben.

Demnach wäre Parmenides ein gutes Stück später, etwa um 515 v.Chr., geboren. Der Dialog, den Platon dann inszeniert, hat so oder ähnlich sicher nie stattgefunden, denn die Figur des Parmenides trägt eine eigentümlich einseitige Darstellung der Parmenideischen Lehre vor, und der junge Sokrates vertritt die Ideenlehre, wie sie gewiß erst von Platon formuliert wurde. Platons Auskunft dürfte daher kaum gegen die überlieferte Frühdatierung sprechen, wenngleich auch diese freilich erst auf nachträgliche Rekonstruktionen zurückgeht.

Parmenides' Heimatstadt Elea (das heutige Velia) liegt an der süditalischen Westküste, etwa 40 km südlich von Paestum; sie wurde im 6. Jahrhundert v.Chr. von Auswanderern aus dem ionischen Teil Griechenlands gegründet. Zur Lebzeit des Parmenides war Elea ebenso wie andere griechische Kolonien in Unteritalien eine aufgrund ausgedehnten Handels prosperierende Stadt. Nach verschiedenen Quellen soll Parmenides dort auch als Gesetzgeber tätig gewesen sein. Plutarch zufolge waren diese Gesetze so gut, daß die Bürger von Elea jedes Jahr aufs Neue einen Eid auf sie ablegten. Ein Zusammenhang zwischen seiner politischen Aktivität und seiner philosophischen Lehre ist nicht ersichtlich.

b) Sprache, Aufbau und Gegenstand des Lehrgedichts

Parmenides hat ein eigenwilliges philosophisches Lehrgedicht verfaßt, dessen Stil und Inhalt auch für den zeitgenössischen Hörer ungewöhnlich geklungen haben muß. Von diesem Lehrgedicht sind dank des Aristoteles-Kommentators Simplikios, der zu Beginn des 6. Jahrhunderts n.Chr. einen Kommentar zur Aristotelischen *Physik* verfaßte, wesentliche zusammenhängende Abschnitte wörtlich erhalten. Simplikios hat es wegen der Seltenheit des Textes (DK 28A21) für nötig befunden, seine Erörterung der Parmenideischen Lehren dem Leser durch eine umfangreiche Abschrift glaubhaft zu machen. Neben Simplikios gibt es noch ein gutes Dutzend antiker Autoren, die – zum Teil auch zusammenhängend – aus dem Lehrgedicht des Parmenides zitieren; allerdings scheinen auch einige von ihnen nur unvollständige Vorlagen besessen zu haben (vgl. Coxon 1986, 1–7).

Parmenides' Lehrgedicht ist in epischen Hexametern, also in der Ausdrucksform Homers und Hesiods, verfaßt; er scheint bewußt den Ton jener älteren Tradition, der Epen, treffen zu wollen, was auch bei der Gestaltung des Proömiums zum Lehrgedicht (DK 28B1) deutlich wird. Dieses enthält ähnlich wie der Anfang von Hesiods *Theogonie* die Darstellung einer Offenbarung, die dem Dichter zuteil wurde. Im einzelnen berichtet dieser Gedichteinstieg bildreich von einer Wagenfahrt, auf der der Dichter mit Hilfe von Sonnenmädchen als Lenkerinnen das „Haus der Nacht" in Richtung des Lichtes verläßt, sowie von der Ankunft und dem freundlichen Empfang durch die Göttin Dikê, die als „genau vergeltende" gewissermaßen über die Folgerichtigkeit des Denkens wacht. Wie die Musen, von deren Erscheinung Hesiod erzählt, so ist auch die Parmenideische Göttin im Besitz der Wahrheit, die sie dem Angesprochenen mitzuteilen verspricht: „Alles sollst du erfahren: sowohl der wohlgerundeten Wahrheit unerschütterliches Herz wie auch die Meinung der Sterblichen, denen keine wahre Gewißheit innewohnt" (B1.28–30). Indem die mitzuteilende Lehre als göttliche Offenbarung inszeniert wird, erhebt Parmenides natürlich eine besondere Form von Wahrheitsanspruch. Dieser Anspruch mag sich für Parmenides daraus ergeben, daß die Erkenntnis des Seienden, auf die es ihm ankommt, nicht nur aus der Erfahrung resultiert wie die Lehren der Vorgänger, sondern einen überempirischen Charakter hat; in jedem Fall aber soll die Offenbarung sicherstellen, daß den Angesprochenen „keine Meinung der Sterblichen je überholen wird" (B 8.61).

Das gesamte restliche Lehrgedicht gibt die Offenbarungsrede der Göttin wieder. Diese Rede selbst zerfällt, wie es die Ankündigung der Göttin vorwegnimmt, in zwei völlig unterschiedliche Teile. Der erste dieser beiden Teile löst das Versprechen der Göttin ein, die Wahrheit mitzuteilen, indem er den Unterschied von „ist" und „ist nicht" sowie das, was ist und was gedacht werden kann, behandelt. Dieser „Wahrheitsteil" scheint so gut wie vollständig erhalten zu sein. Vom zweiten Teil dagegen, der sich mit den trügerischen Meinungen der Sterblichen auseinandersetzt, haben wir nur wenige unzusammenhängende Fragmente. Den Einschnitt zwischen diesen beiden Teilen markiert die Göttin in ihrer Rede ganz unmißverständlich mit den Worten: „Damit beschließe ich für dich mein verläßliches Reden und Denken über die Wahrheit. Aber von hier an lerne die menschlichen Meinungen kennen, indem du meiner Worte trügerische Ordnung hörst" (B8.50–53).

Der Aufbau des Lehrgedichts ist somit bestimmt durch die grundlegende Unterscheidung zwischen einem Bereich des Scheins, in dem keine zuverlässige Erkenntnis möglich ist, und einem Bereich der Wahrheit und Gewißheit; hinsichtlich der Ausführungen des Wahrheitsteils fordert die Göttin den Angesprochenen ausdrücklich dazu auf, die gegebenen Beweise bzw. Widerlegungen mit der Vernunft (*logos*) zu überprüfen (B7.5); der Wahrheitsanspruch der offenbarten Rede erschöpft sich also nicht im Offenbarungscharakter, sondern müßte für den folgerichtig Denkenden jederzeit nachvollziehbar sein. Die Zweiteilung der im Lehrgedicht geschilderten Offenbarungsrede gibt also genau diejenige Dichotomie wieder, die für Parmenides die ganze Welt bzw. unser Wissen von dieser Welt durchzieht: Einerseits gibt es das durch Gewohnheit und Erfahrung erworbene Wissen (*ethos polypeiron*: B7.3), das aber bestenfalls wahrscheinlich (*eoikota*: B8.60) oder hypothetisch ist, nie aber Sicherheit oder Gewißheit (*pistis alêthês*: B1.30) in Anspruch nehmen kann, andererseits muß aber auch echtes Erkennen möglich sein; dieses kann dann jedoch nicht wie die stets provisorischen „Meinungen der Sterblichen" der Gewohnheit entnommen sein. Ein solches wirkliches Erkennen meint Parmenides im Erkennen oder Denken (*noein*) des Seienden gefunden zu haben, wie er es im Wahrheitsteil seines Lehrgedichts entfaltet.

2. Parmenides' Argument: ein Wegeplan

Wofür im einzelnen Parmenides im Wahrheitsteil des Lehrgedichts argumentieren will, ist seit der Antike Gegenstand von Kontroversen. Die allgemeine Struktur seiner Argumentation ist jedoch relativ deutlich. Dreh- und Angelpunkt ist die ausschließende Disjunktion von „ist" und „ist nicht": *entweder* „ist" *oder* „ist nicht", aber nicht beides. Den Gedanken, daß „ist" oder „sein" das „ist nicht" oder „nicht sein" ausschließt, kennen wir aus dem Satz vom Widerspruch, nämlich daß dasselbe nicht zugleich sein und nicht sein bzw. nicht zugleich so-und-so sein und nicht so-und-so sein kann. Während wir jedoch mit diesem Prinzip nur behaupten, daß ein bestimmter Satz oder Gedanke im selben Zusammenhang sinnvoll nicht zugleich behauptet und bestritten werden kann, scheint es Parmenides darum zu gehen, daß sich „ist" und „ist nicht" *prinzipiell* ausschließen. Alles weitere, was Parmenides entwickelt, wird immer wieder auf diese eine maßgebliche Einsicht zurückzubeziehen sein.

Aufgrund der Ausschließlichkeit dieser Disjunktion nämlich meint Parmenides, man müsse sich für das eine oder das andere – für das „ist" oder das „ist nicht" – grundsätzlich entscheiden wie an einer Weggabelung für einen der beiden Wege. Er spricht daher von zwei Wegen der Forschung oder Untersuchung (B2.2). Wem nun „ist" und „ist nicht" als dasselbe gilt, etwa in dem Sinn, daß er von etwas, das ist, zugleich sagt, es sei nicht, der bleibt hinter der Parmenideischen Grundintention zurück (er erkennt, um im obigen Bild zu bleiben, noch nicht einmal die Weggabelung als solche) und begeht einen logischen Widerspruch. Soviel ist unbestritten.

Unbestritten ist auch, daß Parmenides den zweiten seiner beiden Wege, den Weg des „ist nicht", ablehnt. Nicht ohne weiteres klar ist dagegen, warum er das tut. Parmenides sagt, das sei ein Weg, von dem keine Kunde kommt, denn, was nicht ist – so sein Argument –, kann weder erkannt noch gesagt werden (vgl. B2.6–8). Was das Argument genau besagt, hängt wesentlich davon ab, in welchem Sinn Parmenides von „ist" oder „ist nicht" spricht. Gerade das aber läßt sich gar nicht so leicht bestimmen, weil die Thematisierung des „ist" unter den Vorgängern und Zeitgenossen des Parmenides beispiellos ist. Nimmt man etwa an, Parmenides drücke damit die Existenz oder Nicht-Existenz aus, dann könnte ungefähr folgendes Argument gemeint sein: Niemand kann mit Mr. Pickwick bekannt sein und etwas von ihm wissen, wenn es eine solche Person gar nicht gibt (vgl. KRS 270). Anders, wenn wir „ist" im Sinne von „ist wahr" lesen: Was nicht wahr ist, könnte man argumentieren, können wir nicht erkennen, weil die Erkenntnis von Nicht-Wahrem eigentlich gar keine Erkenntnis, sondern eben eine falsche Meinung ist. Erkenntnis dagegen ist immer Erkenntnis von Wahrem.

Die Ablehnung des zweiten Weges hat also in jedem Fall damit zu tun, daß das Erkennen und Sagen das, was ist, und nicht das, was nicht ist, zum Gegenstand hat. Weil es außerdem ohne weitere Argumente klar zu sein scheint, daß auch eine Verwechslung von „ist" und „ist nicht" bzw. ein Schwanken zwischen beidem (vgl. B6.4–9) für Parmenides keine erwägenswerte Option darstellt, entscheidet er sich für den Weg des „ist". Die sich anschließenden Ausführungen des Wahrheitsteils können als Folgerungen aus der Ablehnung des „ist nicht" angesehen werden, die sich ergeben, wenn man den verbleibenden Weg des „ist" von allen Vermengungen mit dem „ist nicht" freizuhalten versucht. Diese Folgerungen betreffen die Eigenschaften von dem, was ist, also vom Seienden. Das, was ist, kann vor allem weder entstanden noch vergänglich sein, denn, was entstanden ist, das *ist* nicht (B8.20). Außerdem zeigt Parmenides, daß das Seiende ganz und homogen, unbeweglich, unteilbar, ohne Ende, ohne Vergangenheit und Zukunft, eines, kontinuierlich und einer wohlgerundeten Kugel gleich sein muß. So überraschend und paradox diese Merkmale oder „Wegmarken" am Weg des „ist" im einzelnen sein mögen, sie ergeben sich für Parmenides aus den beiden schon bekannten Grundsätzen: 1. der Ausschließlichkeit der Disjunktion von „ist" und „ist nicht" sowie 2. der Ablehnung des „ist nicht".

Das Seiende, sagt Parmenides bei der Herleitung dieser Merkmale, muß entweder ganz und gar sein oder überhaupt nicht (B8.11). Man kann in diesem Sinn die Merkmale des Seienden als Ergebnis des Versuchs ansehen, das Seiende als „ganz und gar seiend" zu denken. So steht Parmenides mit seinen Ausführungen zum Seienden am Anfang der langen Tradition der philosophischen Metaphysik, die – wie Aristoteles sagen wird (Met. IV 1) – „das Seiende, insofern es seiend ist" zu betrachten unternimmt.

3. Die beiden Wege: „ist" oder „ist nicht"

Die von der Göttin angekündigte Offenbarung der Wahrheit beginnt mit der Gegenüberstellung der beiden dem „ist" und dem „ist nicht" korrespondierenden Wege: „der eine, daß *ist* (*hopôs estin*) und daß nicht zu sein nicht möglich ist" (B2.3) sowie „der andere, daß *nicht ist* (*hopôs ouk estin*) und daß nicht zu sein notwendig ist" (B2.5). Dies, sagt Parmenides, seien die beiden Wege der Untersuchung, die allein zu denken sind. An einer späteren Stelle des Lehrgedichts spricht er noch von einem dritten Weg (B6.4ff.), der auf einer Verwechslung oder Gleichsetzung von „ist" und „ist nicht" beruht; insofern dabei jedoch die logisch grundlegende Unterscheidung zwischen „ist" und „ist nicht" versäumt wird, handelt es sich um keine wirklich eigenständige Option: wer so denkt, der erkennt bei der anstehenden Entscheidung (*krisis*) zwischen „ist" und „ist nicht" noch nicht einmal den Unterschied und gehört darum zum „unterscheidungslosen Haufen" (*akrita phyla*). Parmenides argumentiert für die Ablehnung dieses dritten Weges gar nicht weiter, so daß sich für ihn die Unzulänglichkeit dieser Option unmittelbar aus der Ablehnung des „ist nicht" ergibt.

Parmenides wird von den beiden eigenständigen Optionen, dem „ist" und dem „ist nicht", den Weg des „ist nicht" zurückweisen, weil das Nicht-Seiende weder zu erkennen noch zu sagen sei. Die näheren Gründe für die Ablehnung des „ist nicht" können zunächst einmal zurückgestellt werden (vgl.

unten, Abschnitt 4). An erster Stelle verdient die eigentümliche Beschreibung, die Parmenides für die beiden Wege gibt, Beachtung: „der eine, daß ist, ... der andere, daß nicht ist ...". Auf diese erste Vorstellung der beiden Wege spielt Parmenides im Gange der Argumentation noch mehrmals an, indem er etwa mit der Formulierung „daß ist" (*hôs estin*: B8.2) den ersten Weg wiederaufgreift oder mit der Formel „ist oder ist nicht" (*estin ê ouk estin*: B 8.16) die Disjunktion der beiden Wege selbst zitiert.

Auffallend und ungewöhnlich an diesen verschiedenen Versionen derselben grundlegenden Gegenüberstellung ist, daß an keiner dieser Stellen ein Subjekt zu „ist" oder „ist nicht" genannt wird: *Was* eigentlich ist oder ist nicht? Man ist versucht, *„es* ist", *„etwas* ist" oder *„das Seiende* ist" zu ergänzen, aber nichts davon steht in den überlieferten Fragmenten. Eng damit verknüpft ist eine zweite Frage, nämlich in welchem Sinn überhaupt der Ausdruck „ist" von Parmenides gebraucht wird; hierunter fällt insbesondere die klassische Streitfrage, ob mit „ist" die Existenz gemeint sei oder ob „ist" hier als Kopula die allgemeine Form der Prädikation „... ist so-und-so" vertritt.

a) Ein Subjekt zu „... ist"

Warum fehlt in der Parmenideischen Formel „ist oder ist nicht" das Subjekt, von dem die Rede sein soll? Es ergeben sich drei Möglichkeiten. Entweder es fehlt ein Subjekt, das so selbstverständlich ist, daß es ohne weiteres aus dem Zusammenhang ergänzt werden kann (i). Oder das Subjekt fehlt, weil es so unbestimmt oder allgemein ist, daß es gar nicht angegeben werden könnte (ii). Oder es liegt – anders als bei den ersten beiden Möglichkeiten – gar keine Auslassung vor, sondern die Ausdrücke „ist" und „ist nicht" sind, so wie sie sind, vollständig und verständlich (iii).

(i) Im Sinne der ersten Möglichkeit naheliegend ist der Vorschlag, daß bei der Vorstellung des ersten Weges „das Seiende" als implizites Subjekt gedacht werden müsse; der erste Weg würde so beinhalten, „daß das Seiende ist". Diese zuerst von dem Philologen Diels (1897, 33) aufgebrachte Interpretation fand zahlreiche, in der Parmenides-Forschung prominente Fürsprecher. Dem wurde von Cornford (1939, 30) die Variante beigefügt, daß *„to eon* – das Seiende" sogar ausdrücklich in den überlieferten Text zu ergänzen sei. Die implizite oder explizite Ergänzung von „das Seiende" hat gegenüber der sprachlich harten, subjektlosen Formulierung „daß ist" zweifellos den Vorzug, daß die ergänzte Formulierung „daß das Seiende ist" einen vollständigen, ohne weiteres verständlichen Sinn zum Ausdruck bringt. Die Anhänger dieses Deutungsvorschlags können darauf verweisen, daß in einem späteren Fragment des Lehrgedichts (B8) das Seiende ausdrücklich als der Untersuchungsgegenstand genannt wird, der sich aufgrund der Entscheidung für den ersten Weg ergibt. Außerdem komme als Subjekt für das Prädikat „... ist" selbstverständlich nur das in Frage, was ist, also das Seiende. Einige Interpreten (z.B. Röd [2]1988, 117 und 234) bevorzugen diese Lesart „daß das Seiende ist", weil darin eine a priori wahre Tautologie ausgedrückt werde und Parmenides in solchen von aller Erfahrung unabhängigen Wahrheiten die Grundlage für seine Metaphysik suche.

Obwohl sich die Ergänzung von „das Seiende" auf den ersten Blick geradezu aufdrängt, ist zu bedenken, daß „das Seiende" zwar das einzig in Frage kommende Subjekt sein mag, seine Einfügung jedoch keineswegs so harmlos ist, wie man vielleicht meint: Parmenides' wiederholt formulierte Intention ist es, daß man sich zwischen „ist" und „ist nicht" entscheiden muß, und gerade nicht – wie es die Ergänzung von „das Seiende" mit sich bringt – zwischen einer a priori wahren Tautologie („das Seiende ist") und einem, gemäß dem zweiten Weg, a priori falschen Widerspruch („das Seiende ist nicht"); dann nämlich bräuchte der erste Weg gar nicht bewiesen und der zweite Weg gar nicht widerlegt zu werden – was Parmenides aber ausdrücklich tut. Außerdem müßte Parmenides den zweiten Weg aufgrund seiner Widersprüchlichkeit ablehnen, und das trifft mit Sicherheit nicht zu (wenngleich natürlich richtig ist, daß die Akzeptanz des zweiten Weges *in der Folge* zu Widersprüchen führen würde): widersprüchlich ist erst der dritte Weg, die Gleichsetzung von „ist" und „ist nicht".

(ii) Man kann die Subjektlosigkeit der Parmenideischen Formel auch damit erklären, daß etwas ganz Formales oder etwas völlig Unbestimmtes und Allgemeines gemeint sein müsse: Owen schlug (in: AF II 60) vor, das Subjekt sei das, worüber wir sprechen oder was wir denken können (ähnlich Kahns Vorschlag, das selbstverständliche Subjekt an dieser Stelle sei das, was erkannt werden kann, das Erkennbare: 1969, 712). Vor allem die Begründung dieses Schrittes dürfte gegenüber den mehr oder weniger erzwungenen Einfügungen eines angeblich selbstverständlichen Subjekts einen wichtigen Punkt treffen: Das Subjekt zur Parmenideischen Formel sei solange ganz formal, bis dafür – an späterer Stelle des Lehrgedichts – Attribute deduziert werden. Und in der Tat werden sich die Attribute von dem, was ist, wie etwa Unvergänglichkeit, Homogenität usw., in Fragment B8 als Konsequenz aus der strikten Gegenüberstellung von „ist" und „ist nicht" ergeben. Wenn aber dasjenige, was ist, erst durch solche Attribute eine bestimmte Kontur erhält, dann ist klar, daß nicht schon die Formel „ist oder ist nicht" das erst noch herzuleitende Subjekt enthalten kann.

Die Funktion eines solchen formalen Subjekts, wie es von Owen unterstellt wird, müßte in etwa der Individuenvariablen „x" in der Prädikatenlogik (wie in: „x ist so-und-so") oder dem normalsprachlichen Indefinitpronomen „etwas", „irgend etwas" entsprechen. Es wurde deshalb gegen Owens Vorschlag eingewandt, daß nur bestimmte und selbstverständliche Subjekte ausgelassen werden können, während nicht bestimmte und nicht wie selbstverständlich zu ergänzende Subjekte durch einen pronominalen Platzhalter im Satz gekennzeichnet werden müßten. Demnach wäre für die Annahme eines gänzlich formalen Subjekts eine Ergänzung der Formel – etwa durch den Ausdruck „etwas" (griech.: *ti*) – erforderlich, wie sie von Loenen (1959, 12 ff.) tatsächlich ins Spiel gebracht wurde; doch wäre eine solche Ergänzung nicht weniger willkürlich als die schon diskutierten Ergänzungsvorschläge.

In Anknüpfung an Owen argumentierte Barnes (PP I 163), der Weg des „ist“ sei so zu verstehen, daß das, worüber auch immer wir Untersuchungen anstellen, existiere. Unmittelbar zuvor war nämlich von den „Wegen der Untersuchung“ die Rede, so daß die Beschreibung der beiden Wege den Gegenstand einer solchen Untersuchung aufgreifen könnte. „Wer eine Untersuchung anstellt,“ so würde Parmenides bei dieser Lesart sagen wollen, „der hat nur zwei Möglichkeiten: entweder der Gegenstand seiner Untersuchung ist oder er ist nicht. Weil letzteres aus diesem oder jenem Grund auszuschließen ist, muß er *sein*; was aber ist, muß folgende Bedingungen erfüllen ...“.

(iii) Möglicherweise ist die Suche nach einem ausgelassenen Subjekt irreführend, und die Ausdrücke „ist“ und „ist nicht“ sind für Parmenides so, wie sie sind, sinnvoll und vollständig. So könnte man den Ausdruck „*estin* – ist“ in Analogie zu der altgriechischen, ebenfalls subjektlosen Formulierung „*hyei* – es regnet“ verstehen. Im Falle des Ausdrucks „*estin*“ würde eine solche Konstruktion etwa soviel bedeuten wie „Sein findet statt“ (vgl. Fränkel [3]1969, 403 ff.). Die Frage ist nur, was das eigentlich heißen soll. Daß das Sein aktuell ist oder daß Aktualität und zeitlicher Vollzug das Wesen des Seins ist? Es ist nicht zu sehen, wie Parmenides auf so etwas hätte kommen können.

Schließlich könnte das Problem der Subjektlosigkeit daher rühren, daß der anführende Wortgebrauch, den wir heute in der Regel mit Anführungszeichen markieren, im frühen Griechisch nicht eigens gekennzeichnet wurde. Das Bewußtsein für den Unterschied zwischen der Nennung und dem Gebrauch eines Wortes scheint sich erst einige Zeit später durchgesetzt zu haben. Die Subjektlosigkeit bei der Formel des Parmenides könnte also daher rühren, daß die beiden Ausdrücke „ist“ und „ist nicht“ als solche gemeint sind und nicht dazu gebraucht werden, zu behaupten, daß etwas ist oder nicht ist. Das wäre besonders dann einleuchtend, wenn Parmenides mit den beiden Ausdrücken die je maßgeblichen Bestandteile der affirmativen und der negativen Urteilsform (oder der Existenzbehauptung) anführen wollte. Jedenfalls würde Parmenides mit der bloßen Nennung der beiden Ausdrücke erreichen, daß die beiden Wege in ihrer allgemeinsten Form eingeführt werden, ohne durch irgendein Subjekt eingeschränkt zu sein. Demnach wären die beiden Wege etwa folgendermaßen zu paraphrasieren: „der eine, daß (man) ‚ist' (sagt oder denkt) ..., der andere, daß (man) ‚ist nicht' (sagt oder denkt)".

b) Die vielfache Bedeutung von „ist"

Der griechische Ausdruck *estin* kann sowohl als Kopula zur Kennzeichnung der Prädikation („x ist so-und-so") als auch in der existentialen Verwendung im Sinne von „es gibt", „existiert" verwendet werden. Für das Verständnis des Lehrgedichts liegt natürlich viel an der Frage, in welcher Bedeutung Parmenides den Ausdruck gebraucht hat und ob er ausschließlich eine dieser Verwendungsweisen im Blick hatte. Bei der Entscheidung für die eine oder andere Verwendungsweise müssen unter anderem folgende Kriterien beachtet werden: Erstens korrespondiert jeder Bedeutung von „ist" eine bestimmte Konzeption des Nicht-Seienden. Es ist daher jeweils zu prüfen, ob die von Parmenides angegebenen Gründe für die Zurückweisung des „ist nicht" zu der unterstellten Konzeption des Nicht-Seienden passen. Zweitens müssen die verschiedenen Merkmale des Seienden (unentstanden, unvergänglich, unteilbar, homogen, kontinuierlich, unveränderlich, unbeweglich, einheitlich, ganz, vollendet u.a.), die Parmenides in Fragment B8 entwickelt, tatsächlich aus der gewählten Bedeutung von „ist" herleitbar sein. Drittens ist zu beachten, daß die ausgewählte Bedeutung dem frühgriechischen Sprachgebrauch zur Zeit des Parmenides entspricht.

Existentiales „ist": Weil Parmenides in den verschiedenen Variationen der Formel „ist oder ist nicht" das „ist" immer absolut und nie als Hilfsverb mit Prädikatsnomen („ist so-und-so") gebraucht, ist es naheliegend, einen existentialen Sinn anzunehmen. Demnach würde Parmenides unter dem Nicht-Seienden einfach das Nicht-Existierende verstehen. Daß Parmenides vom Nicht-Existierenden meinte, man könne es nicht denken oder erkennen und man könne nicht sinnvoll darüber sprechen, wäre ohne weiteres nachvollziehbar. Vor allem aber paßt die Bedeutung der Existenz zum Anfang von Fragment B8, wo gegen die Möglichkeit von Entstehen und Vergehen argumentiert wird; denn, wenn Parmenides zur Charakterisierung des Seienden, als erstes und an herausgehobener Stelle ausschließt, daß es einmal nicht gewesen oder einmal nicht mehr sein könnte, dann ist natürlich von Existenz die Rede. Dieser zuletzt genannten Beobachtung (vgl. auch Tugendhat 1970, 138) werden sich auch alternative Deutungen nicht ganz verschließen dürfen. Die Auffassung, Parmenides benutze „ist" im Sinne der Existenz, wurde daher auch von vielen und einflußreichen Darstellungen übernommen (Owen in: AF, KRS, PP, Gallop 1979 u. 1984 u.a.).

Bedenken gegen diese Deutung können besonders in zweierlei Weise erhoben werden. Erstens ist die Frage erwägenswert, ob die Merkmale der Unteilbarkeit, Homogenität und Kontinuierlichkeit, die Parmenides in B8.22ff. für das Seiende behauptet, allein aufgrund des Ausschlusses der Nicht-Existenz deduziert werden können oder ob dafür zusätzlich der Ausschluß der negativen Prädikation erforderlich wäre; denn die Unterscheidung verschiedener Teile des Seienden, gegen die sich Parmenides wendet, würde typischerweise durch negative Prädikationen erfolgen („dieser Teil ist so-und-so, jener Teil ist nicht so-und-so").

Zweitens ergeben sich Bedenken aus der Beobachtung, daß im frühen griechischen Sprachgebrauch die Trennung von existentialem und prädikativem Sinn nicht immer eindeutig möglich ist. Nicht jede absolute Stellung von „ist" impliziert eine ausschließlich existentiale Bedeutung; so kann man von einer Sache sagen „sie ist", um sie gegen etwas abzugrenzen, was nur vermeintlich (weil es von anderen fälschlich dafür gehalten wird) oder nur in einer defizienten oder abhängigen Weise ist (vgl. etwa die Fragestellung in Platons *Sophistes*, ob allein das Körperliche *ist* oder ob die unkörperlichen Ideen wahrhaft *sind*: 246a–b, 247a u.ö.), oder um sie gegen etwas abzugrenzen, was nicht beständig und gleichbleibend ist, sondern wird oder im Entstehen begriffen ist (*gignetai*, vgl. zu einer solchen Gegenüberstellung Platons *Timaios* 27d f.). Umgekehrt kann man davon ausgehen, daß auch für die Kopula ein existentialer Nebensinn angenommen wurde; so ist noch bei Platon und Aristoteles oftmals kaum zu entscheiden, ob ein Satz wie „Es ist Sokrates weiß" eher prädikativ als „Sokrates ist weiß" oder eher existential als „Es gibt einen weißen Sokrates" aufzulösen ist. Wenn man daher in Sätzen wie „Es ist nicht Sokrates weiß" eine gewisse Form der Nicht-Existenz behauptet sieht, dann wäre es für Parmenides nur konsequent, seinen Kampf gegen die Nicht-Existenz auch auf solche Sätze auszudehnen.

Wenn außerdem die sprachgeschichtliche These Kahns (1973) richtig sein sollte, daß sich die rein existentiale Bedeutung von „ist" erst relativ spät herausgebildet hat, dann ist fraglich, ob man zur Zeit des Parmenides mit einer solchen Formel überhaupt schon die Existenz (oder ausschließlich die Existenz) ausdrücken konnte. Oft wird in diesem Zusammenhang auf den sogenannten homo-mensura-Satz des frühen Sophisten Protagoras aus Abdera hingewiesen (z.B. Jantzen 1976, 112, Hölscher 1976, 40f.). Dieser Satz heißt „Aller Dinge Maß ist der Mensch, der seienden, daß sie sind (*hôs estin*), der nichtseienden, daß sie nicht sind (*hôs ouk estin*)" (DK 80B1). Interessant an der Formulierung dieses Grundsatzes ist, daß bei Protagoras die gleichlautende Formel „daß ist/daß nicht ist" wie bei Parmenides gebraucht wird, daß diese Formel bei Protagoras aber sicher nicht die Existenz meint. Protagoras will nicht sagen, daß es am Menschen liegt, welche Dinge existieren und welche nicht. Es geht eher darum, wie Platon erläutert (*Theaitet* 152b), daß dem Frierenden der Wind kalt ist, dem Nicht-Frierenden hingegen nicht. Gemeint ist in jedem Fall ein So-und-so-Sein (wie das Kalt-Sein), also nicht die Existenz. Auch der Parmenides-Nachfolger Melissos spricht, um zu zeigen, daß die Menge der Leute viele Dinge als seiend annehmen, in einem Zug davon, daß „Erde, Wasser, Luft ... ist, und das eine lebend, das andere tot ... von alledem sagen die Menschen, daß es wirklich/wahrhaft (*alêthê*) ist" (DK 30B8). Ganz offensichtlich behandelt er „Erde“, „Wasser“, „Luft“ und die versteckt prädikativen Formulierungen „das eine lebend“, „das andere tot“ als gleichberechtigte (falsche) Beispiele für Seiendes.

Prädikatives „ist“: Eine Deutung, die mit exemplarischem Nachdruck von einem kopulativen Sinn des „ist“ ausgeht, findet sich bei Calogero. Dieser sieht in dem „ist“ des ersten Weges „nichts anderes als das Sein des Urteils: Nämlich das der Affirmation“ (dt. 1970, 6; ital. 1932). Die beiden Wege formulieren demnach nicht bestimmte Aussagen, sondern geben die beiden allgemeinen Formen wieder, nach denen jede Aussage konstruiert ist: entweder „x ist so-und-so“ oder „x ist nicht so-und-so“. Alles Denken und Urteilen schlägt sich nämlich in solchen, durch „ist“ konstruierten, Aussagen nieder: „Denn nicht ohne das Seiende, in dem es sich ausgesprochen findet, kannst du das Denken finden“ (B8.35f.). Parmenides wäre es demnach darum gegangen, unter dem Titel des Nicht-Seienden alle negativen Prädikationen auszuschließen. Ein erster Einwand liegt auf der Hand: Wenn es schon unwahrscheinlich ist, daß Parmenides den existentialen Gebrauch isoliert ins Auge gefaßt hat, weil kopulativer und existentialer Gebrauch im Griechisch des Parmenides noch gar nicht so konsequent zu unterscheiden waren, dann konnte er wohl auch den kopulativen Gebrauch nicht isoliert herausgreifen. Vor allem aber fragt man sich, warum er die negative Prädikation ausschalten wollte und welchen Sinn es ergibt, das im Sinn der Prädikation Seiende als unentstanden, unvergänglich, kontinuierlich, unbewegt usw. zu beschreiben. Offenbar funktioniert die prädikative Deutung nur in Verbindung mit einer Hilfsthese, der These einer Verwechslung von Existenz und Prädikation:

Die Verwechslungsthese: Wenn das „ist“ nur die universelle Form der Prädikation wiedergibt, dann könnte es freilich verwundern, daß Parmenides später von „dem Seienden“ spricht und dafür Attribute wie die Unvergänglichkeit, die Einzigkeit usw. herleitet. Für Calogero handelt es sich bei diesem Schritt um die „ontologische Hypostasierung“ (1970, 21) des Seins, das sich in „logisch-verbaler“ (9) Hinsicht als universell erwiesen hatte. Auch Kirk und Raven vertreten eine Variante der Verwechslungsthese: Bei der Widerlegung des zweiten Weges (B2.7f.) meine Parmenides das Nicht-Existierende, wenn er sagt, daß das Nicht-Seiende weder erkannt noch ausgesprochen werden könne. Dies übertrage er dann jedoch zu Unrecht auf das prädikative Sein (KR 269f. Die Verwechslungsthese wurde in KRS zurückgenommen).

Gegen die Verwechslungsthese kann eingewandt werden, daß die prädikative Wiedergabe eines altgriechischen Satzes wie „*Esti Sôkratês leukos* – Es ist Sokrates weiß" immer existential reformuliert werden kann („Es gibt einen weißen Sokrates"). Insofern wäre die von Kirk und Raven kritisierte Anwendung eines Arguments über die Nicht-Existenz auf die negative Prädikation keine Verwechslung. Außerdem wurde es als unpassend empfunden, die Deutung eines antiken Autors auf die Unterstellung zu gründen, dieser habe einen schwerwiegenden Fehler begangen, weil man von einem „Fehler" nur aus der Sicht unserer heutigen Begriffsdistinktionen sprechen könne. Einen Ausweg verspricht daher die Entdeckung eines Wortgebrauchs von „ist", der den sprachlichen Gepflogenheiten zur Zeit des Parmenides entspricht und die Einseitigkeiten der entweder existentialen oder kopulativen Deutung vermeidet:

Veritatives „ist": Schon Aristoteles hat mehrmals darauf hingewiesen, daß das griechische Wort *estin* zugleich bedeutet, etwas sei wahr oder sei tatsächlich der Fall (Met. V 7, VI 4, IX 10). In neuerer Zeit hat Kahn in einer umfangreichen Studie über das Wort „sein" im Altgriechischen diesen veritativen Gebrauch als eine der Grundbedeutungen des Ausdrucks *estin* erwiesen. Seither gibt es einige Versuche, diese Bedeutung oder besondere Nuancen des veritativen Bedeutungsfeldes für die Erklärung der Parmenideischen Formel nutzbar zu machen (Kahn 1968/69; Mourelatos 1970 hält sein „spekulatives ist" für eine Weiterentwicklung dieses Ansatzes). Dieser Vorschlag ermöglicht eine gute Deutung für das Parmenideische Argument, wonach nur das, was ist, erkannt werden kann, weil jemand, der das Nicht-Wahre oder Falsche erkennt, eben gar nichts wirklich erkannt hat. Dagegen fragt sich, welchen Sinn es ergibt, das Seiende homogen, kontinuierlich, unbewegt usw. zu nennen, wenn damit das gemeint ist, was wahr oder der Fall ist. Kahns Deutung hat jedoch die besondere Pointe, daß mit dem veritativen Gebrauch von „ist“ die prädikative und die existentiale Bedeutung als partikulare Aspekte involviert sind (1968/69, 712). So verstanden läuft die These von der veritativen Bedeutung im wesentlichen auf die These einer Verschmelzung der verschiedenen Funktionen hinaus.

Die Verschmelzungsthese: Daß der existentiale und der prädikative Sinn von „ist“ im frühgriechischen Sprachgebrauch irgendwie zusammengehen, läßt sich von unterschiedlichen Ausgangspunkten her zeigen. Der eine Ausgangspunkt geht von einer existentialen Bedeutung aus und zeigt, daß auch prädikative Aussagen existential reformuliert werden können. Der andere Ausgangspunkt ist eben der einer veritativen Bedeutung von „ist“; diese Verwendungsweise macht deutlich, inwiefern sich für Parmenides die Alternativen zwischen existentialem und kopulativem Gebrauch sowie zwischen Gegenständen und Sachverhalten gar nicht gestellt haben muß. Dafür ist wichtig, daß das veritative *estin* nicht als eine eigenständige Verwendungsweise neben der existentialen, kopulativen usw. vorkommen muß, sondern daß der veritative Aspekt als etwas angesehen wird, was den verschiedenen Verwendungsweisen von „ist“ gemeinsam sein kann. Die Annahme einer veritativen Bedeutung kann eine Brücke schlagen zwischen prädikativen und existentialen Aussagen, indem beide Formen als Spezialfall der allgemeineren Satzform „Es ist wahr, daß: .../Es ist der Fall, daß: .../Es ist so, daß: .../Es ist wirklich so, daß: ...“ angesehen werden. Das veritative „ist“, das wir nur behelfsweise mit „es ist der Fall, daß“ übersetzen, müßte dann so verstanden werden, daß es dasjenige zum Ausdruck bringt, was dem Bestehen eines Sachverhalts (etwa, daß Sokrates weiß ist) und der Existenz eines Gegenstandes gemeinsam ist: beides „ist wirklich (so-und-so)“ – während ein falscher Sachverhalt (etwa, daß Pferde geflügelt sind) und nicht existierende Gegenstände (etwa Einhörner) beide gleichermaßen nichtwirklich sind.

Die Verschmelzungstheorie gibt Parmenides oder seinen Interpreten die Handhabe, jede negative Aussage auf Nicht-Existierendes oder Nicht-Wirkliches zurückzuführen und daher auszuschließen. Die Merkmale des Seienden, die Parmenides in Fragment B8 nennt, lassen sich auf diese Weise umstandslos entwickeln, denn wenn es keinerlei negativen Prädikationen über das Seiende geben kann, dann ist es ausgeschlossen, etwa Teile des Seienden zu unterscheiden, etwaige Veränderungen zu beschreiben oder eine Bewegung („... ist nicht mehr da") zu behaupten usw. Weil auch negative Identitätsaussagen („... ist verschieden von ...") auszuschließen sind, folgt ohne weiteres die monistische Behauptung, daß es nur ein einziges Seiendes geben kann. Schließlich ist zu fragen, ob sich für das Seiende nicht jede Art von distinguierender Prädikation verbietet, weil die Behauptung des einen Prädikats (z.B. „... ist gesund") die Negation eines konträren oder komplementären Prädikats („... ist nicht krank") impliziert, so daß vom Seienden zuletzt nur noch gesagt werden kann, daß es ist. Einen auf dieser Basis beispielhaft stringenten Abriß der Parmenideischen Lehre hat Furth (in: MOU) gegeben.

Andere Interpreten zeigten sich von den Vorzügen der Verschmelzungsthese unbeeindruckt und stuften sie als einen etwas Parmenides-freundlicheren Aufguß der Verwechslungsthese ein (PP I 329, Austin 1986, 14, Malcolm 1991, 79). Autoren, die die monistische Konsequenz der Parmenideischen Lehre bestreiten (vgl. Mourelatos 1970, 130ff., Barnes 1979b), können keinesfalls den etwa von Furth behaupteten Ausschluß aller negativen Aussagen akzeptieren, weil dadurch die Behauptung der Nicht-Identität von Seiendem von vornherein ausgeschlossen wäre. Das zentrale Argument, das gegen das Verbot negativer Aussagen vorgebracht wird, betont, daß Parmenides auch selbst in seinem Lehrgedicht ständig Negationen oder wenigstens privative Ausdrücke (wie „*un*entstanden", „*un*vergänglich" usw.) gebraucht (vgl. Austin 1986, 15f.). Ist dieser Einwand überzeugend?

Negative Aussagen im Lehrgedicht: Es gibt verschiedene Erklärungen, inwiefern die Ablehnung des zweiten Weges, auch wenn sie allgemein die negative Aussageform meint, mit Parmenides' Gebrauch von Negationen vereinbar ist: (1.) Furth (in: MOU) hat etwa den elenktischen Charakter des Lehrgedichts hervorgehoben. Demnach muß man sich einen Vertreter einer nicht-eleatischen Ontologie denken, der durch die Rede der Göttin widerlegt werden soll. Parmenides würde dann ausschließlich zum Zweck der Widerlegung des angesprochenen Opponenten von solchen Aussagen Gebrauch machen. (2.) In diesem Zusammenhang vielleicht erhellender ist jedoch der Verweis auf den Schluß von Wittgensteins *Tractatus*; dort heißt es „Meine Sätze erläutern dadurch, daß sie der, welcher mich versteht, am Ende als unsinnig erkennt ... (Er muß sozusagen die Leiter wegwerfen, nachdem er auf ihr hinaufgestiegen ist.)" In diesem Sinn könnte man auch dem Parmenideischen Lehrgedicht die Funktion von Wittgensteins Leiter zuschreiben: die Rede der Göttin mit den darin gebrauchten Verneinungen wäre dann die Form, deren man sich bedienen muß, um verständlich zu machen, warum diese Form unangemessen ist. (3.) Man braucht jedoch nicht gleich zu behaupten, daß Parmenides die Sätze des Lehrgedichts als sinnlos angesehen haben muß: Die kritisierten negativen Aussagen sind Sätze auf einer objektsprachlichen Ebene. Sie dokumentieren den – für Parmenides vergeblichen – Versuch, sicheres Wissen über Nicht-Seiendes zu erlangen. Wenn dagegen die Göttin die Bedingungen darlegt, unter denen es überhaupt möglich ist, Wissen zu erlangen, gehören diese Sätze nicht derselben Ebene an. Ihre negativen Sätze implizieren kein Nicht-Seiendes, sondern dienen dazu, das wirklich Seiende zu beschreiben.

4. Denken – Sagen – Sein

Wie bereits in der kurzen Skizze der Parmenideischen Argumentation deutlich wurde, wird der Weg des „ist nicht" aufgrund des Arguments zurückgewiesen, daß das Denken oder Erkennen (*noein*) und das Sagen dasjenige, was ist, und nicht dasjenige, was nicht ist, zum Gegenstand haben. Aus diesem Grund stellt die Erklärung des Verhältnisses von Denken und Sagen auf der einen Seite zu dem, was ist oder nicht ist, auf der anderen Seite eine der wichtigsten Aufgaben für die Deutung des Lehrgedichts dar. Erst wenn man versteht, inwiefern es für Parmenides kein Denken und Sagen vom Nicht-Seienden geben kann, wird die Ablehnung des „ist nicht" nachvollziehbar, und aus dieser wiederum folgt beinahe alles Übrige. Auch Parmenides selbst thematisiert diesen Zusammenhang von Denken, Sagen und Sein an auffallend vielen Stellen (B2.6–7, 3, 6.1–2, 8.8–9, 8.16–18, 8.34–36). Jedoch ist die Auslegung gerade dieser Zeilen besonders umstritten.

a) Warum nicht „ist nicht"?

Am deutlichsten wird Parmenides' Argument zum Verhältnis von Denken/Sagen und Sein gleich zu Beginn in Fragment B2, wo er ausdrücklich die Ablehnung des zweiten Weges begründen will. Über diesen Weg des „ist nicht" läßt Parmenides die Göttin sagen: „Dieser Weg ist, so sage ich dir, ganz und gar unerkundbar; denn das, was nicht ist, kannst du weder denken/erkennen noch kannst du es sagen (denn das ist nicht durchführbar)" (B2.6–8). Abgesehen von der Frage, in welcher Bedeutung das griechische Wort für Denken, Erkennen usw., das Verb *noein,* in diesem Zusammenhang gebraucht wird, bereitet die Konstruktion und die Übersetzung dieser Zeilen eigentlich keine weiteren Schwierigkeiten; jedoch ist das darin formulierte Argument nicht ohne weiteres einleuchtend:

Angenommen, Parmenides meint mit dem Nicht-Seienden das Nicht-Existierende, wäre es dann einleuchtend zu sagen, daß das Nicht-Seiende nicht gedacht werden kann? An Meerjungfrauen, Einhörner o.ä. können wir jederzeit denken und wir können jederzeit über sie sprechen (vgl. Owen, in: AF II 72). Dennoch würden wir uns kaum dazu bringen lassen, die Existenz solcher Dinge einzuräumen; also ist das Argument nicht ohne weiteres einleuchtend. Ein Rettungsversuch für Parmenides' Argument könnte so aussehen: Daß man irgendwie an Meerjungfrauen, Einhörner o.ä. denken kann, sei zugestanden, um aber wissenschaftliche Erkenntnis über eine Sache zu erlangen, muß sie existieren. Das ist eine Auffassung, für die ganz unterschiedliche Philosophen auf unterschiedliche Weise argumentiert haben; z.B. meint Aristoteles, man könne nur das Wesen von wirklich existierenden Dingen erkennen. Völlig überzeugend ist das Argument aber nicht: Mythenforscher und Literaturwissenschaftler können durchaus wissenschaftliche Erkenntnisse über fiktive Gegenstände erlangen (vgl. dazu PP II 171f.).

Um zu verstehen, wie Parmenides sein Argument selbst als schlüssig ansehen konnte, muß man daher bestimmte Annahmen ergänzen. Z.B. könnte das Argument plausibel werden, wenn man annimmt, daß das Denken/Erkennen, von dem im Parmenideischen Lehrgedicht die Rede ist, im Sinne einer Bekanntschaftsbeziehung zu verstehen ist. Bekannt sein kann man wirklich nur mit etwas, das existiert. Wenn Mr. Pickwick nicht existiert, kann man ihn tatsächlich nicht kennen. Etwas Plausibles würde Parmenides' Argument auch dann treffen, wenn er sagen wollte, daß man vom Nicht-Existierenden nicht erkennen kann, welche Eigenschaften es hat. Zwar kann man auch über bestimmte Eigenschaften von Meerjungfrauen debattieren, das Zutreffen mancher anderer Eigenschaften ist aber unentscheidbar, weil es keine Meerjungfrauen gibt, so wie es unentscheidbar ist, ob der gegenwärtige König von Frankreich kahlköpfig ist oder nicht.

Die folgende Prämisse ist besonders geeignet, das Argument des Parmenides plausibel zu machen: Wenn wir denken, denken wir einen bestimmten Gegenstand, wenn wir reden, reden wir von einem bestimmten Gegenstand. Eine Argumentation, die unter dieser Voraussetzung Parmenides' Behauptung verständlich machen kann, findet sich bei Platon (*Theaitet* 188e–189a, *Sophistes* 237c–e). Wer z.B. berührt, wird dort argumentiert, berührt immer etwas. *Etwas* zu berühren, heißt aber, etwas zu berühren, was *ist*. Wer umgekehrt nicht *etwas* berührt, der berührt nichts von dem, was *ist*; ein solcher berührt also *nichts*, und das heißt wiederum: er *berührt* gar nicht (denn dazu müßte er ja etwas bzw. etwas, was ist, berühren). Entsprechend bedeutet, etwas zu denken oder zu sagen, was *nicht ist*, soviel wie: *nichts* zu denken oder zu sagen, und das heißt wiederum: überhaupt nicht zu *denken* oder zu *sagen*. Entscheidend dabei ist, daß Nicht-Seiendes gar kein Objekt ist; es kommt also auf den Übergang von „Nicht-Seiendes denken" zu „*nichts* denken" an. Und daß Parmenides genau diesen Übergang für legitim hält, ist wahrscheinlich, weil er selbst anstelle von „*to mê on* – das Nicht-Seiende/das, was nicht ist" den Ausdruck „*to mêden* – das Nichts" gebraucht (B6.2, 8.10).

Ganz uneinleuchtend erscheint uns Parmenides' Argument gegen das Denken und Sagen des Nicht-Seienden, wenn unter dem Nicht-Seienden nicht-bestehende oder negative Sachverhalte verstanden werden, wie etwa der Sachverhalt, daß es nicht regnet. Denn selbstverständlich können wir denken und sagen, daß etwas *nicht* der Fall *ist*. Wichtig ist nur, daß in solchen Fällen die Objekte unseres Denkens und Sagens nicht die einfache Struktur eines Gegenstandes („etwas"), sondern die komplexe Struktur einer Aussage („etwas von etwas") haben. Behandelt man aber negative Sachverhalte nach dem Vorbild nicht-existierender Gegenstände, dann wiederholt sich das Problem, das wir anhand von Platons *Theaitet* bereits durchgespielt haben: Weil Denken und Sagen einen Gegenstand brauchen, nicht-existierende Sachverhalte aber gerade kein Gegenstand sind, ist Denken und Sagen des Nicht-Seienden unmöglich.

Daß Parmenides und seine Zeitgenossen tatsächlich so über Sachverhalte dachten, ergibt sich aus den Ausführungen zur Verschmelzungsthese (siehe oben, Abschnitt 3b) und insbesondere aus der Tendenz, prädikative Aussagen existential zu formulieren. Überhaupt wurde der Unterschied zwischen Gegenständen und Sachverhalten erst später thematisiert (der Ausdruck *pragma* etwa bezeichnet gleichermaßen Gegenstände und Sachverhalte). Außerdem zeigt sich, daß auch noch unter jüngeren Zeitgenossen des Parmenides die Funktion ganzer Sätze oder Teilsätze (z.B. „daß etwas ist", „daß etwas nicht ist") nach dem Vorbild von Eigennamen konstruiert wurde. Das wird z.B. an dem in der frühen Sophistik verbreiteten Slogan deutlich, Widerspruch sei nicht möglich (*ouk estin antilegein*), weil man entweder von derselben Sache oder von zwei verschiedenen Sachen spreche, in keinem der beiden Fälle aber könne man sich widersprechen (z.B. Platon, *Euthydemos* 285e ff.). Hier wird offenbar vorausgesetzt, daß die widersprüchlichen Sätze jeweils einen einfachen Gegenstand nennen. Schließlich ist es bezeichnend, daß Platon in seinem Dialog *Theaitet* die oben beschriebenen Probleme um das Denken des Nicht-Seienden behandelt, um eine Erklärung für falsche Sätze – also für Nicht-Seiendes im Sinne von nicht bestehenden Sachverhalten – zu geben. Und es ist außerdem bezeichnend, daß er diese Schwierigkeiten in namentlicher Auseinandersetzung mit der Parmenideischen Position entwickelt.

b) Identität von Denken und Sein?

Das Argument des Parmenides gegen den Weg des „ist nicht" geht davon aus, daß Denken/Erkennen (*noein*) eo ipso in einem Erfassen von Seiendem und daher von Wirklichem besteht, ebenso wie das sinnvolle Sagen oder Sprechen eo ipso Seiendes zum Gegenstand haben muß. Auch die übrigen Fragmente, die das Verhältnis von Denken, Sagen und Sein zum Gegenstand haben, scheinen thematisch in unmittelbarem Zusammenhang mit dem Argument gegen den Weg des „ist nicht" zu stehen. Hierher gehört vor allem der wahrscheinlich am häufigsten zitierte Vers des Lehrgedichts, das Fragment B3: „... dasselbe nämlich ist zu denken/zu erkennen und zu sein (*to gar auto noein estin te kai einai*)." In den maßgeblichen Quellen wird dieser Satz ganz zusammenhanglos zitiert, die meisten Herausgeber der Parmenideischen Fragmente vermuten jedoch, daß sich dieser Vers direkt an den Schluß von Fragment 2 „... denn das, was nicht ist, kannst du weder denken noch kannst du es sagen (denn das ist nicht durchführbar)" angeschlossen haben muß.

Fragment B3: Läßt man den Zusammenhang von Fragment B3 mit B2 außer Acht, dann lädt der überlieferte Wortlaut des

Fragments zu höchst spekulativen Interpretationen ein. So legt die Übersetzung „Dasselbe ist Denken und Sein", die sprachlich nicht ganz auszuschließen ist, die gewissermaßen idealistischen Fehldeutungen nahe, (i) das Sein bestehe nur im Gedachtwerden (etwa im Sinne von George Berkeleys „Esse est percipi – Sein ist Aufgefaßtwerden"), (ii) das Sein bedürfe einer Setzung durch das Denken oder (iii) das Sein sei selbst nichts anderes als Denken. Daß ein solcher Gedanke jedoch weder in das geistesgeschichtliche Umfeld des Parmenides noch in den näheren Argumentationszusammenhang seines Lehrgedichts passen dürfte, ist weitgehend anerkannt. Vor allem wäre vor diesem Hintergrund ganz unverständlich, warum Parmenides so viel Wert auf das Argument legen sollte, daß das Nicht-Seiende nicht gedacht oder erkannt werden kann, denn das wäre trivial, wenn ohnehin das Denken/Erkennen darüber entscheiden würde, was ist. Der Sache nach ist deshalb gerade das umgekehrte Abhängigkeitsverhältnis gefordert: Nicht das Sein oder das Seiende resultiert aus dem Denken bzw. Gedachtwerden, sondern umgekehrt: Denken gibt es nur als Denken von Seiendem, und dies setzt etwas (davon unabhängig) Seiendes voraus, was gedacht werden kann.

Im direkten Anschluß an das Ende von Fragment B2 „denn das, was nicht ist, kannst du weder denken noch kannst du es sagen" wäre für Fragment B3 also eine Aussage zu erwarten, die das Denken mit dem Denken des Seienden gleichsetzt. Dies käme in Aussagen wie „Denken ist immer Denken des Seienden", „Nur das, was ist, kann gedacht werden", „Genau das, was ist, kann gedacht werden" zum Ausdruck. Unter den zahlreichen Vorschlägen, die man zur Übersetzung dieses Fragments gemacht hat, kommt diesem Gedanken die Übersetzung „Denn dasselbe kann gedacht werden und sein" (Zeller ^{6}1920, 687) am nächsten. Anders als in den Übersetzungen, die „Denken" und „Sein" als die beiden Subjekte einer Identitätsaussage ansehen, liegt bei dieser Wiedergabe gar keine Identifikation von Denken und Sein vor. So betrachtet, besagt das Fragment lediglich, daß es dasselbe ist, was gedacht werden kann und was ist (oder was sein kann).

Diese Übersetzung geht davon aus, daß „*to auto* – dasselbe" Subjekt der Aussage ist. Somit würde es sich genau genommen gar nicht um eine Identitätsbehauptung handeln, sondern von dem Subjekt „dasselbe" würden zwei verschiedene Prädikate ausgesagt. Das ist sprachlich möglich, sobald man das Wort „*estin* – ist" in diesem Fragment als *estin* mit Infinitiv konstruiert, so daß es die Bedeutung „ist möglich/kann" hätte und der Satz wörtlich wiederzugeben wäre als „Denn dasselbe ist möglich zu denken und zu sein" oder „... ist möglich zu denken und möglich, daß es ist". Und dieselbe Konstruktion führt, wenn man statt mit „ist möglich" mit „kann" operiert, zur oben zitierten Übersetzung Zellers.

Von der Sache her zu erwarten wäre der Gedanke, daß nur das, was ist, gedacht werden kann. Wenn das Fragment allerdings besagt, daß dasselbe gedacht werden und sein kann, dann bringt es nicht nur zum Ausdruck, daß nur das, was ist, gedacht werden kann, sondern auch die Umkehrung dieses Satzes, nämlich daß nur das, was gedacht werden kann, ist (vgl. Hölscher 1968, 97). Wenn Parmenides jedoch auch diese Behauptung mittragen müßte, könnte sich dann nicht auch der Anhänger einer „idealistischen" Interpretation in seiner Auffassung bestätigt sehen, daß das Sein für Parmenides im Denken gründe? Eine solche Folgerung ist auf mindestens zwei Weisen zu umgehen.

Erstens: Wenn das Seiende das einzige ist, was es durch das Denken zu erfassen gibt, und wenn das Denken immer ein Erfassen dieses Seienden ist (vgl. Bormann 1971, 71), dann ist es legitim, von der Denkbarkeit des Seienden auf seine Wirklichkeit zu schließen. Das Vorliegen eines solchen Implikationsverhältnisses würde aber keineswegs das Zugeständnis einschließen, daß das Seiende nur ist, *weil* es gedacht wird. Im Gegenteil dürfte damit gerade gemeint sein, daß das Denken einer Sache die von unserem Denken und Sagen unabhängige Wirklichkeit des Gedachten impliziert (vgl. Graeser 1977, 149), weil ausschließlich Seiendes gedacht werden kann. Zweitens könnte man bestreiten, daß das Fragment B3 neben der Behauptung, nur das, was ist, könne gedacht werden, auch deren

Umkehrung enthält, nur das, was gedacht werden kann, könne sein. Um dies zu bestreiten, müßte man argumentieren, daß es sich bei diesem Satz um eine asymmetrische Feststellung handelt (ähnlich Kahn 1968/69, 723f.), bei der aus der Wortstellung ersichtlich sei, daß das, was gedacht werden kann, auf den Bereich des Seienden reduziert werden soll, aber nicht umgekehrt.

Die Aussage des Fragments B3 fällt somit weit weniger spektakulär aus, als man das schon seit den ersten überlieferten Erwähnungen bei Clemens von Alexandria und Plotin annehmen wollte. Auch die übrigen Verse, die im Zusammenhang mit den Fragmenten B2.6–8 und 3 stehen, scheinen vornehmlich um das Argument zu kreisen, daß es Denken immer nur als Denken vom Seienden geben kann, und stützen damit eine an den Vorschlag Zellers angelehnte Interpretation von Fragment B3.

B8.34: Von besonderem Interesse ist dabei Vers B8.34, der ganz parallel zu Fragment B3 gebaut ist: *tauton d' esti noein te kai houneka esti noêma.* Für diesen Satz kommen zwei ganz unterschiedliche Übersetzungsweisen in Frage: (1) „Dasselbe kann gedacht werden und ist der Grund des Gedankens." (1a) „... und der Grund, warum der Gedanke ist." (2) „Was gedacht werden kann und der Gedanke, daß ist, ist dasselbe." (2a) „Denken und der Gedanke, daß ist, ist dasselbe." Die unterschiedlichen Übersetzungen rühren daher, daß in (1) und (1a) für den griechischen Ausdruck *houneka* die Bedeutung „weswegen/wovon", in (2) dagegen die ebenfalls mögliche Bedeutung „daß" zugrunde gelegt wird. In (1) würde das, was gedacht werden kann, mit dem Grund des Gedankens identifiziert. Daß damit beidemal nur das Seiende gemeint sein kann, steht fest. Jedoch würde der Aspekt neu hinzukommen, daß das gedachte Seiende Grund des Gedankens ist (was u.a. ein deutliches Indiz gegen eine „idealistische" Deutung von Fragment 3 wäre). In (1a) dagegen würde das, was gedacht werden kann, zugleich als Grund dafür bezeichnet, daß der Gedanke *ist*; das wäre dann plausibel, wenn „ist" veritativ gebraucht wäre, also etwa in dem Sinn, daß der Gedanke wahr ist. Die Übersetzungen (2) und (2a) würden darauf hinauslaufen, daß alles Denken nur einen Denkinhalt (*noêma*) bzw. dieser Denkinhalt nur eine einzige Form haben kann, nämlich „daß ist"; daß Parmenides diese Aussage unterstreichen würde, scheint durchaus plausibel, zumal er damit fast genau die Formel für die Beschreibung des ersten Weges wiederaufnehmen würde.

B6.1: Offenbar soll auch der Vers B6.1 (*chrê to legein te noein t' eon emmenai*) in dieselbe Richtung weisen, doch bieten sich auch für ihn ähnliche Übersetzungsalternativen wie für B8.34: (1) „Notwendig ist, das zu sagen und zu denken, daß Seiendes ist." (2) „Notwendig ist, daß Sagen und Denken seiend sind." (3) „Notwendig ist, daß Sagen und Denken [Sagen und Denken] des Seienden sind." Unmittelbar an diesen Satz schließt sich die – unproblematisch zu übersetzende Bemerkung an: „... denn das kann sein. Nichts ist nicht." (2) wäre (ähnlich wie für die Alternative (1a) zu Vers 8.34) nur bei einer veritativen Bedeutung von „seiend" sinnvoll; demnach müßten Sagen und Denken notwendig *wahres* Sagen und Denken sein. In der Version (3) wäre der Vers eine Wiederholung der bekannten These, daß Sagen und Denken immer Seiendes zum Gegenstand haben.

(1) würde dieses eigentlich schon bekannte Argument dahingehend modifizieren, daß man (1a) nur vom Seienden denken und sagen kann, daß es ist, oder (1b) vom Seienden nur denken und sagen kann, daß es ist. Mit Blick auf den Nachsatz „... denn das kann sein" paßt die Version (1a) am besten. Das Argument würde sich dann vor allem gegen den Versuch richten, auch von Nicht-Seiendem zu sagen, daß es ist. Bei der Formulierung „vom Seienden sagen, daß es ist" bleibt durchaus offen, ob man dem Satzsubjekt „das Seiende" das Prädikat „ist" zuspricht oder ob man mit Blick auf ein (vom Denken und Sagen unabhängiges) Seiendes denkt und sagt „es ist". Die erste Alternative würde bedeuten, daß man eine Tautologie denkt oder sagt („... daß Seiendes ist"); aber darauf kommt es Parmenides nicht an. Im Sinne der zweiten Alternative drückt der Satz eher so etwas wie das Korrespondenzmodell der

Wahrheit aus, nämlich daß man von etwas Seiendem auch denkt oder sagt, daß es seiend ist; gerade so wird später auch Platon formulieren, das Wahre bestehe darin, von den seienden Dingen zu sagen, daß sie sind (*Kratylos* 385b).

Umstritten ist, ob Parmenides auch die der Version (1b) entsprechende Auffassung vertreten hat, daß man vom Seienden nur sagen kann, daß es ist (vgl. Furth, in: MOU 264ff.). Es ist in der Tat nicht schwer, ein Argument zu rekonstruieren, das Parmenides zu dieser Auffassung veranlaßt haben könnte. Der Kern eines solchen Arguments besteht darin, daß Prädikate durch ihre Bestimmtheit etwas ausschließen und damit etwas, was die betreffende Sache *nicht* ist, also ein Nicht-Seiendes, ins Spiel bringen: Wenn ich von einer Sache sage, sie sei ein Toaster, dann lege ich mich darauf fest, daß diese Sache etwas anderes *nicht* ist, etwa kein Radio, keine Kaffeemaschine usw., d.h. ich würde von Seiendem sagen, daß es nicht so-und-so ist. Vom Seienden aber zu denken oder zu sagen, daß es nicht ist, muß für Parmenides ausgeschlossen sein (z.B. B8.8–9).

B8.35–36: In die Reihe der Ausführungen zum Verhältnis von Denken, Sagen und Sein gehören schließlich die höchst bemerkenswerten Verse B8.35–36: „Nicht nämlich ohne das Seiende, in dem es ausgesprochen ist, wirst du das Denken finden." Der Relativsatz „in dem es ausgesprochen ist" enthält eine Überraschung: Wie soll das Denken im Seienden ausgesprochen sein? Eher würde man vielleicht erwarten, daß das Seiende im Denken ausgesprochen wird o.ä. Offenbar geht es Parmenides hier um den Umstand, daß sich Denken oder Erkennen nur im Sein, also mit Hilfe des Wortes „ist" oder „sein", artikulieren kann (vgl. Heitsch 1974, 123). Ungewöhnlich erscheint dann, daß Parmenides diesem Sachverhalt durch die Formulierung „nicht ohne das Seiende" Ausdruck verleiht. Das scheint nur möglich, wenn man annimmt, daß Parmenides hier weniger an das durch den Ausdruck „Seiendes" Bezeichnete als an den Ausdruck selbst denkt (vgl. Graeser 1977, 152f.) und somit den Ausdruck an dieser Stelle nicht eigentlich gebraucht, sondern nur als Ausdruck anführt bzw. zwischen Gebrauch und Anführung des Ausdrucks schwankt.

Sieht man darin den Sinn der Verse B8.35–36, dann fragt sich allerdings, ob hier nicht ein Bruch gegenüber der bisherigen Argumentation vorliegt. Denn neben das oben in mehreren Versionen formulierte Argument für die Abhängigkeit des Denkens vom Seienden, daß das Denken immer Seiendes oder Wirkliches *zum Gegenstand* haben müsse, tritt jetzt das neue Argument, daß Denken zu seiner schieren *Artikulation* des Ausdrucks „sein" bedarf. Vermutlich sah Parmenides gar keinen Bruch zwischen diesen beiden Ansätzen oder betrachtete sie allenfalls als zwei Aspekte desselben Arguments, weil für ihn die Ausdrücke „sein" oder „seiend" überhaupt nicht gebraucht werden können, ohne zugleich eine sprachunabhängige Wirklichkeit zu bezeichnen, so daß, wo immer der Ausdruck „sein" zur Artikulation des Denkens gebraucht wird, sich auch der adäquate Gegenstand dieses Denkens findet und umgekehrt.

5. Die Merkmale des Seienden

In Fragment B8 wendet sich Parmenides dem, was ist, dem Seienden (*to eon*) und seinen Merkmalen zu. Zu Beginn des Fragments stellt er fest, daß allein der Weg des „ist" übrig sei (B8.1–2) und daß sich auf diesem Weg viele Zeichen, Indizien oder Wegmarken (*sêmata*) finden. Es ist die Aufgabe des sich anschließenden Textstücks, diese Wegmarken bzw. Merkmale des Seienden zu entwickeln. Den Herleitungen der verschiedenen Merkmale liegt immer wieder dasselbe Argument zugrunde: Das Seiende bzw. das, was ist, ist entweder ganz und gar (*pampan*) oder überhaupt nicht (B8.11); denn es gilt die vollständige Disjunktion „entweder ist oder ist nicht" (B8.16) und es ist bereits entschieden, daß das „ist nicht" als undenkbar und unsagbar zu verwerfen ist (B8.16f.). Die Merkmale des Seienden in Fragment B8 ergeben sich somit aus dem Versuch, das, was ist, konsequent als ganz und gar seiend zu denken. Zugleich kann man sie als Kriterien ansehen, die jedes mögliche Subjekt zu „... ist" erfüllen muß, denn würde ein solches

Subjekt in gewisser Weise Nicht-Seiendes sein, würde die für Parmenides inakzeptable Vertauschung von „ist“ und „ist nicht“ vorliegen.

An den Anfang dieses Textabschnitts stellt Parmenides eine Art von Übersicht zu den herzuleitenden Merkmalen, nämlich: „daß das Seiende unentstanden und unvergänglich ist, ganz, einheitlich, unerschütterlich und vollendet (*êde teleion/oud' ateleston*; abweichend von DK, vgl. Owen, in: AF II 76f.)“ (B8.3–4). Für das erste dieser Merkmale, daß das Seiende unentstanden und unvergänglich ist, argumentiert Parmenides in den darauffolgenden Zeilen 8.5–21 (siehe unten, Abschnitt 5a). Die nächsten Zeilen 8.22–25 enthalten ein Argument für die Unteilbarkeit, Homogenität und Kontinuität des Seienden (Abschnitt 5b), worauf schon die Übersicht mit dem Prädikat „ganz“ und vielleicht auch mit dem Prädikat „einheitlich“ (*mounogenes*) hingewiesen hat. Dem Prädikat „unerschütterlich“ in Zeile 4 entspricht die Herleitung der Unbeweglichkeit oder Unveränderlichkeit in den Zeilen 8.26–33 (Abschnitt 5c). Umstritten ist, ob die darauffolgenden Zeilen 8.34–41 behaupten, daß es nur ein einziges Seiendes gibt (Abschnitt 5d). Möglicherweise entspricht diesem Beweisabschnitt das Prädikat „einheitlich“ aus Zeile 4, oder Parmenides sieht einen solchen Monismus durch eines oder mehrere der in Zeile 4 genannten Prädikate impliziert. Schließlich wird in Zeile 42–49 das Seiende mit einer Kugel verglichen (Abschnitt 5e). Damit kann gemeint sein, daß das Seiende abgeschlossen oder vollendet ist, was dem letzten Prädikat der Übersicht entsprechen würde.

a) unentstanden und unvergänglich

Die Verse 5–21 des Fragments B8 entwickeln eine zusammenhängende Argumentation, die die Unmöglichkeit des Entstehens und Vergehens des Seienden beweisen soll. Im letzten Vers des Abschnitts wird Parmenides resümieren: „So ist das Entstehen verloschen und verschollen das Vergehen.“ Ganz am Anfang des Abschnitts steht die vielleicht weiterreichende Feststellung „Weder war es [das Seiende] einmal noch wird es sein, weil es jetzt zugleich ganz ist, eines und kontinuierlich“ (B8.5–6). In Form eines Beweises für diese Feststellung ist die eigentliche Widerlegung des Entstehens und Vergehens angeschlossen. Dieser Widerlegung werden wir uns zuerst zuwenden.

Den Kern dieser Widerlegung bildet der Beweis, daß das Seiende nicht entstanden sein kann. Dieser Beweis ist schon wegen seiner ungewöhnlichen indirekten Struktur bemerkenswert. Um nämlich zu beweisen, daß das Seiende nicht entstanden sein kann, zeigt Parmenides, zu welchen unhaltbaren Folgerungen jemand gelangen würde, der das Gegenteil annimmt: Angenommen, das Seiende sei entstanden – so der Beweis –, dann müßte es entweder aus Nicht-Seiendem oder aus Seiendem entstanden sein. Aus dem Nicht-Seienden kann es aber nicht entstanden sein, denn erstens müßte man, um dies anzunehmen, das Nicht-Seiende denken und sagen (B8.7–9), was aber erwiesenermaßen unmöglich ist. Und zweitens ist nicht einzusehen, welche Notwendigkeit das Seiende veranlaßt haben könnte, früher oder später, aus dem Nicht-Seienden hervorgehend, zu entstehen (B8.9–10). Aus dem Seienden (*ek tou eontos*; abweichend von DK, vgl. Reinhardt 1916, 42 u.a.) kann es aber auch nicht entstanden sein, weil nichts neben dem Seienden entstehen kann (B8.12–13). Also kann das Seiende nicht entstanden sein.

Formal ist der Beweis damit vollständig. Zu betrachten bleiben die Argumente im einzelnen. Das erste Argument gegen das Entstehen aus Nicht-Seiendem erinnert nur an die Widerlegung des zweiten Weges in Fragment B2. Parmenides präsentiert jedoch ein zweites Argument, das die Entstehung aus Nicht-Seiendem selbst dann ausschließt, wenn man von dessen Undenkbarkeit und Unsagbarkeit absehen würde. Dieses zweite Argument spielt an eine Vorstellung an, wie sie im Satz vom zureichenden Grunde formuliert wird, nämlich daß alles Gewordene auf einen Grund für dieses Werden zurückgeführt werden kann (vgl. Platon *Timaios* 28c). Daß man unter diesen Umständen das Nicht-Seiende nicht als zureichenden Grund für das Seiende akzeptieren will, leuchtet ein, sei es, weil das Nicht-Seiende als Begründendes eine gewissermaßen höhere

Würde als das Seiende erlangen würde, oder sei es, weil das Seiende auf diese Weise gar nicht entstanden wäre oder ebenso gut hätte nicht entstehen können.

Problematischer erscheint das Argument gegen das Entstehen aus Seiendem. Man könnte sagen, daß diese Antwort das gestellte Problem der Entstehung des Seienden nicht löst, weil das Seiende, aus dem heraus etwas entsteht, auch selbst entstanden sein müßte. Parmenides will aber auf etwas anderes hinaus, wenn er betont, daß nichts neben dem Seienden entstehen kann. Es ist unklar, worauf genau es Parmenides ankommt. Möglicherweise will er sagen, daß nichts *über das Seiende hinaus* entstehen kann. Das wäre gut vereinbar mit dem Merkmal der Vollständigkeit oder Abgeschlossenheit des Seienden (siehe unten, Abschnitt 5e) wie auch mit der in Zeile 8.5 formulierten Auffassung, daß das Seiende „zugleich ganz" ist. Allerdings wäre dann das zu Beweisende schon vorausgesetzt, was aber nicht unbedingt gegen diese Interpretation sprechen muß, weil Parmenides selbst eine gewisse Zirkularität seiner Ausführungen einzuräumen scheint (vgl. Fragment B5: „Es ist für mich das gleiche, von wo ich anfange, denn dahin kehre ich wieder"). Vielleicht kommt es ihm aber auch eher darauf an, daß *nichts Zweites* neben dem Seienden entstehen kann, sei es, weil dieses Zweite vom Seienden numerisch verschieden wäre, so daß Seiendes nicht Seiendes wäre (d.h. nicht mit ihm identisch wäre), oder sei es, weil dieses Zweite qualitativ vom Seienden unterschieden wäre, so daß es nicht mehr seiend wäre. Letzteres würde die zusätzliche Annahme voraussetzen, daß das „neben dem Seienden" Entstandene auch abweichende Merkmale aufweisen müßte, weil es anderenfalls genau dasselbe, nämlich das Seiende, wäre (Parmenides würde also für das Seiende das Prinzip der Identität des Ununterscheidbaren annehmen, wie man es etwa für die Identität von Eigenschaften akzeptiert). Jedenfalls würde diese zweite Lesart des Arguments nahelegen, daß Parmenides tatsächlich nur ein einziges Seiendes annimmt (siehe unten, Abschnitt 5d).

Auffallend ist, daß Parmenides ausdrücklich nur gegen die Möglichkeit des Entstehens argumentiert, am Schluß des Abschnittes aber auch die Unmöglichkeit des Vergehens bewiesen zu haben meint. Warum sich eine ausdrückliche Argumentation gegen die Möglichkeit des Vergehens erübrigt, wird klar, wenn man bedenkt, worin für Parmenides der eigentliche Fehler bei der Annahme von Entstehen und Vergehen liegt: Wer das Seiende in diesen Kategorien behandelt, übersieht, daß sich „ist" und „ist nicht" strikt ausschließen (B8.11 und 15–18). Denn ein Seiendes, für das man ein Entstehen annehmen wollte, wäre eben nicht mehr *ganz und gar*, sondern nur noch mit Einschränkung seiend, wobei diese Einschränkung eine Vermengung mit dem Nicht-Seienden bedeutet. Es soll deshalb allgemein gezeigt werden, daß Seiendes, das zeitlich an Nicht-Seiendes oder etwas von ihm Verschiedenes grenzt, nicht mehr konsequent als seiend gedacht werden kann, weil es dann Zeitpunkte gibt, zu denen es nicht seiend war oder nicht mehr sein wird. Und dieser Zusammenhang läßt sich ebenso am Entstehen wie am Vergehen zeigen, ohne daß man es für beide Fälle durchspielen müßte.

Ewigkeit oder zeitlose Gegenwart? Das Seiende hat also weder Anfang noch Ende in der Zeit. Es fragt sich allerdings, ob Parmenides nicht noch mehr behauptet, wenn er vom Seienden sagt, „weder war es einmal noch wird es sein" (B8.5–6). Würde der Satz nur besagen, daß das Seiende nicht schon vergangen ist und auch nicht erst in der Zukunft sein wird, dann könnte als Begründung genügen, daß das Seiende *jetzt* ist, bzw. auf die Unmöglichkeit von Entstehen und Vergehen bezogen, daß es zu jedem Zeitpunkt *jetzt* ist – und das heißt, daß es *immer* ist. Tatsächlich aber begründet Parmenides diese Eingangsthese damit, daß das Seiende *„jetzt zugleich ganz* ist, eines und kontinuierlich" (B8.5–6), und das scheint eher ein Argument dafür zu sein, daß es überhaupt keine Vergangenheit oder Zukunft hat. Demnach würde Parmenides nicht die ewige Dauer des Seienden (z.B. Fränkel [3]1969), sondern so etwas wie eine zeitlose Gegenwart behaupten (vgl. Owen, in: MOU). In diesem Sinn drücken wir etwa den Satz, daß 13 eine Primzahl sei, nicht im Präsens aus, um seine Geltung gegenüber der Vergangenheit und der Zukunft abzugrenzen, sondern wir behaupten damit gar keine zeitliche Geltung.

Es blieb in der Forschung umstritten (vgl. Tarán 1979), ob man Parmenides aufgrund dieser Ausführungen die Entdeckung des zeitlosen Präsens zutrauen soll. Deutlich und zweifelsfrei wird der Unterschied zwischen zeitlosem Präsens und ewiger, zeitlicher Dauer sicher erst später in Platons *Timaios* (37d ff.) beschrieben, wo Platon die Zeit als das bewegliche Abbild der „im Einen verharrenden" Ewigkeit herleitet und die Zeitformen „war" und „wird sein" für den Bereich der Ewigkeit verwirft. Aber auch wenn Parmenides diesen Unterschied noch nicht klar vor Augen hat und er sich zur Beschreibung der Zeitlosigkeit des vermeintlich zeitindizierenden Ausdrucks „jetzt" bedient, ist klar, daß er die Vorstellung von unterscheidbaren zeitlichen Phasen, wie man sie bei einem immerwährenden Gegenstand müßte annehmen können, für das Seiende ablehnt. Denn erstens scheint Parmenides davon auszugehen, daß die Verwendung der Flexionsformen „war" und „wird sein" eine Untergliederung des Seienden impliziert, so daß an bestimmten Zeitstellen die Vergangenheit an die Gegenwart und die Gegenwart an die Zukunft angrenzen müßte. Das aber ist durch das Merkmal der Kontinuität und der Unteilbarkeit des Seienden ausgeschlossen. Und zweitens scheint Parmenides in diesem Zusammenhang das Prinzip der Identität des Ununterscheidbaren anzunehmen (vgl. Owen, in: MOU 273): Um die Vergangenheit des Seienden überhaupt von seiner Gegenwart unterscheiden zu können, muß es etwas geben, was für die Vergangenheit, aber nicht für die Gegenwart zutrifft (und ebenso im Verhältnis von Gegenwart zu Zukunft). Das wiederum ist aufgrund der Unveränderlichkeit des Seienden ausgeschlossen, so daß von einer Vergangenheit oder Zukunft des Seienden im gewöhnlichen Sinn sicher nicht die Rede sein kann.

b) unteilbar, homogen, kontinuierlich

In den Zeilen 8.22–25 beschreibt Parmenides die Unteilbarkeit und Kontinuierlichkeit des Seienden: „Auch ist es nicht teilbar, weil es als ganzes homogen ist; und es weist nicht irgendwie hier ein Mehr oder dort ein Weniger auf, was es hindern würde, zusammenzuhängen. Vielmehr ist es ganz erfüllt von Seiendem. Dadurch ist es als ganzes kontinuierlich zusammenhängend ..." Während das Argument gegen das Entstehen darauf abhob, daß nichts *neben* dem Seienden sein kann, woraus es entstanden wäre, geht es bei diesem Merkmal um die interne Undifferenziertheit des Seienden.

Obwohl Parmenides für dieses Merkmal keine eigentliche Argumentation aufbietet, lassen sich seine Gründe auch in Anlehnung an die Ausführungen zum Entstehen, Vergehen, zur Vergangenheit und Zukunft leicht nachvollziehen: Hätte das Seiende identifizierbare Teile, dann wären diese Teile entweder seiend oder nicht-seiend. Daß sich das Seiende aus Nicht-Seiendem zusammensetzt, wäre für Parmenides gewiß keine sinnvolle Option. Hätte das Seiende dagegen Seiendes als Teile, wären die Teile voneinander und vom Ganzen verschieden, so daß Seiendes von Seiendem verschieden wäre. Wie wir gesehen haben, verwirft Parmenides diese Möglichkeit, sei es, weil dabei das Seiende in gewissem Sinn nicht-seiend (nämlich mit Seiendem nicht identisch) wäre, oder sei es, weil dann für das eine Seiende etwas gelten müßte, was für das andere Seiende nicht gilt.

Außerdem müßten die verschiedenen Teile irgendwie gegeneinander abgegrenzt sein; deshalb müßten entweder die Teile sich voneinander qualitativ unterscheiden (was nicht möglich sein soll) oder das Seiende müßte gleichsam von Grenzlinien durchzogen sein, die sich von den angrenzenden Teilen des Seienden unterscheiden. Diese Grenzlinien, so kann man spekulieren, müßten, um vom Seienden unterschieden zu sein, zumindest aus weniger Seiendem als das Seiende bestehen. An solche Schwierigkeiten könnte Parmenides gedacht haben, wenn er sagt, das Seiende weise nirgendwo ein Mehr oder Weniger auf, das es hindern könnte, zusammenzuhängen (B8.23f.). Demnach spricht gegen die Teilbarkeit des Seienden, daß eine solche interne Differenzierung des Seienden verschiedene Grade des Seiend-Seins voraussetzen müßte, und eine solche Vorstellung ist für Parmenides natürlich abwegig, weil ein Weniger an Sein gewissermaßen eine Beimischung von Nicht-Seiendem erforderlich machen würde, was der ausschließenden Disjunktion von „ist" und „ist nicht" widerspricht.

Zeitliche und räumliche Kontinuität: Man fragt sich bei diesem Abschnitt, ob Parmenides die zeitliche oder die räumliche Kontinuität oder beides meint. Weil die Ausführungen ohne Übergang an die Widerlegung des Entstehens und Vergehens grenzen, könnte die zeitliche Kontinuität im Vordergrund stehen. Aber es ist klar, daß Parmenides das Seiende, falls er es denn im wörtlichen Sinn für räumlich ausgedehnt halten sollte, auch in räumlicher Hinsicht als kontinuierlich ansehen müßte. Worauf eine räumliche Kontinuität des Seienden letztlich hinauslaufen würde, wird deutlich, wenn Parmenides in Vers 8.24 davon spricht, daß das Seiende *voll* von Seiendem sei: Entweder man nimmt das Vollsein als Metapher, dann trägt es zur Bestimmung des Seienden als kontinuierlich nichts wesentlich Neues bei. Oder man räumt diesem Attribut eine wörtliche Bedeutung ein, dann wäre es umgekehrt konsequent, das Nicht-Seiende als Leere zu interpretieren, wodurch die Kontinuität des Seienden den Ausschluß des Leeren und mithin die Massivität des Seienden bedeuten würde. Klar und unmißverständlich wurde die Interpretation des Nicht-Seienden als einer Leere aber erst später, nämlich von Melissos vertreten, so daß bei der Zuschreibung eines solchen Arguments auf Parmenides trotz der Verwendung des Attributs „voll" wohl Vorsicht geboten bleibt.

Schließlich muß man sich fragen, was überhaupt das Merkmal der zeitlichen Kontinuität bedeuten kann, wenn doch gute Gründe dafür sprechen, daß Parmenides das Seiende als zeitlos verstanden hat (siehe Abschnitt 5a). Hier berührt man ein grundsätzliches Problem, das die Parmenideische Art zu philosophieren mit sich bringt: Um den Weg des „ist nicht" zu verwerfen, mußte sich Parmenides einer Sprache bedienen, die selbst voll von negativen Aussagen ist. Und ähnlich muß er den Nachweis, daß alle zeitlichen Unterscheidungen für das Seiende ohne Bedeutung sind, in einer Sprache führen, die eben solche temporalen Kategorien enthält. Demnach müßte auch das Merkmal einer gewissermaßen zeitlichen Kontinuität keineswegs der Beobachtung widersprechen, daß Parmenides das Seiende im Grunde als zeitlos behandelt. So kann man das Merkmal der zeitlichen Unteilbarkeit und Kontinuität dahingehend verstehen, daß Parmenides damit jede Isolierung von zeitlichen Segmenten des Seienden als sinnlos darstellen will; und das läuft wiederum darauf hinaus, daß sich das Seiende gar nicht wie ein zeitlich ausgedehnter Gegenstand verhält.

c) unveränderlich und unbeweglich

In den Versen 8.26–33 entwickelt Parmenides ein Merkmal, das durch das griechische Wort *akinêtos* beschrieben wird und dem Seienden zugleich die Fähigkeit zur Ortsbewegung und zur Veränderung abspricht. Diesem Merkmal zufolge ruht das Seiende „als dasselbe im selben für sich beharrend, und bleibt so fest am selben Ort“ (B8.29f.). Die argumentative Struktur dieses Abschnitts und seine Anbindung an das restliche Fragment ist weniger klar als bei den vorhergehenden Merkmalen. Dennoch ergibt sich die Unbeweglichkeit und Unveränderlichkeit ohne weiteres aus den anderen Attributen des Seienden.

Ausdrücklich verweist Parmenides auf die Widerlegung des Entstehens und Vergehens (vgl. B8.27f.), so als wolle er daraus direkt auf die Unmöglichkeit von Bewegung und Veränderung schließen. Ein solcher Zusammenhang ist auch gar nicht unplausibel: Zwar gibt es neben dem Entstehen/Vergehen noch viele andere Formen von Veränderung, so daß der Schluß von der Unmöglichkeit des ersteren auf die Unmöglichkeit des letzteren nicht gültig wäre, man könnte aber Entstehen/Vergehen als die einzige Form von Prozeß oder Veränderung ansehen, die für das Seiende als solches möglich ist. Wenn nämlich jede Veränderung im Hinblick auf das „ist“ den Übergang entweder vom Noch-nicht-Sein zum Sein oder vom Sein zum Nicht-mehr-Sein betreffen würde, dann wäre natürlich zusammen mit dem Entstehen/Vergehen jedwede Veränderung widerlegt. Ein Seiendes, das sich verändert, so die Argumentation, muß nach der Veränderung anders – und das bedeutet: nicht-seiend – sein. Dies paßt zu der oben (in Abschnitt 3b) formulierten Beobachtung, daß im Zusammenhang der eleatischen Philosophie prädikative Aussagen existential reformuliert werden können. Denn, wenn das Zutreffen von Prädikaten in Termen der Existenz beschrieben wird („Es gibt einen gesunden Sokrates"), impliziert der Wechsel von Prädikaten ein Entstehen oder Vergehen („Der gesunde Sokrates vergeht, der kranke entsteht"), so daß aus der Unmöglichkeit des Entstehens und Vergehens unmittelbar die Unmöglichkeit der Veränderung folgt.

Außerdem meint Parmenides mit der Widerlegung von Entstehen und Vergehen überhaupt die Vorstellung ausgeräumt zu haben, das Seiende sei das Resultat irgendeiner Entwicklung oder sei erst in einer Entwicklung begriffen: „Denn ist es entstanden, so ist es nicht, und ebenso nicht, wenn es erst künftig sein wird" (B. 8.20). Klarerweise entfällt für ein solches Seiendes, das ohne Entwicklung so ist, wie es ist, und das keine unverwirklichten Entwicklungsperspektiven aufweist, die Möglichkeit von Veränderung ebenso wie der Bedarf dazu.

Nicht zuletzt ist die Entwicklungs- und Veränderungslosigkeit des Seienden Ausdruck seiner Vollständigkeit und Vollkommenheit (siehe unten, Abschnitt 5e). Weil es „jetzt zugleich ganz" ist (B8.5), gibt es keinen Zustand der Abgeschlossenheit, den es erst noch erreichen müßte oder von dem es abfallen könnte. Weil es nicht hier/jetzt mehr und dort/dann weniger ist (vgl. B8.23f.), braucht kein Ausgleich stattzufinden. Und weil es schließlich keiner Sache bedarf (B8.33), ist es vollständig und enthält keine offenen Entwicklungsoptionen, so daß dem Seienden schon der Anlaß zu irgendeiner Art von Veränderung fehlt.

unbeweglich: Wie schon erwähnt, spricht der griechische Ausdruck *akinêtos* dem Seienden neben der Fähigkeit zur Veränderung zugleich die Fähigkeit zur Ortsbewegung ab. Daneben gibt es aber Stellen, die ausdrücklich und exklusiv die Unmöglichkeit der Bewegung herausstellen (z.B. B8.41). Es ist deshalb zu prüfen, ob Parmenides eine eigenständige Widerlegung der Bewegung vorgesehen hat, zumal der Aspekt der Unbewegtheit des Seienden in der Nachwirkung der Parmenideischen Philosophie (zusammen mit dem Aspekt der Einzigkeit) ganz in den Vordergrund treten wird. Ein solches Argument wird z.B. von Popper rekonstruiert: Das Argument beruhe auf der einzigen Prämisse, daß das, was nicht ist, nicht ist. Daraus sei abzuleiten, daß das Nichts – also das, was nicht ist – nicht existiert. Dieses Ergebnis wiederum interpretiere Parmenides dahingehend, daß das Leere nicht existiert. Auf diese Weise sei die Welt voll: Sie bestehe aus einem ungeteilten Block, weil jede Teilung auf eine Abtrennung der verschiedenen Teile durch das Leere angewiesen sei. In einer derart vollen Welt jedoch sei kein Raum für Bewegung (Popper in: AF I 145f.).

Daß Bewegung einer Leere bedarf, daß es die als Nicht Seiendes verstandene Leere aber nicht gibt und deswegen Bewegung ausgeschlossen ist, ist nun genau das Argument, das später Melissos von Samos gegen die Möglichkeit der Bewegung vorbringen wird (DK 30A7). Doch ist es problematisch (vgl. Kirk/Stokes 1960), dieses – gewissermaßen physikalische – Argument gegen die Möglichkeit der Bewegung Parmenides selbst zuzuschreiben, weil sich im Lehrgedicht keinerlei Hinweis darauf befindet. Das einzige Zeugnis, das dieses Argument direkt mit Parmenides in Verbindung bringt, findet sich bei Platon („... und was sonst noch Leute wie Melissos und Parmenides ... behaupten, daß nämlich alles ... in sich selbst stillstehe, wobei es keinen Raum hat, worin es sich bewege". *Theaitet* 180e), dürfte aber wohl kaum als exakte philosophiegeschichtliche Zuschreibung zu verstehen sein. Eine Stelle hingegen, an der Aristoteles auf dieses Argument zu sprechen kommt (Phys. 213b12ff.), erwähnt zwar Melissos, aber nicht Parmenides. Vor Melissos wiederum meinten Empedokles und Anaxagoras die Bewegung auch ohne Leeres annehmen zu können. Damit hätten sie Parmenides unmittelbar widersprochen, wenn dieser die Bewegungslosigkeit mit der Nicht-Existenz des Leeren begründet hätte. Nun gibt es aber keinen

Hinweis, daß sie sich in diesem Punkt einer Opposition zu Parmenides bewußt gewesen wären. Vielmehr scheinen sie die Bewegung im Vollen als unproblematisch angesehen zu haben. Das physikalische Argument, wonach Bewegung des Leeren bedarf, Leere aber Nicht-Seiendes ist und daher nicht existiert, dürfte daher wahrscheinlich erst von Melissos entwickelt worden sein (eine ausführliche Erörterung dazu bei Malcolm 1991).

Parmenides' Gründe dafür, eine Bewegung des Seienden abzulehnen, dürften daher auf genuin ontologische Überlegungen zurückgehen, die ohne den Begriff der Leere auskommen. Man könnte diese in den oben skizzierten Zusammenhängen suchen, daß Bewegung eine Art von Veränderung ist und die Annahme von Veränderung die ausdrücklich widerlegten Begriffe von Entstehen und Vergehen impliziert. Andererseits dürfte das Merkmal der Unteilbarkeit bzw. Teillosigkeit des Seienden für die Unmöglichkeit der Bewegung verantwortlich sein: Um Bewegung zu beschreiben, muß man verschiedene Orte oder Positionen, ein „hier" von einem „dort", unterscheiden. Dies aber setzt unterscheidbare Bereiche voraus, und die sind wiederum ausgeschlossen, weil sie Nicht-Seiendes („hier" ist „nicht dort") implizieren.

d) einzig?

In Vers 8.36f. sagt Parmenides: „Es gibt nämlich nichts und wird nichts anderes geben außerhalb des Seienden." Ähnlich hatte er bei der Widerlegung des Entstehens argumentiert, daß aus dem Seienden nichts *neben* ihm hervorgehen könne (B8.12f.). Außerdem läßt Parmenides die Göttin über die trügerische Meinung der Sterblichen sagen, daß darin fälschlicherweise *zwei* Formen angesetzt worden seien (B8.53f.). Aufgrund solcher Aussagen stand schon in der Antike fest, daß Parmenides die Vielheit bekämpfen und selbst einen Monismus vertreten wollte. So resümiert Aristoteles die Parmenideische Lehre (Met. 986b29f.): „Weil er meint, daß es neben dem Seienden das Nicht-Seiende nicht gibt, glaubt er, daß notwendigerweise das Seiende Eines ist und nichts anderes." Monistische Ansätze gab es schon vor Parmenides, jedoch in der schwächeren Version des materialen Monismus, wonach alle Dinge auf einen einzigen Stoff bzw. eine einzige Art von Stoff zurückgeführt werden können. Während sich aber beim materialen Monismus der eine Stoff durchaus in eine Vielheit von Einzeldingen ausdifferenzieren kann, hätte Parmenides demnach als erster die viel anspruchsvollere These des numerischen Monismus vertreten, demzufolge es wirklich nur ein einziges Etwas gibt.

Ganz entschieden wurde dieser numerische Monismus von Parmenides' Nachfolger Melissos vertreten: „Denn gäbe es zwei Dinge, so könnten sie nicht unendlich sein" (DK 30B6), weil das Seiende aber unendlich ist, so argumentiert Melissos, gibt es nur eines. So unmißverständlich wie bei Melissos liegt die Sache bei Parmenides allerdings nicht. Daher wurde die seit der Antike vorherrschende Auffassung, Parmenides habe den numerischen Monismus in die Philosophie eingeführt, in der neueren Forschung immer wieder in Frage gestellt (z.B. Barnes 1979b). Kritiker der orthodoxen Interpretation können darauf verweisen, daß selbst die Attribute „*mounogenes* – einheitlich" (B8.4; abweichend von DK) und „*hen* – eines" (B8.6), in denen man traditionell die Einzigkeit des Seienden behauptet sah, keineswegs beweiskräftig sind: *mounogenes* dürfte ursprünglich soviel bedeuten wie „zu einer einzigen Art gehörig", und auch der Ausdruck *hen* bezeichnet nicht nur das numerisch Eine, sondern ebenso die Einheitlichkeit eines Gegenstandes, woraus nicht die Einzigkeit des Seienden folgen müßte. Schließlich muß das Merkmal der Kontinuität nicht unbedingt den Monismus implizieren: Man kann dieses Merkmal auch dahingehend interpretieren, daß jeder mögliche Untersuchungsgegenstand, der als Subjekt zu „ist" fungieren kann, durch eine interne Homogenität charakterisiert ist.

Klar ist, daß bei Parmenides selbst der Aspekt der Einzigkeit des Seienden nicht so im Vordergrund steht wie bei den späteren Formulierungen der monistischen Position. Das bedeutet aber noch nicht, daß die traditionelle monistische Interpretation des Parmenides verfehlt wäre. Viele der Irritationen, die auftreten, wenn man nach Belegen für einen numerischen Monismus sucht, hängen vielleicht damit zusammen, daß die Einzigkeit des Seienden bei Parmenides eher eine Konsequenz aus anderen Merkmalen als selbst ein explizites Merkmal ist. Das ist auch durchaus konsequent, denn die Merkmale, die in Fragment B8 entwickelt werden, sind nichts anderes als Kriterien, die jedes mögliche Subjekt zu „ist" erfüllen muß, so daß sich die Einzigkeit des Subjekts allenfalls aus diesen Kriterien ergeben kann, nicht aber schon als konstitutives Merkmal des Seienden vorausgesetzt werden darf. So betrachtet läßt sich die Einzigkeit des Seienden auf unterschiedliche Weise herleiten:

(i) Zunächst liegt die Annahme nahe, daß die Verwerfung des „ist nicht" die negative Identitätsaussage miteinschließt, wodurch auch die numerische Verschiedenheit von Seiendem („Seiendes *ist nicht* Seiendes") im Sinne des zweiten Weges undenkbar oder im Sinne des dritten Weges widersprüchlich würde. Dann aber bliebe nur noch ein einziges Seiendes denkbar.

(ii) Zwar dürfte das Attribut *mounogenes* bei Parmenides tatsächlich die „Ein*artigkeit*" und nicht die numerische Einzigkeit meinen, doch legt seine Argumentationsweise an mehreren Stellen nahe, daß er von dieser Einartigkeit auch auf die Einzigkeit des Seienden schließt. So argumentierte er etwa bei der Widerlegung der Entstehung, daß eine Entstehung aus dem Seienden ausgeschlossen sei, weil nichts neben dem Seienden sein kann. Wenn dieses Argument nicht ohnehin schon einen numerischen Monismus voraussetzt, dann kann es nur so zu vervollständigen sein, daß etwas neben dem Seienden nicht Seiendes sein könnte, weil es anders(artig) sein müßte; d.h. Parmenides würde für das Seiende das Prinzip der Identität des Ununterscheidbaren in Anspruch nehmen: weil das Seiende von einer einzigen Art ist, ist es auch nur eines, umgekehrt müßte irgendein Unterschied oder eine Ungleichartigkeit auftreten, um von zwei oder mehreren Seienden sprechen zu können. Daß aber für das eine Seiende etwas gelten soll, was für das andere Seiende nicht gilt, dürfte mit den schon behandelten Merkmalen kaum zu vereinbaren sein.

e) einer Kugel gleich

Die Ableitung verschiedener Merkmale des Seienden endet mit einer Passage, deren Sinn alles andere als klar ist: „Aber da es eine letzte Grenze gibt, ist es vollendet von allen Richtungen wie die Masse einer wohlgerundeten Kugel, von der Mitte her sich gleichmäßig in alle Richtungen erstreckend. Es kann ja nicht hier oder da etwas größer oder etwas schwächer sein. Denn weder gibt es Nicht-Seiendes, das es hindern könnte, an Gleiches zu stoßen, noch könnte Seiendes irgendwie hier mehr, dort weniger sein als Seiendes, da es ganz unversehrt ist. Sich selbst nämlich ist es von allen Seiten her gleich, gleichmäßig begegnet es seinen Grenzen" (8.42–49).

Die traditionelle und vom Wortlaut her nächstliegende Lesart dieser Zeilen besagt einfach, daß das Seiende eine räumlich ausgedehnte Kugel sei. Weil klar ist, daß das Parmenideische Seiende nicht durch sinnliche Wahrnehmung, sondern durch das Denken erfaßt wird, haben (nicht erst) moderne Interpreten ihre Schwierigkeiten, sich darunter etwas vorstellen zu können. Eine radikale Strategie zur Überwindung solcher Schwierigkeiten besteht darin, daß man das räumliche Vokabular dieser Passage für rein metaphorisch erklärt und den Vergleichspunkt zwischen Seiendem und wohlgerundeter Kugel auf das Merkmal der Vollkommenheit oder Vollständigkeit begrenzt. Weil jedoch das ganze Textstück voll von explizit räumlichen Vorstellungen ist, haben sich zahlreiche Interpreten gegen diesen Schritt gewandt (z.B. Hölscher 1969, 100). Außerdem ist es unplausibel, die räumlichen Prädikate für Parmenides als metaphorisch abzutun, während seine Nachfolger Zenon, Melissos sowie die Atomisten größten Wert auf die Ausgedehntheit des Seienden legen.

Ein weiterer Vorstoß gegen die traditionelle Lesart läßt die räumliche Ausdehnung des Seienden unberührt, will aber die Rede von der Kugelförmigkeit und von „Grenzen" des Seienden nicht wörtlich nehmen. Eine solche Deutung wurde von Owen (in: AF II) aufgrund der Beobachtung ausgearbeitet, daß das zitierte Textstück B8.42–49 in mehreren Punkten der Argumentation für die Unteilbarkeit und Kontinuität sowie die Unbewegtheit des Seienden in B8.22–25 und 8.26f. entspricht. Diese Entsprechung erklärt Owen damit, daß das frühere Textstück das Seiende in zeitlicher Hinsicht behandelte, während in B8.42–49 eine analoge Argumentation auf die Räumlichkeit des Seienden angewandt wird. Nun wird schon das frühere Textstück durch die Rede von „Grenzen" und „gewaltigen Banden" resümiert, in denen das Seiende eingeschlossen sei, womit die Unbewegtheit und Unveränderlichkeit beschrieben werden soll. Keineswegs können hier zeitliche Grenzen des Seienden (also: Anfang und Ende) gemeint sein, weil solche gerade kategorisch ausgeschlossen wurden. Nun könne aber dasselbe Argument nicht dazu benutzt werden, um einmal für (zeitliche) Unbegrenztheit und das andere Mal für (räumliche) Begrenztheit zu argumentieren. Daher diene auch im späteren Text die Rede von einer Grenze nur zur Beschreibung der (räumlichen) Invarianz des Seienden, begründe aber nicht die räumliche Begrenztheit. So wie es in zeitlicher Hinsicht keine Aussage über das Seiende gibt, die zum einen Zeitpunkt wahr, zum anderen aber falsch wäre, so könne es auch in räumlicher Hinsicht nichts geben, was von einem Punkt oder einer Richtung wahr wäre, von einer anderen hingegen nicht. Und genau dies drücke das Bild einer gleichmäßig geformten Kugel bzw. eines Balles aus, weil die Homogenität des Seienden wie die vollkommene Balance eines Balles um seinen Mittelpunkt sei.

Owens Lesart ist in vielerlei Hinsicht attraktiv. Umgekehrt wird es schwer fallen, aus den relevanten Zeilen die räumliche *Un*begrenztheit des Seienden herauszulesen; um dies auszudrücken, hätte Parmenides tatsächlich kaum eine schlechtere Beschreibung finden können (so PP I 204). Außerdem ist keinesfalls sicher, daß Parmenides die räumliche Ausdehnung genauso wie die zeitliche handhaben wollte. Zwar kam später das Argument auf, daß man, wenn man in irgendeiner Ecke des Universums steht und die Hand aus dem Universum herausstreckt, entweder in den leeren Raum oder in einen weiteren Körper greift (so Archytas: DK47A24). Und zweifellos wäre

Parmenides bei Annahme eines begrenzten Seienden in Schwierigkeiten geraten, wenn er analog dazu gedacht hätte, daß das Seiende entweder an Seiendes oder Nicht-Seiendes stoßen müßte. Jedoch wissen wir weder, ob sich Parmenides überhaupt eine solche Frage gestellt hat (was nach Guthrie eine anachronistische Annahme wäre: HGP II 46) und ob er auf Archytas' dilemmatische Konsequenz eingegangen wäre, noch ist ausgemacht, daß er die Analogie von Seiendem und Universum akzeptiert hätte (vgl. PP I 204).

6. Die wahrscheinliche Einrichtung der Welt

In der Eingangsszene des Lehrgedichts hatte die Göttin angekündigt, nicht nur die Wahrheit über den gegenseitigen Ausschluß von Seiendem und Nicht-Seiendem mitzuteilen, sondern auch die Meinungen der Sterblichen, denen keine „wahre Gewißheit" innewohne. Nachdem die Merkmale des Seienden hergeleitet sind, schwenkt denn auch die Göttin in ihrer Rede abrupt zu dem Teil des Gedichts über, in dem die *doxa* der Menschen, das, was ihnen erscheint, behandelt werden soll: „Damit beschließe ich für dich mein verläßliches Reden und Denken über die Wahrheit. Aber von hier ab lerne die menschlichen Schein-Meinungen kennen, indem du meiner Worte trügerische Ordnung hörst" (B8.50–52). Und zur Rechtfertigung für diesen zweiten Teil des Lehrgedichts fügt sie hinzu: „Diese Welteinrichtung teile ich dir als wahrscheinlich-erscheinende in allen Stücken mit; so ist es unmöglich, daß dich je irgendeine Ansicht der Sterblichen überhole" (B8.60f.).

Über die Einzelheiten dieser wahrscheinlichen Welteinrichtung, die die Ansichten der Sterblichen erklären soll, weiß man nur sehr wenig (vgl. B8.53–59, B9–B19). Sicher ist nur, daß sie auf der Annahme zweier Prinzipien oder Elemente beruht: „Sie haben nämlich ihre Ansichten dahin festgelegt, zwei Formen zu benennen, von denen einmal eine (oder „nur die eine"? oder „nur eine einzige"?) zu nennen nicht erlaubt ist – darin nämlich sind sie in die Irre gegangen" (B8.53f.). Das eine Element sei das „leichte“, „ätherische“ „Feuer“ (oder „Licht“), das andere sei „dichte und schwere“ „Nacht“. Beide Elemente seien mit sich selbst, aber nicht mit dem anderen identisch, also jeweils unvermischt. Alle möglichen Erscheinungen sollen nun durch diese Elemente bzw. durch ihre Mischung (vgl. Plutarch: 28B10) erklärt werden: „Aber nachdem alle Dinge als Licht und Nacht benannt worden sind ..., ist alles zugleich voll von Licht und unsichtbarer Nacht, die beide gleich sind; denn nichts ist möglich, was unter keinem von beiden steht“ (B9).

Aus diesem Ansatz wurde nun offenbar eine Beschreibung der Weltentstehung abgeleitet; alle Rekonstruktionsversuche dieser Theorie (vgl. Hölscher 1969, 106ff. und Bollack 1990) beruhen auf äußerst dürftigen Hinweisen in Fragment B12 und in einem Bericht des Aëtios (28A37): Im Ausgangszustand ist der Kosmos von einer festen Schale umgeben, in der Mitte dieses kugelförmigen Gebildes findet sich ein ebenfalls fester Kern. Unterhalb der festen Schale und rund um den festen Kern liegt jeweils ein kranzförmiges Gebilde aus Licht, auf das jeweils ein Kranz aus Nacht folgt. Dazwischen befinden sich aus Licht und Nacht gemischte Kränze, die den Anfang der Entstehung bilden und offenbar auch als Sitz der Göttin (Dikê/Anagkê) bezeichnet werden. Über die Vorgänge, die zur Entstehung der jetzigen Welt führen, ist wenig Zuverlässiges bekannt; von der Erde heißt es, sie sei aus dem „herabfließenden Dichten“ entstanden (vgl. A22). Im fertigen Zustand der Welt finde sich zuäußerst der Äther, gefolgt von dem als Himmel bezeichneten Feuerartigen, und als drittes folge das Irdische (vgl. A37). Nach Berichten bei Diogenes Laërtios soll Parmenides dabei als erster die Erde als kugelförmig bestimmt sowie den Morgenstern und den Abendstern identifiziert haben (vgl. DK 28A1 und A44). Fragment B14 weist schließlich darauf hin, daß Parmenides das Licht des Mondes bereits als reflektiertes Sonnenlicht verstand: „... ein nachtleuchtendes, um die Erde irrendes, fremdes Licht.“

Daß nun jemand, der sich wie Parmenides als Überwinder des bisherigen, kosmologischen Philosophierens präsentiert, plötzlich den Ehrgeiz entwickelt, auch noch eine nicht zu überbietende Theorie innerhalb der (ohnehin als verfehlt eingeschätzten) Kosmologie zu offerieren, ist eine durchaus verblüffende Vorstellung. Die Frage, wie die beiden Teile des Lehrgedichts und die darin präsentierten Theorien miteinander zu vereinbaren sind, ist in der Forschungsliteratur daher heftig umstritten:

Nicht mehr viele Anhänger hat die im 19. Jahrhundert dominierende Auffassung, Parmenides referiere im zweiten Teil des Lehrgedichts nur fremde Meinungen. Eine zweite Hauptrichtung der Interpretation operiert mit der Vorstellung, der Inhalt des Doxa-Teils sei hypothetisch (vgl. Zeller ^{6}1920) und diene hauptsächlich eristischen oder dialektischen Zwekken (Owen in: AF II). Gegen beide Auffassungen hat sich Reinhardt (1916) gewandt, der eine systematische Einheit zwischen beiden Gedichtteilen plausibel zu machen versuchte, indem er Entsprechungen zwischen der Theorie des Wahrheitsteils mit der Beschreibung der Erscheinungen (vgl. dazu Mourelatos in: MOU) große Bedeutung beimaß. Reinhardts Deutung hat, nachdem sie auch den Segen Heideggers bekommen hatte (*Sein und Zeit*, 223), in der sogenannten „kontinentalen" Parmenidesliteratur für viel Aufregung gesorgt (z.B. bei Riezler 1934), weil sie ermöglichte, in Parmenides einen frühen Vertreter existenzphilosophischer Positionen, wie etwa der Unterscheidung von Sein und Seiendem zu sehen (z.B. Beaufret 1955, 53). Für die von Reinhardt hervorgehobenen Entsprechungen zwischen dem ersten und dem zweiten Teil des Gedichts gibt es jedoch auch schlichtere Erklärungen, wie etwa die, daß der täuschende Schein der vorgetäuschten Wahrheit ähnlich sein muß (vgl. HGP II 75).

Gegen die Auffassung, im zweiten Teil würden Einsichten des Wahrheitsteils auf die Kosmologie angewandt, steht die Aristotelische Erklärungstradition, wonach ein zweiter Teil deswegen eingefügt wird, weil der erste Teil zwar eine in sich irgendwie schlüssige Überlegung beinhaltet, für die Phänomene der wahrnehmbaren Welt jedoch überhaupt keinen Erklärungswert hat: „Da er (Parmenides) meint, daß neben dem Seienden nichts Nicht-Seiendes existiert, meint er, daß notwendigerweise das Seiende eines sei und nichts anderes ...; gezwungen jedoch, den Phänomenen zu folgen, setzt er, indem er davon ausgeht, daß das Seiende dem Begriff nach zwar eines, aber mehreres gemäß des Sinneswahrnehmung sei, zwei Prinzipien an" (Met. 986b28–34).

Parmenides hatte die Voraussetzungen für das kosmologische Denken seiner Vorgänger untersucht und dabei entdeckt, daß kosmologische Theorien, die die Entstehung der Welt und die vielen Einzelphänomene darin zum Gegenstand haben, auf der falschen Voraussetzung beruhen, das, was ist, sei entstanden, diskontinuierlich, bewegt, vieles usw. Damit ist für ihn klar, daß Theorien über die Entstehung der Welt und ihrer Phänomene erstens nicht das, was ist, zum Gegenstand haben und zweitens kein zuverlässiges Wissen erlangen können. Dennoch braucht er nicht darauf zu verzichten, irgendeine nachvollziehbare Ordnung in der Welt der wahrnehmbaren Phänomene kenntlich zu machen; er muß nur, wenn er eine solche Erklärung gibt, klarstellen, daß dieser Versuch prinzipiell unzulänglich bleibt. Dies tut er, indem er von der kosmologischen Theorie sagt, sie sei „trügerisch", nur „wahrscheinlich", ohne „wahre Gewißheit" und die beiden Prinzipien seien von den Sterblichen nur „gesetzt" usw. Sein kosmologisches Modell ist hypothetisch, jedoch nicht in dem modernen Sinn, daß es jederzeit durch eine bessere Theorie für dieselbe Sache abgelöst werden könnte, sondern in dem Sinn, daß es von Voraussetzungen abhängig ist („Entstehendes ist", „Es gibt zwei Prinzipien" usw.), von denen zuvor gezeigt wurde, daß sie falsch sind.

Die ganze Konstruktion, in der jede physikalische Welterklärung als prinzipiell unzureichend und sogar als täuschend behandelt wird, weil sie den Voraussetzungen nicht genügt, die das folgerichtige (aber phänomenferne) Denken aufstellte, ist sicherlich gewöhnungsbedürftig; sie ist jedoch keinesfalls so abwegig, daß sie durch interpretationsakrobatische Maßnahmen aus der Welt geschafft werden müßte. So wird etwa auch Platon zwischen Meinung (*doxa*) und wirklicher Erkenntnis (*epistêmê*) unterscheiden; als Gegenstand der Erkenntnis wird er nur das vollkommen Seiende zulassen (das unentstanden und unveränderlich ist), und der Meinung wird er als Gegenstand das Entstandene und Veränderliche zuteilen, von dem er sagt, es stehe zwischen Seiendem und Nicht-Seiendem, weil das ganz und gar Nicht-Seiende auch ganz unerkennbar wäre (*Politeia* V). Auch im *Timaios* trennt er zwischen dem ewig Seienden (dem Bereich der Ideen), das allein Gegenstand des Denkens ist, und dem Werdenden, das Gegenstand der Wahrnehmung und Meinung ist. Wie Parmenides muß er daher klarstellen, daß auch seine eigene Theorie über die Entstehung der Welt keine wirkliche Erkenntnis enthält, weswegen er sie als „wahrscheinlichen Mythos" (*eikos mythos*) einstuft.

VI. Fangstricke eleatischer Logik

1. Zenon von Elea

a) Zenon auf Besuch in Athen

Zur Bestimmung von Zenons Geburtsjahr konkurrieren zwei Datierungsversuche: nach Apollodors Chronologie müßte er um 504-501 v.Chr. geboren sein, nach anderen Evidenzen (darunter Platons Bericht von einem Besuch Zenons in Athen) gut zehn Jahre später um 490 v.Chr. Laut Platon soll er der Geliebte des Parmenides, laut Apollodor sein Adoptivsohn gewesen sein (DL XI 25). Die Eingangsszene von Platons Dialog *Parmenides* beschreibt, wie Zenon zusammen mit Parmenides nach Athen gekommen und dort mit dem noch ganz jungen Sokrates zusammengetroffen sein soll (*Parmenides* 127); Zenon habe zuvor „sein Buch" öffentlich vorgelesen. Auch der pseudoplatonische Dialog *Alkibiades* berichtet von einem Athenaufenthalt Zenons, bei welchem er gegen jeweils einhundert Minen Bezahlung Pythodoros und Kallias unterrichtet habe. Hingegen heißt es bei Diogenes Laërtios, Zenon habe seine Heimatstadt Elea nie verlassen (DL XI 28). Verschiedentlich wird berichtet, Zenon habe sich an einer Verschwörung gegen einen Tyrannen beteiligt und sei hernach gefoltert worden. Im einzelnen gehen diese Berichte weit auseinander; in jedem Fall geben sie den Autoren Anlaß, die Tapferkeit oder Gerissenheit Zenons bei dieser Folterung zu loben: so soll er die Zuschauer dazu gebracht haben, den Tyrannen zu töten, oder soll die Leibwächter des Tyrannen als Mitverschwörer benannt haben und ähnliches mehr.

Über Zenons Buch ist viel spekuliert worden. In der genannten Szene des Platonischen Dialogs *Parmenides* erzählt Zenon, er habe sein Buch als junger Mann aus einer Streitlust heraus verfaßt; bevor er sich aber habe überlegen können, ob er die Schrift an die Öffentlichkeit bringen wolle oder nicht, sei sie ihm entwendet worden. Die näheren Umstände dieser Schilderung verdienen natürlich wenig Vertrauen, im Anschluß an diese Stelle wird jedoch häufig davon ausgegangen, daß Zenon nur eine einzige Schrift verfaßt habe. Eine anderenorts überlieferte (DK 29A2) Auflistung von vier Buchtiteln wurde überwiegend für unecht befunden; zumindest bieten diese Titel keinen weiteren Aufschluß über eine mögliche Gliederung der erhaltenen Fragmente und Berichte. Weil Platon den ausdrücklich ersten Satz der dort erwähnten Schrift zitiert, nämlich den Satz „Wenn das Seiende vieles wäre, dann müßte es ähnlich und unähnlich sein", kann man Rückschlüsse auf den Charakter von Zenons Buch ziehen. Offenbar ist es seine Methode, aus Voraussetzungen, die allgemein oder zumindest von seinen Gegnern akzeptiert sind (z.B. „Wenn das Seiende vieles ist"), Schlüsse zu ziehen, die sich gegenseitig widersprechen oder abwegig sind. Wohl aufgrund dieses Vorgehens hat Aristoteles ihn als Erfinder der Dialektik bezeichnet (DL IX 25), worunter Aristoteles genau das Verfahren versteht, Schlüsse aus anerkannten und nicht aus wahren Voraussetzungen zu ziehen. Aufgrund des Zitats bei Platon könnte man sich Zenons Schrift daher als eine Sammlung von Antinomien gegen die Vielheit vorstellen. Andererseits stellt sich die Frage, ob die berühmten Paradoxien der Bewegung dann in einer anderen Schrift untergebracht waren oder ob Zenons Schrift über eine Systematik verfügte, die es erlaubte, die Bewegungsparadoxien in Abhängigkeit von der Annahme der Vielheit einzuführen. Allerdings gibt die Überlieferung hierzu keine Hinweise; bereits aus dem 6. Jahrhundert n.Chr. stammt eine Quelle (DK 29A15), wonach Zenon vierzig Argumente gegen die Vielheit und zusätzlich fünf gegen die Bewegung vorgebracht haben soll. Dennoch versuchten verschiedene Interpreten aus den erhaltenen Fragmenten auf eine logisch überzeugende Struktur der Zenonischen Schrift zu schließen. (z.B. Owen in: AF II; dagegen: Stokes 1971).

b) Philosophisches Anliegen

Der moderne Leser ist sich in Anbetracht der Zenonischen Antinomien und Paradoxien oft unsicher, ob er darin nur die Belege einer spielerischen Argumentationsakrobatik sehen oder ob man dem Urheber dieser Rätsel ein ernsthaftes philosophisches Anliegen zutrauen soll. Die antiken Reaktionen auf Zenon scheinen dessen Herausforderung im großen und ganzen durchaus ernst genommen zu haben. Das in dieser Hinsicht wichtigste Zeugnis ist wiederum in Platons *Parmenides* enthalten, wo Zenon das Anliegen seines Buches folgendermaßen charakterisiert: „... eigentlich ist diese Schrift eine Hilfe für den Satz des Parmenides gegen diejenigen, die sich herausnehmen, ihn zu verspotten, als ob, wenn Eines ist, gar vielerlei Lächerliches und ihm selbst Widersprechendes bei dem Satz herauskäme. Es streitet also diese Schrift gegen die, die das Viele behaupten, und gibt ihnen Gleiches zurück und noch mehr, indem sie deutlich zu machen sucht, daß noch weit Lächerlicheres ihrem Satz 'wenn Vieles ist' als dem 'wenn Eines ist' begegnet, wenn ihn jemand recht durchnimmt" (*Parmenides* 128c-d). Diese Platonische Darstellung, wonach Zenon nur die Lehre des Parmenides zu verteidigen beabsichtigt, wurde lange Zeit akzeptiert. Auch wenn nur von der Annahme der Vielheit die Rede ist, läßt sich leicht vorstellen, daß Zenon seinen Lehrer ebenso gegen diejenigen in Schutz nehmen wollte, die Parmenides' Argument gegen die Bewegung lächerlich machten. Allerdings wurden gegen die Angemessenheit von Platons Darstellung zahlreiche Bedenken geäußert:

In einem 1887 erschienenen Buch argumentierte Tannery, daß sich Zenons Antinomien in erster Linie gegen eine Spielart des Pythagoreismus im 5. Jahrhundert richteten, wonach alle Körper aus Punkteinheiten zusammengesetzt seien. Wenn Zenons Argumente, wie es Tannery annahm, nicht auf die Aufhebung der Bewegung, sondern lediglich auf die Unvereinbarkeit von Bewegung und Vielheit abzielten, wäre Platons Einschätzung natürlich weitgehend unbrauchbar. Tannerys Impuls wurde von vielen Interpreten aufgenommen und in unterschiedliche Richtungen weiterentwickelt. Vor allem wurde die Möglichkeit erwogen, daß Zenon zwar Parmenides verteidigen ollte, aber nicht gegen die alltäglichen Intuitionen über Vielt und Bewegung, sondern gegen die Pythagoreer. Cornford 939) machte den Pythagoreischen „Zahlenatomismus" als eigentliche Zielscheibe Zenons aus, Raven lehnte zwar den Zahlenatomismus ab, identifizierte aber ebenfalls die pythagoreische Parmenideskritik als Adressatin der Zenonischen Ausführungen (vgl. KR; KRS dazu distanziert). Andere, wie z.B. Calogero (1932), blieben Tannerys These gegenüber ablehnend (vgl. auch Booth 1957).

Auch Solmsen (in: MOU) wandte sich gegen die Platonische Darstellung, indem er hervorhob, daß Zenon sowohl gegen die Vielheit als auch gegen die Einheit zu argumentieren imstande ist, was von Vlastos (1975) zurückgewiesen wurde. Inzwischen scheint sich zumindest die Pythagoreerthese erledigt zu haben; außerdem dürften Zenons Bemerkungen im Platonischen *Parmenides* eher auf verbreiteten Spott und Hohn gegenüber Parmenides' These als auf eine philosophische Gegenposition anspielen (so PP I 234). Die Frage jedoch, ob sich Zenons Argumente tatsächlich als Verteidigung des Parmenides eignen oder ob sie sich auch gegen die eleatische Position wenden lassen, ist durchaus noch offen; ihre Beantwortung hängt von der Einzelinterpretation der erhaltenen Fragmente ab.

c) Antinomien der Vielheit

Offenbar versuchte Zenon zu zeigen, daß uns die Voraussetzung, das Seiende sei vieles, notwendig zu widersprüchlichen Annahmen über das Seiende führt. Nach dem bei Platon zitierten ersten Satz der Zenonischen Schrift waren das zum Beispiel die Annahmen, daß das Seiende sowohl ähnlich als auch unähnlich sei. In seinem Physikkommentar berichtet der neuplatonische Autor Simplikios noch über weitere Antinomien Zenons. Zwei davon scheint er wörtlich wiederzugeben, erstens das Argument, daß das Seiende zugleich begrenzt und unbegrenzt sei (DK 29B3), und zweitens das Argument, daß das Seiende zugleich klein und groß sei (DK 29 B2 und 1).

Zweite Antinomie: Daß das Seiende bei Annahme der Vielheit begrenzt und unbegrenzt sein müsse, versucht Zenon folgendermaßen zu beweisen (B3): „Wenn Vieles ist, so müssen notwendig gerade soviele Dinge sein, als wirklich sind, nicht mehr, nicht weniger. Wenn aber soviele Ding sind, als eben sind, so dürften sie der Zahl nach begrenzt sein ..." Nach diesem Ast des Arguments muß das Seiende, wenn es vieles ist, der Zahl nach endlich oder begrenzt sein, andererseits aber soll gelten: „Wenn Vieles ist, so sind die seienden Dinge der Zahl nach unbegrenzt. Denn stets sind andere zwischen den seienden Dingen und wieder andere zwischen jenen. Und somit sind die seienden Dinge der Zahl nach unbegrenzt." Die Begründung dieses zweiten Astes macht die Voraussetzung, daß zwei Dinge nur dann verschieden sein können, wenn es etwas Drittes gibt, das sie voneinander abtrennt. Dabei handelt es sich um eine keineswegs selbstverständliche Voraussetzung; Zenons Gegner dürften sie wohl kaum geteilt haben. Vom eleatischen Standpunkt aus betrachtet, hat diese Annahme jedoch eine gewisse Konsequenz: Parmenides hatte argumentiert, daß das Seiende kontinuierlich und homogen sei, daher stoße Seiendes an Seiendes (28B8.25). Solange Seiendes kontinuierlich mit Seiendem verbunden ist, gibt es keinen Anlaß, von einem „anderen Seienden" zu sprechen. Dazu müßte es etwas geben, was das Seiende daran hindere zusammenzuhängen (so wörtlich in B8.23-24), und das könnte nur ein Mehr oder Weniger (Seiendes) sein. Daß es ein solches gibt, ist für die Eleaten natürlich eine unsinnige Vermutung; allerdings behaupten sie ja auch nicht, daß Seiendes von Seiendem getrennt sein könnte. Nur wer davon ausgeht, daß es viele seiende Dinge gibt, muß – aus eleatischer Sicht – irgend etwas annehmen, was das eine Seiende vom anderen Seienden trennt, und muß somit die Voraussetzung des Zenonischen Arguments akzeptieren.

Erste Antinomie: Zenons Beweis, daß das Seiende unter Voraussetzung der Vielheit sowohl klein als auch groß sein muß, ist nur unvollständig überliefert. Den erhaltenen Fragmenten dieses Beweises (29B2 und B1) muß der Nachweis vorausgegangen sein, daß, wenn es eine Vielzahl von Seiendem gibt, diese Dinge so klein sein müßten, daß sie keine Größe mehr hätten. Dem Bericht von Simplikios zufolge hat Zenon das daraus erschlossen, daß jedes dieser Dinge mit sich selbst identisch und eines sei; daraus könnte er wiederum gefolgert haben (wie KRS 295 vermuten), daß keines dieser Dinge Teile hat, welche erforderlich wären, um über Größe zu verfügen. Hier setzt das erste uns erhaltene Fragment (B2) mit der Feststellung ein, daß etwas, das keine Größe hat, auch nicht existieren kann: „Denn würde es zu einem anderen Seienden hinzugefügt, so würde es nicht größer. Fügt man eine Größe, die nichts ist, hinzu, so könnte dieses nichts an Größe gewinnen. Und so wäre denn bereits hiernach der Zuwachs gleich nichts. Wenn ferner durch Abziehen einer Größe die andere um nichts kleiner und andererseits durch Zufügen nicht größer werden wird, so war offenbar das Zugefügte wie das Abgezogene gleich nichts."

Somit ist das Seiende bei Voraussetzung der Vielheit so klein, daß es praktisch nichts ist; andererseits soll es aber auch unendlich groß sein (B1): „Wenn es aber ist, so muß jedes notwendigerweise eine gewisse Größe und Dicke haben, und jeder Teil von ihm muß getrennt vom anderen sein. Dasselbe gilt auch für den ihm vorausliegenden Teil. Auch dieser wird nämlich Größe haben und es wird ein anderer ihm vorausliegen. Man kann dies nämlich ebenso auf einen einzigen wie auf jeden Fall anwenden; denn kein derartiger Teil desselben wird die äußerste Grenze bilden, und nie wird der eine ohne Beziehung zum anderen sein." Daraus will Zenon folgern, daß bei Voraussetzung der Vielheit des Seienden die seienden Dinge zugleich so klein sind, daß sie keine Größe mehr haben (und daher nichts sind), und (wenn sie doch etwas sind) so groß sind, daß es bis ins Unendliche geht. Die Argumentation in diesem zweiten Ast, der auf die unendliche Größe des vielen Seienden schließt, ist nicht einfach zu verstehen. Ausdrücklich gebraucht er die zwei Voraussetzungen, daß (i) jedes Seiende eine (positive) Größe oder Ausdehnung haben muß und daß (ii) jedes ausgedehnte Seiende distinkte Teile haben muß. Zweimal weist er deutlich darauf hin, daß er auf diese Voraussetzungen ein Regreßargument gründen will, insofern die Voraussetzungen (i) und (ii) auf jeden Teil a' von a, und ebenso auf jeden Teil a" von a' usw. anwendbar sein sollen. Daher besteht jedes Seiende, das als solches über Größe verfügt, aus unendlich vielen Teilen, die ebenfalls über eine eigene positive Größe verfügen. Die unausgesprochene Voraussetzung, die ihm erlaubt, seinen Schluß auf die unendliche Größe des Seienden zu ziehen, besteht darin, daß die Summe einer unendlichen Anzahl von Elementen, die jeweils über eine positive Größe verfügen, eine unendliche Größe ergibt.

Ausdehnung und Teilbarkeit: Gegen Zenons Gebrauch dieses Arguments wurde verschiedentlich der Einwand erhoben, daß es das eine Seiende des Parmenides ebenso treffe wie die Vielheit des Seienden (z.B. KRS 296), weil es auf der unausgewiesenen Annahme beruhe, daß alles, was eine Ausdehnung hat, unendlich teilbar sei (Lee 1936, 23); weil aber auch Parmenides eine Ausdehnung des Seienden behauptet, müßte seine Theorie für das Argument aus der unendlichen Teilung ebenso anfällig sein. Daraus wird gefolgert, daß Zenon mit seinem Argument entweder ein spektakuläres Eigentor geschossen hat oder sich doch weniger der Verteidigung des Parmenides verpflichtet fühlte, als es die von Platons Darstellung inspirierte Tradition gerne sehen wollte. Gegen diesen Einwand läßt sich nun folgendes anführen (vgl. Makin 1982):

Dem Bericht des Simplikios (in Phys. 139.32-140.6, in: *Commentaria in Aristotelem Graeca*) läßt sich ein Argument entnehmen, das mit einiger Wahrscheinlichkeit Zenon zuzuschreiben ist und das die *unendliche* Teilbarkeit des Seienden unter Voraussetzung einer *prinzipiellen* Teilbarkeit aus der Homogenität des Seienden herleitet. Schematisch läßt sich das Argument wie folgt rekonstruieren: (1) Das Seiende ist überall homogen (*homoion*); (2) wenn es teilbar ist, ist es entweder (a) überall teilbar oder (b) es ist zwar hier, aber nicht da teilbar; (3) aufgrund von (1) ist es überall in gleicher Weise teilbar, daher ist (2.b) ausgeschlossen; (4) folglich soll es überall zerteilt sein; (5) daher bleibt nichts übrig; (6) denn wenn etwas übrig bliebe, dann wäre es nichts, was überall zerteilt wäre; (7) folglich wird das Seiende unteilbar, ohne Teile und eines sein. Wie die Schlußfolgerung (7) zeigt, will der Urheber des Arguments die Teilbarkeit des Seienden ad absurdum führen. Entscheidend ist dabei Schritt (2), der für die Befürworter der Teilbarkeit die Alternative zwischen einer Teilung „überall" und einer Teilung „hier, aber nicht da" aufmacht. Eine Teilung „hier, aber nicht da" kann durch die in (1) herausgestellte Homogenität des Seienden ausgeschlossen werden, so daß nur eine Teilung „überall" denkbar ist. In den Schritten (4) bis (6) wird die Teilung „überall" als eine vollständige oder unendliche Teilbarkeit erwiesen. Jeder, der daher die Voraussetzung von (2), die prinzipielle Teilbarkeit des Seienden, einräumt, muß die – absurde – Folge einer unendlichen Teilung in Kauf nehmen; die Eleaten aber würden diese Voraussetzung nie akzeptieren, während ihre Gegner die Teilbarkeit des ausgedehnten Seienden im Prinzip natürlich für möglich halten. Damit ist gezeigt, daß die Argumentationsfigur einer ins Unendliche gehenden Teilung gegenüber den Vertretern der Teilbarkeit und Vielheit des Seienden angewandt werden kann, ohne dadurch die Parmenideische Position anzugreifen. Die Voraussetzung (1), daß das Seiende überall homogen ist, hat Zenon außerdem fast wörtlich von Parmenides (28B8.22) übernommen, und auch schon Parmenides hatte diese Prämisse zur Begründung der Unteilbarkeit des Seienden eingesetzt. Es besteht also von dieser Seite her kein Zweifel, daß Zenon die Sache des Parmenides zu vertreten glaubt.

d) Paradoxien der Bewegung

Aristoteles berichtet in Buch VI., 9 seiner *Physik* von vier Argumenten, die Zenon gegen die Möglichkeit von Bewegung vorgebracht habe.

i. Der Läufer/Die Dichotomie: Das Argument soll zeigen, daß ein Läufer das Ende eines Stadions nie erreichen kann und daß in diesem Sinn Bewegung nicht stattfindet, weil „das sich Bewegende erst die Hälfte der Strecke erreichen muß, bevor es ans Ziel kommt." (Phys. 239b11–13) Worauf es Zenon bei dem Läufer-Beispiel ankommt, ist die Feststellung, daß nicht nur die insgesamt zu durchlaufende Strecke in zwei Teilstrecken halbiert (daher spricht man auch von der Paradoxie der Halbierung oder Dichotomie) werden kann, sondern auch die durch Halbierung entstandene Teilstrecke und davon wieder die Teilstrecke und so fort, so daß man schließlich unendlich viele Teilstrecken erhält. Dies ermöglicht die nähere Formulierung der Paradoxie, nämlich daß es unmöglich sei, „in begrenzter Zeit das Unendliche (bis zum Ziel) zu durchlaufen oder jedes einzelne des unendlich Vielen zu berühren" (Phys. 233a22f.). Der Läufer kann demnach das Ziel deswegen nicht erreichen, weil ihn vom Ziel unendlich viele Teilstrecken (entstanden durch die Halbierung der halben Strecke, der Halbierung der halbierten Hälfte usw.) trennen und weil es unmöglich ist, in begrenzter bzw. endlicher Zeit unendlich viele Teilstrecken zu durchlaufen oder unendlich viele Punkte zu berühren.

Aristoteles repliziert auf dieses Argument in zwei Anläufen. Der erste Anlauf besteht, wie er später sagen wird, nur in einem argumentum ad hominem. Es seien nämlich zwei Bedeutungen von „unendlich" zu unterscheiden, erstens die Unendlichkeit im Sinne der unendlichen Teilung und zweitens die Unendlichkeit der äußeren Enden. Was in letzterem Sinn, der Quantität nach unendlich ist, das kann man tatsächlich nicht in endlicher Zeit durchgehen, was der Teilung nach unendlich ist, das ist durchaus in endlicher Zeit zu bewältigen, weil die Zeit ja im selben Sinn unendlich sei (vgl. Phys. 233a24–34).

Der zweite Anlauf nimmt das Problem, das in der Zenonischen Paradoxie zu stecken scheint, schon ernster: Unendliches zu durchlaufen sei im einen Sinn möglich, im anderen Sinn dagegen nicht. Nicht möglich sei es in der Tat, wenn von einem der Wirklichkeit oder Verwirklichung nach Unendlichen die Rede ist. Unendlich viele wirkliche Punkte etwa können unmöglich in endlicher Zeit berührt werden. Dagegen sei es sehr wohl möglich, eine Strecke in endlicher Zeit zu durchmessen, die nur potentiell, der Möglichkeit nach, aus unendlich vielen Teilstrecken besteht, d.h. die nicht wirklich in unendlich viele Teilstrecken zerlegt ist, sondern in solche Strecken zerlegt werden *kann*. Eine solche nur potentiell unendliche Teilbarkeit liege im Fall des Läufers vor: die Strecke an sich sei endlich, Unendlichkeit komme ihr nur akzidentell, in einer der Strecke selbst unwesentlichen Weise, zu (vgl. Phys. 263a11–b9).

ii. Der Achilleus: Dieser Schluß soll zeigen, daß das Schnellste, wie etwa der sprichwörtlich schnelle Achilleus, das Langsamste, etwa eine Schildkröte nicht einholen wird: „erst einmal nämlich muß das Verfolgende dahin kommen, von wo aus das Fliehende gestartet ist, so daß das Langsamere immer etwas Vorsprung haben muß“ (Phys. 239b16–18). Angenommen nämlich, Achilleus sei zehnmal schneller als die Schildkröte und die Schildkröte habe einen Meter Vorsprung, dann wird die Schildkröte in der Zeit, in der Achilleus diesen einen Meter durchquert, $^1/_{10}$ Meter gegenüber dem Verfolger gutmachen; während Achilleus auch diese Strecke durchquert, wird sie $^1/_{100}$ Meter gutmachen, so daß sie immer einen Vorsprung behalten wird. Aristoteles bemerkt zu diesem Beispiel zurecht, daß es nach demselben Konstruktionsprinzip gebaut ist wie das Läufer-Beispiel, mit der einzigen Ausnahme, daß die hinzugenommenen Größen hier nicht halbiert werden (verschiedene Erklärungsversuche dieser beiden Paradoxa werden bei Ferber 1981, 34-43, diskutiert).

iii. Der ruhende Pfeil: Das Argument vom ruhenden Pfeil will zeigen, daß der sich schnell bewegende Pfeil in Wahrheit ruht, denn „was sich bewegt, bewegt sich weder an dem Ort, wo es ist, noch an dem, wo es nicht ist“ (29A4). Aristoteles faßt das Argument folgendermaßen zusammen: „Wenn nämlich jedes, sagt er, immer dann ruht, wenn es im gleichen (Raum) ist, wenn aber immer das Bewegte in dem Jetzt ist, dann ist der sich bewegende Pfeil unbewegt. Das ist aber falsch: nicht nämlich setzt sich die Zeit aus unteilbaren Jetzten zusammen, so wie auch sonst keine Größe“ (Phys. 239b5–9). Der komprimierte Bericht des Aristoteles läßt vermuten, daß

Zenon etwa das folgende Argument vertreten haben muß: (1.) Wenn der Pfeil einen Raum von genau seiner Größe einnimmt, ruht er. (2.) *Jetzt* (oder zu einem anderen, zeitlich unausgedehnten Moment) nimmt er den Raum von genau seiner Größe ein. (3.) *Jetzt* (oder zu einem anderen, zeitlich unausgedehnten Moment) ruht der Pfeil. (4.) Weil wir zu jedem Zeitpunkt der vermeintlichen Pfeilbewegung sagen können müßten, er bewege sich *jetzt*, der Pfeil aber *jetzt* ruht, ist der Pfeil unbewegt. Aristoteles kritisiert an diesem Argument sofort, daß die Zeit nicht aus unteilbaren Momenten oder „Jetzten" zusammengesetzt sein kann; er wirft Zenon also eine unzulängliche Auffassung über die Zeit vor. Unabhängig von der Frage der unterstellten Zeitauffassung ist klar, daß Zenons Argument auf der Annahme beruht, man dürfe ein Prädikat, das auf jedes einzelne Jetzt einer Zeitspanne zutrifft, ohne weiteres auf die gesamte Zeitspanne ausdehnen (so auch KRS 301).

iv. Das Stadion/Die im Stadion bewegten Massen: Im vierten Paradox bewegen sich zwei gleich große Gruppen von Massen oder Körpern in einem Stadion aufeinander zu. Alle Körper haben dieselbe Ausdehnung und bewegen sich mit derselben Geschwindigkeit. Wieviele Körper in jeder Gruppe sind, ist unerheblich. Die beiden bewegten Gruppen werden durch die Buchstaben BB und CC symbolisiert. An der Stelle des Stadions, an der sich die beiden Gruppen begegnen, befindet sich eine dritte, ruhende Gruppe AA. Mit Hilfe dieser Konstellation will Zenon zeigen, daß eine Zeitspanne T gleich ihrer Hälfte ½T ist. Die genaue Rekonstruktion des Arguments ist außerordentlich schwierig. Aristoteles' Bericht (Phys. 239b33–240a18) ist offenbar nur eine sehr freie Wiedergabe von Zenons Paradox. Weil Aristoteles Zenons entscheidenden Fehler darin sieht, daß er einen bewegten Körper wie einen ruhenden behandelt, könnte die Gruppe AA auch erst von Aristoteles zur Veranschaulichung des Fehlers eingefügt worden sein. Offenbar waren schon die antiken Kommentatoren mit dem Zustand des Berichts nicht einverstanden und nahmen Verbesserungen vor, so daß zahlreiche Textvarianten überliefert sind. In neuerer Zeit gibt es einige beachtliche Versuche, das Beste aus dieser verwirrenden Situation zu machen (PP I 285-290, Ferber 1981, Mansfeld 1982 und 1986, 12-16), auf die hier nicht näher eingegangen werden kann. Die allgemeine Beweisidee scheint etwa folgende zu sein:

Zenon geht davon aus, daß ein Körper der Ausdehnung a genau die Zeitspanne T benötigt, um einen anderen Körper der Ausdehnung a zu passieren. Bei der Begegnung der Gruppen soll es nun einen Zeitpunkt – nennen wir ihn t_2 – geben, zu dem das erste C (C_1) und das erste B (B_1) zugleich das Ende der je anderen Gruppe erreichen. Ausgehend von diesem Zustand, der in Bild 2 dargestellt ist, läßt sich rekonstruieren, wie das Stadion genau eine Zeitspanne T früher, zum Zeitpunkt t_1, ausgesehen haben muß. Diese Situation ist in Bild 1 dargestellt:

Bild 1 (das Stadion zum Zeitpunkt t_1):

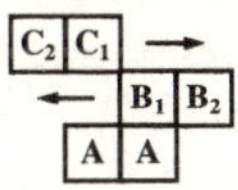

Bild 2 (das Stadion zum Zeitpunkt t_2):

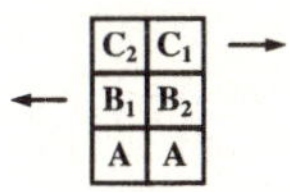

Das Paradox, daß die Zeitspanne T gleich ihrer Hälfte ½ T ist, läßt sich nun am einfachsten auf folgende Weise erreichen: Um einen Körper zu passieren, benötigt ein Körper, beispielsweise B_1, genau die Zeitspanne T. Zwischen t_1 und t_2 hat B_1 genau ein A passiert, also beträgt der Abstand zwischen t_1 und t_2 genau T. Während B_1 aber A passiert hat, hat es zugleich C_1 und C_2 passiert. Weil aber genau 2 Zeitspannen T benötigt werden, um zwei Körper zu passieren, ist 2T gleich T bzw. T gleich ½ T.

2. Melissos von Samos

a) Ein Parmenides des kleinen Mannes?

Der aus Samos stammende Melissos soll nach einer Quelle (DK 30A3) im Jahr 441 v.Chr. eine Flotte im Kampf gegen die Athener angeführt haben. Wohl aufgrund dieser Angabe setzte man seine „Blütezeit“ auf diese Zeit an, so daß er um 480 v.Chr. geboren sein könnte. Was die relative Chronologie angeht, so ist klar, daß Melissos deutlich jünger war als Parmenides. Ungewiß ist das Verhältnis zu Anaxagoras (geboren um 500 v.Chr.), der von Plutarch als Schüler des Melissos (DK 30A3) bezeichnet wird; unter dieser Voraussetzung möchte man Melissos natürlich nicht viel jünger sein lassen und müßte seine Geburt um mindestens zehn bis zwanzig Jahre zurückdatieren. Andererseits meint man in einem Fragment des Melissos (DK 30B8) Hinweise zu finden, daß Melissos neben den Lehren des Empedokles auch die von Anaxagoras gekannt haben muß.

Der Aristoteles-Kommentator Simplikios berichtet von einem Buch des Melissos mit dem Titel „Über die Natur oder über das Seiende“, zitiert daraus einige Fragmente und gibt eine Paraphrase wichtiger Argumente; weitere Paraphrasen sind in der pseudo-aristotelischen Schrift „Über Melissos, Xenophanes und Gorgias“ (MXG) enthalten (vgl. DK 30A5). Bisweilen wird Melissos als Schüler des Parmenides bezeichnet (DK 30A1), in jedem Fall aber wird sein Philosophieren in den antiken Zeugnissen als Fortsetzung der eleatischen Tradition eingestuft. Seine Schrift scheint auch ganz einem Beweisziel gewidmet zu sein, das dem Parmenideischen Anliegen eng verwandt ist, wenngleich einige Punkte auf signifikante Weise von Parmenides abweichen; ausgehend von der Behauptung, daß etwas ist, argumentiert er nämlich, daß dieses Seiende ungeworden und unvergänglich, eines, homogen, unveränderlich, unbeweglich und der Ausdehnung nach unbegrenzt sei.

Weil es sich dabei um keinen grundsätzlich neuen Ansatz handelt und vielleicht auch weil Melissos einigen Gedanken des bald schon als übergroß geltenden Parmenides (vgl. etwa Platon *Theaitet* 183e-184a, der vom „gewaltigen“ und „ehrfurchtgebietenden“ Parmenides spricht) einen etwas platteren Anstrich zu geben scheint, wird die Qualität seines Philosophierens oft nicht besonders hoch eingeschätzt. So hat sich das Urteil des Aristoteles, daß die Philosophie des Melissos „ungebildet“ und „ungeschliffen“ sei (Met. 986b25ff. und Phys. 186a8ff.), in der Tradition beharrlich festgesetzt. Aristoteles' Einschätzung dürfte von der Kritik an Stellen herrühren, wo Melissos offenbar logisch ungültige Schlüsse gebraucht (vgl. Phys. 186a10-13, *Sophistische Widerlegungen* 167b13ff.). Gegen diese Geringschätzung ist einzuwenden, daß Melissos einige Punkte des Parmenideischen Systems neu durchdacht hat und dabei zu durchaus originellen Einsichten gelangt ist. So scheint das Argument gegen die Möglichkeit der Bewegung, nämlich daß Bewegung einer Leere bedarf, daß es die als Nicht-Seiendes verstandene Leere aber nicht gibt und deswegen Bewegung ausgeschlossen ist, allein auf Melissos zurückzugehen (vgl. Kirk/Stokes 1960). Vielleicht hat Melissos' schlechtes Image als „Parmenides des kleinen Mannes“ damit zu tun, daß er auch solche Implikationen des Parmenideischen Ansatzes klar ausspricht, zu denen Parmenides selbst schweigt. Offenbar argumentierte Melissos in einem differenzierteren Theorienkontext, in dem auch Entgegnungen auf Parmenides eine wichtige Rolle spielten. Wohl schon deshalb mußte er auch zu solchen Punkten unzweideutig Stellung nehmen, an denen Parmenides' stets interpretationsbedürftige Ausdrucksweise eine philosophisch attraktivere und für Spekulationen genügend Raum bietende Lesart zuläßt.

b) Melissos' Metaphysik des Seienden

Ganz analog zu Parmenides' Fragment B8, das aus der zuvor gefallenen Entscheidung zugunsten des Weges des „ist“ Konsequenzen für das Seiende deduziert, enthält auch die Schrift des Melissos eine zentrale Deduktion von Merkmalen des Seienden. Der eigentlichen Deduktion scheinen den Paraphrasen von Simplikios und MXG zufolge einige Bemerkungen zu einem Satz vorausgegangen zu sein, der den sich anschließenden Folgerungen als eine Art von Axiom dient. Bei MXG (DK 30A5) heißt es: „Denn davon, daß etwas ist, spricht er wie von etwas, das der Fall ist und vorausgesetzt wird." Während in MXG die Sache so dargestellt ist, daß der Ausgangssatz für Melissos' Deduktion „daß etwas ist" ohne weitere Argumente als Axiom akzeptiert werden muß, ist in der Paraphrase des Simplikios ein Argument zugunsten dieses Satzes angegeben: „Wenn nichts ist, was könnte man dann darüber sagen, so als ob es etwas wäre? Aber wenn etwas ist, dann ist es entweder entstanden oder es ist immer" (ad B1).

Die sich anschließende Deduktion läßt sich in etwa folgendermaßen rekonstruieren: Was auch immer ist, ist (i) unentstanden, denn wäre es entstanden, wäre es vor dem Entstehen nichts gewesen, und aus dem Nichts kann nichts entstehen (vgl. B1). Wenn es nicht entstanden ist, dann ist es immer, d.h. es ist (ii) ewig und hat – mit anderen Worten – (iii) keine zeitlichen Grenzen (B2; vgl. B4). So wie es keine zeitlichen Grenzen hat, so hat es auch (iv) keine räumliche Grenzen.

Aus Merkmal (iv) folgert er aufgrund einer bemerkenswerten Verbindung der Begriffe Begrenzung und Vielheit, daß das Seiende (v) eines sei: „Wäre es nicht eines, so wird es gegen ein anderes eine Grenze bilden" (B5). „Denn wenn es ohne Grenzen sein sollte, ist es eins. Denn wäre es zwei, so könnten sie nicht ohne Grenze sein, sondern bildeten gegeneinander Grenzen" (B6). Zu Beginn von Fragment B7 schließt er aus dem bisher Erreichten auf das nächste Merkmal, das der (vi) Homogenität: „So ist es denn ewig und ohne Grenzen und eins und gleichmäßig ganz und gar." Von der Homogenität geht Melissos im selben Fragment zu einer ganzen Reihe weiterer Eigenschaften des Seienden über: Es (vii) wird nicht anders, (viii) geht nicht zugrunde, (ix) wächst nicht, (x) wird nicht umgestaltet, (xi) erleidet keinen Schmerz, und (xii) es widerfährt ihm kein Leid. In einem neuen Ansatz argumentiert er, daß das Seiende (xiii) nicht leer und daher voll sei. Daraus schließlich folgert er, daß sich das Seiende (xiv) nicht bewegt und daß es beim Seienden auch (xv) kein „dünn" und „dicht" geben kann.

c) Ewigkeit, Unendlichkeit

(i) unentstanden, (ii) ewig: Wie bei Parmenides, so bildet auch bei Melissos die Widerlegung der Entstehung des Seienden den Ausgangspunkt und zugleich den Aufhänger für die Deduktion weiterer Merkmale bzw. weiterer Kriterien für das Seiende. Während Parmenides zwei zu eliminierende Möglichkeiten in Betracht zog, nämlich die Entstehung aus Seiendem und die Entstehung aus Nicht-Seiendem, prüft Melissos nur die Entstehung aus Nicht-Seiendem und verwirft sie mit denselben beiden Argumenten wie Parmenides. Parmenides argumentiert jedoch weiter, daß das, was jetzt ist, nicht einmal war und einmal sein wird (DK 28B8.19–20); vielleicht ist dies als ein weiteres Argument gegen das Entstehen zu lesen, weil er einen Vers später resümiert: „So ist das Entstehen verlöscht und verschollen der Untergang" (B8.21). Aufgrund dieser und anderer Stellen besteht Grund zu der Annahme, daß Parmenides damit eine Vergangenheit und eine Zukunft für das, was jetzt ist, leugnet. Melissos folgert, obwohl er die Parmenideischen Voraussetzungen fast wörtlich übernimmt, etwas ganz anderes:

Fragment B2 beginnt: „Weil es nun also nicht entstanden ist, so ist es und war immerdar und wird immerdar sein ..."; aus der Unmöglichkeit einer Entstehung wird auf eine ewige zeitliche Ausdehnung geschlossen. Es ist klar, daß dies keine explizite These des Parmenides ist. Dessen Betonung liegt nicht auf einer unendlichen zeitlichen Ausdehnung, sondern auf dem „jetzt zugleich ganz" (B8.5-6) des Seienden. Beide stimmen also darin überein, daß das Seiende unentstanden und unvergänglich ist und daß es keinen Zeitpunkt t gibt, zu dem das Seiende nicht bestünde. Sie unterscheiden sich darin, daß Melissos von unendlich vielen Zeitpunkten spricht, während Parmenides' Intention dahin zu gehen scheint, daß es sich nur um einen einzigen Zeitpunkt handelt bzw. daß alle diese Zeitpunkte identisch sind.

(iii) zeitlich unbegrenzt: Das Seiende, das keinen Anfang und kein Ende in der Zeit hat, bezeichnet Melissos als zeitlich unbegrenzt oder unendlich (*apeiron*): „... [es] hat keinen Anfang und kein Ende, sondern ist unbegrenzt" (B2). Wenige Zeilen später geht er denselben Punkt nochmals von einer etwas anderen Seite aus an: „... da es weder angefangen noch geendet hat, so war es immer und wird immer sein, und hat keinen Anfang und kein Ende, denn unmöglich kann immer sein, was nicht ganz und gar ist"; es scheint, als wolle er hier die Zurückweisung der zeitlichen Begrenzungen (Anfang und Ende) direkt aus der Vorstellung des Ganz-und-gar-Seins ableiten. Der mögliche Unterschied zwischen beiden Fassungen trägt wahrscheinlich nicht viel aus; weit erstaunlicher ist der folgende Schritt:

(iv) räumlich unbegrenzt: „Sondern ebenso wie es immer ist, so muß es auch der Größe nach immer unendlich sein" (B3). „Nichts, was Anfang und Ende hat, ist ewig oder unendlich" (B4). Melissos behauptet hier deutlich die räumliche Unbegrenztheit oder Unendlichkeit des Seienden. Und folgt man der traditionellen Lesart der Zeilen DK 28B8.42ff. (siehe oben Kap. V, Abschnitt 5e) bei Parmenides, dann widerspricht er damit fast wörtlich der Parmenideischen Stellungnahme zu diesem Punkt, obschon er dieselben Prämissen in Anspruch nimmt. Er führt diese umstürzende Neuerung so beiläufig ein, daß man sich fragen muß, ob er sich der Opposition zu Parmenides wirklich bewußt war. Scheinbar meinte er gar nichts anderes zu behaupten, als was auch Parmenides sagte. Manche Interpreten (wie Owen in: AF II) folgern daraus, daß die traditionelle Interpretation des Parmenides, wonach dieser ausdrücklich räumliche Grenzen des Seienden annahm, falsch sein muß.

Recht spärlich fallen auch die Ansätze zu einer Begründung der räumlichen Unendlichkeit des Seienden aus: In Fragment B3 liegt vielleicht ohnehin nur eine Analogie vor: So wie es (in zeitlicher Hinsicht) immer ist, so müsse es auch (in räumlicher Hinsicht) immer unendlich sein. Eher scheint noch in Fragment B4 ein Argument greifbar zu sein, wonach alles, was einen Anfang und ein Ende hat, auch (räumlich) unendlich sein müsse. Über eine genauere Rekonstruktion kann nur spekuliert werden. Möglicherweise meinte er, daß jede Entstehung an einer bestimmten Stelle des Entstehenden beginnen und an einer anderen Stelle abgeschlossen sein muß. Daraus könnte er gefolgert haben, daß alles, was entsteht, räumliche Begrenzungen als Anfang und als Ende aufweisen müßte. Aber auch daraus würde kein besonders gutes Argument werden: Weder muß der Entstehungsprozeß als die sukzessive Entwicklung räumlicher Teile gedacht werden noch folgt logisch, wie schon Aristoteles mit Befremden feststellte (*Phys.* 186a10–13), aus der Annahme, daß alles Entstandene einen Anfang hat, die (in B4 angepeilte) Konklusion, daß alles Nicht-Entstandene keinen Anfang hat.

In neuerer Zeit wurde geprüft, ob nicht ein von Aristoteles ohne Namensnennung referiertes Argument dem Melissos zuzuschreiben ist und dessen eigentliche Begründung für die räumliche Grenzenlosigkeit des Seienden enthält (so etwa Reale 1970, 98ff.). Aristoteles berichtet (Gen.Corr. 325a15f.) über die Behauptung „einiger“, daß das Ganze unbegrenzt sei, „weil eine Grenze es gegen das Leere abgrenzen würde.“ Zusammen mit dem Argument für die Nicht-Existenz des Leeren würde daraus in der Tat ein folgerichtiges Argument für die Unbegrenztheit des Seienden. Ob es sich dabei allerdings wirklich um ein Argument des Melissos handelt, blieb umstritten (ablehnend z.B. KRS 430).

d) Monismus

(v) eines: So schwierig es bei Parmenides ist, die Behauptung eines Monismus festzumachen oder zu zeigen, wie er einer monistischen Konsequenz entgehen konnte, so unumwunden geht Melissos mit diesem Thema um. Sein Argument für den numerischen Monismus ist einfach und radikal: „Denn falls es unbegrenzt sein soll, ist es eins. Denn wäre es zwei Dinge, so könnten sie nicht unbegrenzt sein, sondern würden gegeneinander eine Grenze bilden“ (B6). Daß das Seiende nur ein einziges sein kann, ist eine Position, die so nicht ohne weiteres

Parmenides zugeschrieben werden kann (siehe oben Kapitel V, Abschnitt 5d); auch wenn einiges dafür spricht, daß sein Ansatz in der Konsequenz auf einen monistischen Standpunkt hinausläuft, äußert Parmenides sich selbst zumindest nicht eindeutig in diesem Sinn. Melissos dagegen leitet die Einzigkeit des Seienden deutlich und schlüssig aus dem Merkmal der Unbegrenztheit ab, die (wenn die klassische Lesart von Parmenides B8.42ff. richtig ist) zwar selbst der Parmenideischen Lehre widerspricht, die aber von Melissos ihrerseits aus Parmenideischen Voraussetzungen, nämlich der Unmöglichkeit einer Entstehung des Seienden hergeleitet wurde.

(vi) homogen, (vii) wird nicht anders, (viii) geht nicht zugrunde, (ix) wächst nicht, (x) wird nicht umgestaltet, (xi) erleidet keinen Schmerz und (xii) es widerfährt ihm kein Leid: Offenbar schließt Melissos von der Einzigkeit und Einheit des Seienden auf dessen Homogenität (vgl. Frg. B7). Im Zusammenhang damit nennt er eine ganze Reihe von Merkmalen, die im wesentlichen Differenzierungen der Unveränderlichkeit (die hier anders als bei Parmenides als ein von der Unbewegtheit unabhängiges Merkmal behandelt wird) darstellen. Er scheint – darin wieder Parmenides ganz ähnlich – davon auszugehen, daß jede Veränderung des Seienden dessen Untergang bedeuten würde (vgl. aus B8: „Schlägt aber etwas um, so geht das Seiende zugrunde und das Nicht-Seiende ist entstanden"), so daß die Unmöglichkeit der Veränderung direkt aus der Unvergänglichkeit folgt. Die einzelnen die Unveränderlichkeit differenzierenden Merkmale werden zum Teil auf die Homogenität und zum Teil direkt auf die Unmöglichkeit der Entstehung zurückgeführt. Diese Merkmale machen insgesamt deutlich, daß es dem Seienden, wie es bei Parmenides (DK 28B8.33) heißt, an nichts fehlt und heben so dessen Vollkommenheit oder Abgeschlossenheit hervor.

e) Leere und Bewegungslosigkeit

Die Einsicht in den Zusammenhang von Leere und Bewegungslosigkeit, vielleicht auch die Gleichsetzung von Leere und Nicht-Seiendem dürften wirklich originelle Errungenschaften des Melissos sein. Um die – auch von Parmenides angenommene – Unbewegtheit des Seienden gegenüber Einwänden ernsthaft zu verteidigen, können die spärlichen und unklaren Hinweise bei Parmenides selbst (siehe oben Kapitel V, Abschnitt 5c) kaum ausgereicht haben, so daß Melissos in diesem Punkt ein echter Fortschritt gegenüber dem Vorbild gelungen sein dürfte.

(xiii) nicht leer und daher voll, (xv) kein „dünn" und „dicht": Melissos' Argument macht einmal mehr von dem Parmenideischen Grundsatz Gebrauch, daß das, was ist, ganz und gar oder in jeder Hinsicht sein muß. So kann er behaupten: „Noch ist es in irgendeiner Hinsicht leer" (von DK abweichend, vgl. Loenen 1959, 162ff.). Denn: „was leer ist, ist nichts; nichts aber kann es ja nicht sein" (DK 30B7). Weil das Seiende in jeder Hinsicht ist, kann es nicht in irgendeiner Hinsicht nicht sein (oder, wie Melissos sagt, „nicht nichts sein"). Wenn nun aber das Leere und das Nichts gleichzusetzen sind, dann folgt der Ausschluß jeglicher Leere. Hieraus wird auch plausibel, daß es nicht hier dünner und dort dichter sein kann, weil dies gewissermaßen eine Beimischung von Leere vorauszusetzen scheint. Aufgrund dieser Charakterisierung des Seienden als voll oder ausgefüllt, wird man davon ausgehen, daß es sich beim Seienden um einen massiven Körper handelt. Eine von Simplikios zusammenhanglos zitierte Stelle (DK 30A9) scheint aber gerade die Körperlichkeit zu leugnen. Die Kommentatoren sind mit Blick auf dieses Fragment daher auch einigermaßen ratlos; der Tendenz nach neigt man dazu, entweder diese Äußerungen nicht Melissos selbst zuzuschreiben oder die Unkörperlichkeit nicht auf das Seiende, sondern auf eine in polemischer Absicht angenommene Entität zu beziehen.

(xiv) unbewegt: „Und es kann sich auch nicht bewegen. Denn es kann nirgendwohin ausweichen, sondern ist voll. Denn wäre es leer, so wiche es ins Leere aus. Wenn es nun kein Leeres gibt, so hat es keinen Raum zum Ausweichen" (B7). Das Argument machte großen Eindruck auf alle, die sich in der Nachfolge um eine philosophisch-physikalische Erhellung des

Bewegungsbegriffs bemühten: Damit sich ein Objekt bewegen kann, benötigt es leeren Raum, in den hinein es sich bewegen kann. Leere ist aber Nicht-Seiendes, d.h. Leere gibt es nicht. Was dagegen ist, ist ganz und gar und ist somit voll. Also kann sich Seiendes nicht bewegen.

f) Kritik der Wahrnehmung

Die Lehre der Eleaten steht in einem unaufhebbaren Widerspruch zu unseren durch Sinneswahrnehmung erworbenen Erfahrungen, die von einer Vielheit von Dingen ebenso ausgehen wie von deren Bewegung. In welchem Verhältnis das Ergebnis der philosophischen Argumentation zu den gewöhnlichen Meinungen und Sinnesdaten steht, scheint Parmenides in einigen, alles in allem recht unklaren Bemerkungen beim Übergang zum Doxa-Teil seines Lehrgedichts (siehe oben Kapitel V, Abschnitt 6) erläutern zu wollen. Bei Melissos findet sich hierzu eine recht bemerkenswerte Argumentation (DK 30B8), in der er die Unzuverlässigkeit der Sinneswahrnehmung beweist, um so die Richtigkeit seiner These von der Einzigkeit des Seienden zu unterstreichen. Dieses Fragment zeigt – im Gegensatz zu dem Eindruck, den manche Mängel bei der Deduktion seiner Hauptthesen hinterlassen haben –, daß Melissos auch formal durchaus anspruchsvolle Beweise zu führen imstande ist.

Melissos versucht in diesem Fragment B8 seine Lehre, daß das Seiende eines ist, zu stützen, indem er für die Hypothese argumentiert, daß eine Vielheit von Seiendem genau so beschaffen sein müßte, wie er selbst sagt, daß das Eine ist. Das Argument gliedert sich in die folgenden Schritte: (i) Die Menschen gehen von einer Vielheit von Seiendem aus, wie etwa: Erde, Wasser, Feuer, Eisen, Gold, das eine lebend, das andere tot, und schwarz und weiß etc. (ii) Wenn das alles so ist und wenn die Menschen diese Dinge richtig wahrnehmen, dann muß auch jedes dieser Dinge so beschaffen sein. Das bedeutet, diese Dinge dürfen nicht umschlagen oder anders werden, sondern müssen immer so sein, wie wir sie zuerst wahrnahmen (anderenfalls wären sie ja nicht wirklich so). (iii) Dennoch scheint uns das Warme kalt und das Kalte warm zu werden, das Lebende zu sterben und aus dem Nicht-Lebenden zu entstehen usw. (iv) Daraus folgt, daß wir das Seiende weder sehen noch erkennen können. (v) Hier zeigt sich ein Widerspruch. Damit ist offenbar, daß die Menschen – entgegen der ursprünglichen Annahme nicht richtig wahrnehmen und das Viele ihnen zu Unrecht zu sein scheint. Wäre es nämlich wirklich, dann würde es nicht umschlagen. (vi) Wäre eine Vielheit von Dingen, dann müßten sie gerade so beschaffen sein wie das eine Seiende.

An dieser Argumentation ist im einzelnen Vieles bemerkenswert. Zum Beispiel wird hier deutlich, daß Melissos nichts als seiend anerkennen würde, was sich verändert. Das läßt sich auf zwei Weisen verstehen: Entweder er setzt damit schon das Ergebnis seiner Deduktion von Merkmalen des Seienden voraus, wodurch das ganze Argument aber sehr schwach würde, weil die zu beweisende Einzigkeit des Seienden selbst Teil dieser Deduktion ist. Oder – und das scheint hier wahrscheinlicher – er appelliert an einen in der damaligen Umgangssprache vorgefundenen Nebensinn von „ist", der den Ausdruck dem griechischen „*gignetai* – es wird, entsteht" entgegenstellt und bereits den Ausschluß von Werden, Entstehen, Veränderung usw. impliziert.

Dies erlaubt ihm zu argumentieren, daß das Veränderliche nicht im eigentlichen Sinn oder nicht wirklich ist und daß die Wahrnehmung, die es mit Veränderungen zu tun hat, nichts wirklich Seiendes und in diesem Sinn nicht einmal Richtiges erkennt. Der von Melissos gezogene Schluß, daß das Viele, wenn es seiend wäre, so sein müßte, wie das eine Seiende ist, ist natürlich als reductio ad absurdum gedacht. Dennoch werden später die Atomisten gerade diesen Satz zum Ausgangspunkt ihres Systems machen, wenn sie die vielen Atome nach dem Vorbild des eleatischen Einen zu konstruieren versuchen.

VII. Die Ontologie der jüngeren Naturphilosophen

Die Entwicklung der Philosophie im 5. Jahrhundert v.Chr. zeigt, daß der Impuls des Parmenides auch über den Kreis seiner unmittelbaren Anhänger hinaus ernst genommen wurde. In den Systemen von Empedokles, Anaxagoras und den Atomisten läßt sich trotz vieler wesentlicher Unterschiede das gemeinsame Anliegen nachweisen, eine Naturerklärung im Sinne der Milesier zu geben, ohne dabei die von Parmenides gelehrte Unmöglichkeit des Entstehens in Frage zu ziehen. Anders als die milesischen Entwürfe zur Weltentstehung sind daher die nachparmenideischen Systeme wesentlich von einer ontologischen Fragestellung geprägt: Die grundlegenden Entitäten – das was eigentlich und wirklich ist – können nicht neu entstehen, und was neu entsteht, kann nicht im eigentlichen Sinn seiend sein.

Man kann die Gemeinsamkeit der nachparmenideischen Naturphilosophen daher mit folgenden Punkten charakterisieren: (i) Im ganzen und hinsichtlich ihres grundlegenden Inventars ist die Welt stabil, unentstanden, unvergänglich und unveränderlich. (ii) Im einzelnen findet Entstehen und Veränderung statt, die Subjekte dieser Vorgänge gehören aber nicht zu den grundlegenden Entitäten. Im Vergleich mit der wesentlichen Stabilität der Welt im ganzen handelt es sich daher um ein nur vordergründiges Phänomen. (iii) Die grundlegenden Entitäten sind in das Entstehen und die Veränderung involviert, indem sie sich zusammenfinden oder mischen und sich wieder trennen; sie sind aber nie selbst dem Entstehen und der Veränderung unterworfen. (iv) Anders als bei Parmenides wird das Phänomen der Bewegung nicht geleugnet. Anders aber als bei den frühen Naturphilosophen ist dieses Phänomen nicht mehr selbstverständlich; die Bewegung bedarf jeweils einer bestimmten Ursache oder Erklärung. (v) In dem Maße, in dem die beobachtbaren Vorgänge gegenüber dem Parmenideischen System rehabilitiert werden, wird auch der Eigenwert der sinnlichen Wahrnehmung zunehmend gewürdigt.

1. Empedokles von Akragas

a) Naturphilosoph und Wunderheiler

Empedokles aus Akragas (dem heutigen Agrigento) auf Sizilien dürfte in der Zeit von 495/4 bis 435/4 v.Chr. gelebt haben. Nach verschiedenen Quellen soll Empedokles politisch aktiv gewesen sein und sich – obschon selbst aus einer aristokratischen Familie stammend – für demokratische Verhältnisse in seiner Heimatstadt eingesetzt haben (vgl. DL VIII 63 = DK 31A1). Glaubhaft ist auch, daß er den später berühmten Redner und Sophisten Gorgias von Leontinoi (geb. um 485 v.Chr.) unterrichtet haben soll (DL VIII 58). Auch Empedokles selbst wird als herausragender Redner und sogar – von Aristoteles – als Erfinder der Rhetorik bezeichnet (DL VIII 57).

Gut nachvollziehbar ist der Bericht, daß Empedokles Verehrer und Schüler des Parmenides und „mehr noch der Pythagoreer" gewesen sei (DK 31A7): Der Einfluß des Parmenides wird nicht nur aus vielen einzelnen Anspielungen und stilistischen Adaptionen deutlich, sondern auch aus dem philosophischen Kerngedanken, daß eine Entstehung im eigentlichen Sinn oder eine Entstehung aus dem Nicht-Seienden nicht möglich sei. Die „Verehrung" für die Pythagoreer könnte sich vor allem in dem Lehrgedicht mit dem Titel *Katharmoi* („*Reinigungen*") niedergeschlagen haben, das sich – wie die früh-pythagoreischen Lehren – in der Hauptsache um Reinhaltung und Schicksal der Seele dreht. Im Zusammenhang mit diesem pythagoreischen Einfluß und der Heil- und Reinigungswirkung, die er sich selbst in den *Reinigungen* zuschreibt, stehen überlieferte Legenden über Empedokles' Leben; die berühmteste dieser Legenden betrifft seine Todesart, den angeblichen Sprung in den Vulkan Ätna (DL VIII 69).

Damit habe er das kursierende Gerücht bestätigen wollen, daß er ein Gott geworden sei (was offenbar mißlang).

Von Empedokles sind mit insgesamt über 450 Verszeilen mehr Fragmente erhalten als von irgendeinem anderen der vorsokratischen Philosophen. Mit Sicherheit sind trotz anderslautender Schriftenverzeichnisse nur zwei Werke des Empedokles auszumachen: Ein naturphilosophisches Lehrgedicht mit dem (später hinzugefügten, konventionellen) Titel *Über die Natur* und die besagten *Reinigungen*. Beide Schriften sind in epischen Hexametern, der Ausdrucksform Homers und Hesiods wie auch des philosophischen Vorbilds Parmenides, verfaßt. Über die poetische Qualität seiner Dichtung bestanden schon in der Antike unterschiedliche Einschätzungen. Aristoteles jedenfalls tadelte dessen Gebrauch von Metaphern und von ungenauen, poetischen Ausdrücken in wissenschaftlichen Zusammenhängen (*Meteorologie* 357a24–28, *Rhetorik* 1407a35).

Weil das naturphilosophische Lehrgedicht in der zweiten Person Einzahl an Empedokles' Schüler Pausanias und die *Reinigungen* in der zweiten Person Mehrzahl an die Einwohner von Akragas gerichtet ist und weil sich die Themen der beiden Lehrgedichte so deutlich unterscheiden, lassen sich die erhaltenen Fragmente in der Regel klar einem der beiden Werke zuordnen; schwieriger zu beurteilen ist allerdings die Stellung der einzelnen Fragmente innerhalb dieser Schriften (vgl. Wright 1981, Inwood 1992). Die Unterschiedlichkeit der beiden Werke – eine prägnante naturphilosophische Konzeption auf der einen, Seelenwanderung und Reinigungsrituale auf der anderen Seite – wird zugleich als ein zentrales Problem der Empedokles-Forschung angesehen (vgl. HGP II 124ff.), weil sie auf die Urheberschaft durch ganz verschiedene Persönlichkeiten, Naturphilosoph und Wunderheiler, zu verweisen scheinen. Lange Zeit herrschte in der Literatur deshalb das Bild von Empedokles als eines Autors mit gewissermaßen gespaltener Persönlichkeit vor (vgl. z.B. Zeller ^{6}1920, 1001). Es fanden sich aber auch Interpreten, die diese Einschätzung mit unterschiedlich überzeugenden Gründen zu entkräften versuchten. Daß sich in den beiden Werken des Empedokles eine Spannung zwischen einer rationalistischen und einer mystischen Tendenz manifestiert, steht dabei eigentlich außer Frage (wenngleich Kingsley 1995 diese Spannung ganz zugunsten der mystischen Seite auflöst); vor einer Überbewertung dieser Spannung kann jedoch der Hinweis bewahren, daß diese beiden Strömungen zur Zeit des Empedokles ihre konkurrierenden Ansprüche noch nicht so deutlich gegeneinander abgesteckt hatten (vgl. Kahn in: MOU), wie dies aus späterer Sicht als wünschenswert erscheint.

b) Parmenideische Prämissen: Geburt und Tod gibt es nicht

Empedokles' Name steht in der Philosophiegeschichtsschreibung vor allem für die Entdeckung der vier Elemente Luft, Feuer, Wasser und Erde. An dieser Entdeckung ist weniger die Vierzahl oder die Festlegung auf gerade diese vier Substanzen bemerkenswert als vielmehr sein Beitrag zur Präzisierung des Elementbegriffs. Der Begriff des Elements bei Empedokles wiederum scheint auf Überlegungen zurückzugehen, die genuin ontologischer Natur sind und im besonderen dem Standpunkt des Parmenides Rechnung zu tragen versuchen.

Die Parmenideischen Prämissen von Empedokles' Naturphilosophie werden in einer Reihe von Fragmenten deutlich, die in einem ersten Schritt explizit Parmenides' Ablehnung des Entstehens und Vergehens unterschreiben und in einem zweiten Schritt diejenigen Phänomene, die man gewöhnlich als Entstehen und Vergehen oder Geburt und Tod bezeichnet, als Mischung und Trennung neu interpretieren: „Die Kindischen! Ihre Bemühungen sind ja nicht von langen Gedanken, da sie glauben, es könne entstehen ein vorher nicht Seiendes oder es könne etwas ganz und gar sterben und ausgetilgt werden" (DK 31B11). „Denn aus gar nicht Seiendem kann unmöglich etwas entstehen, und ebenso ist, daß Seiendes ausgetilgt werde, weder zu vollziehen noch gibt es eine Kunde davon: denn jedesmal wird es da sein, wo es einer jedesmal hinstellt" (B12). Wie Parmenides, so macht auch Empedokles von der Voraussetzung Gebrauch, daß ein Entstehen oder Vergehen, das diesen Namen verdient, Entstehen aus Nicht-Seiendem bzw. Vergehen ins Nicht-Seiende sein müßte. Daher scheitert die Möglichkeit von Entstehen und Vergehen daran, daß nichts außerhalb des Seienden sein kann bzw. nichts ist, was nicht Seiendes ist. Dabei hat die Ablehnung eines Nicht-Seienden nicht nur den temporalen Sinn, der durch das Thema des Entstehens und Vergehens nahegelegt wird, sondern durchaus auch die räumliche Implikation, daß es kein Nicht-Seiendes *neben* dem Seienden geben kann, was für Empedokles gleichbedeutend damit ist, daß es keine Leere neben dem Seienden gibt: „Und nichts vom All ist leer noch übervoll“ (B13). „Vom All aber ist nichts leer. Woher sollte also etwas hinzukommen?“ (B14).

Wenn Entstehen und Vergehen unmöglich sind, dann bleiben immer noch diejenigen Phänomene erläuterungsbedürftig, die man in der natürlichen Welt gemeinhin als Entstehen oder Vergehen, Geburt oder Tod bezeichnet hatte. Eine solche Erläuterung nicht hinreichend gegeben und damit den apriorischen Ausschluß von Entstehen und Vergehen mit der Welt der Phänomene nicht hinreichend versöhnt zu haben, scheint der an Parmenides gerichtete Vorwurf zu sein, welcher der Phase der jüngeren Naturphilosophie von Empedokles bis Demokrit im allgemeinen als Impuls dient. Bei Empedokles erfolgt eine solche Versöhnung durch das Konzept der Mischung und Trennung von „unentstandenen“ (B7) Elementen: „Doch ein anderes will ich dir verkünden. Geburt gibt es von keinem einzigen unter allen sterblichen Dingen, auch nicht ein Ende im verwünschten Tode, sondern nur Mischung und Austausch von dem, was gemischt ist, gibt es: Geburt wird nur bei den Menschen als üblicher Name dafür gebraucht“ (B8). Die Ausdrücke „Geburt“ und „Tod“ sollen durch diese Erklärung als bloße Konventionen entlarvt werden, die jedoch nicht sagen, „was Recht ist“ (vgl. B9).

Das Verhältnis der vordergründigen Konzepte „Geburt“ und „Tod“ zu der Mischung und Trennung, die in Wirklichkeit statthat, ist kennzeichnend für die allgemeine Strategie, mit welcher der Herausforderung durch die Parmenideische These begegnet werden soll: (1) Für die Welt im ganzen gelten Parmenides’ Thesen über den Ausschluß des Nicht-Seienden uneingeschränkt und unmodifiziert: es gibt nichts, woraus die Welt entstanden sein oder wohinein die Welt vergehen könnte, so wie es nichts gibt, was neben der Welt oder um die Welt herum wäre. (2) Intern und im einzelnen gibt es zwar Veränderungen, die dem Geborenwerden und Sterben gleichkommen, die aber gegenüber den ontologischen Voraussetzungen sowie der Stabilität des Ganzen unerheblich bleiben, weil sie zur Mischung und Trennung von Unentstandenem depotenziert werden können. (3) Die in den Mischungsprozeß involvierten Bestandteile erfüllen als unentstandene in temporaler Hinsicht jeweils selbst die Kriterien des Parmenideischen Seienden. (4) Die interne Differenzierung der Welt, die im Zuge dieser Erklärungsstrategie angenommen werden muß, wird mit der Konzeption von vier Elementen möglichst gering gehalten. (5) Gegenüber der wesentlichen internen Vielheit der Welt, die in der Mehrzahl der Elemente besteht, erweist sich die Vielheit der Einzelphänomene in der ausdifferenzierten Welt als bloß temporär und vordergründig. Diese vordergründige Vielheit und Vergänglichkeit wird von den Menschen fälschlich für wesentlich gehalten, weil sie „in ihrem Leben vom Ganzen nur einen kleinen Teil erschaut", sich jedoch rühmen, „das Ganze gefunden zu haben" (aus B2.3–6).

Nachzutragen ist noch eine etwas überraschende Konsequenz aus Empedokles' Erklärung von Geburt und Tod als Mischung und Trennung. Es sind nämlich zwei Lesarten dieser Konzeption denkbar: Insofern die Mischungslehre nur dazu dienen würde, der Konsequenz eines Entstehens aus Nicht-Seiendem bzw. Vergehens ins Nicht-Seiende zu entgehen (was B11 nahezulegen scheint), wäre die schwächere Lesart ausreichend, daß jedes Ding, das durch Mischung entsteht, aus *anderen*, zuvor-existierenden (*prohyparchonta*, wie Aristoteles sagen würde) Dingen entsteht. Denkbar ist aber auch die stärkere Lesart, daß jedes Ding, das durch Mischung entsteht, *selbst* schon irgendwie zuvorbestanden hat. Empedokles scheint nun durchaus diese letzte, stärkere Variante im Sinn zu haben: „Nicht würde ein weiser Mann solches aus seinem Herzen weissagend verkünden: solange sie leben, was man so Leben heißt, so lange also sind sie und es widerfährt ihnen Schlimmes und Gutes; dagegen bevor die Sterblichen zusammengefügt und nachdem sie getrennt, sind sie nun also gar nichts" (B15). Überraschend ist diese Auffassung für uns deswegen, weil wir aus dem Umstand, daß eine Sache aus der Zusammensetzung bestimmter Bestandteile hervorgegangen ist, nicht unbedingt schließen würden, daß sie mit diesen Bestandteilen in irgendeiner Hinsicht identisch ist. Empedokles jedoch möchte offenbar der Konsequenz entgehen, etwa einem Lebewesen für eine Lebensspanne lang uneingeschränkte Existenz zuschreiben zu müssen, so daß er ihm aber auch keine völlige Nicht-Existenz für die Zeit vor seiner geburtsäquivalenten Zusammenmischung zugestehen kann. Die Begriffe „Entstehen" und „Vergehen" verlieren auf diese Weise bei Empedokles dasjenige Begriffsmerkmal, ohne das sie für uns nicht wiederzuerkennen sind, nämlich solche Einschnitte zu sein, über die hinaus sich die diachrone Identität oder Persistenz der betreffenden Sache nicht weiterverfolgen läßt.

c) Mischung und Trennung der vier Elemente

Die unvergänglichen Bestandteile der Welt sind für Empedokles die vier Elemente Erde, Wasser, Feuer und Luft. Daß es vier Elemente gibt und daß dies die vier Elemente sind, galt in der antiken Philosophie nach Empedokles als kanonische Einsicht. Aristoteles bezeichnet Empedokles ausdrücklich als den ersten, der vier Elemente angenommen habe (Met. 985a31). Die Vierzahl kann (aber muß nicht) auf den Einfluß der Pythagoreer zurückgehen, bei denen die Vier als Zahl der Gerechtigkeit eine herausgehobene Stellung einnahm. Empedokles selbst spricht nicht von Elementen, sondern von „Wurzeln (*rhizômata*)". Manche Interpreten messen diesem Ausdruck besondere Bedeutung zu (z.B. Buchheim 1994, 146f.), er kann aber auch schlicht damit erklärt werden, daß Wurzeln dasjenige sind, woraus etwas anderes hervorgeht.

Die vier Wurzeln oder Elemente werden im Lehrgedicht nicht unter ihrer eigentümlichen Bezeichnung, sondern als

Götter eingeführt: „Denn die vier Wurzeln aller Dinge höre zuerst: Zeus der schimmernde und Hera die lebenspendende sowie Aidoneus und Nestis, die durch ihre Tränen irdisches Quellwasser fließen läßt“ (31B6). Daß die Elemente zunächst als Götter vorgestellt werden, mag vielerlei heißen, in jedem Fall wird damit auch ihre Ewigkeit unterstellt (vgl. B7), welche sie mit dem Parmenideischen Seienden verbindet. An anderen Stellen bezieht sich Empedokles auf die Manifestationen der vier Elemente, nämlich Sonne, Himmel, Erde, Meer (B22), und an wieder anderen Stellen spricht er die Elemente im Klartext als Erde, Wasser, Feuer, Luft an. Diese vier Elemente bilden, „indem sie durcheinanderlaufen“ (B21.13f., B26.3), die verschiedenartigen Einzeldinge, so wie Maler aus wenigen Farben Gestalten malen, die „allem möglichen gleichen“ (B23).

Umstritten ist die Zuordnung der Elemente zu den vier genannten Göttern. Auf Theophrast geht die Auffassung zurück, Nestis entspreche dem Wasser, Zeus dem Feuer, Hera der Erde und Aidoneus – ein anderer Name für Hades – der Luft. Eine auf den Einfluß der Stoa zurückgehende Interpretationsvariante läßt Hades und Hera die Rollen tauschen. Im 19. Jahrhundert gab es Interpreten, die Zeus als Luft, Hera als Erde und Hades als Feuer ansahen (vgl. dazu Kingsley 1994). Die Orthodoxie unter den neueren Interpreten (HGP II 144ff., Wright 1981, 165f.) nimmt Zeus für das Feuer, Hera für die Luft und Hades für die Erde, während allein Kingsley (1995, 13ff.) Hera mit Erde, Hades mit Feuer und Zeus mit dem Äther identifiziert.

Liebe und Streit: Das vielleicht interessanteste Merkmal der Empedokleischen Elemente ist nun, daß diese Elemente mittels zweier Grundkräfte gemischt und wieder getrennt werden, die ebenso wie die Elemente selbst als ewig gelten: „denn wie sie vorher waren, so werden sie auch sein, und nimmer, glaube ich, wird von diesen beiden leer sein die unendliche Zeit“ (B16). Diese beiden entgegengesetzten als Attraktion und Repulsion wirkenden Kräfte nennt Empedokles Liebe und Streit, womit er einerseits an Parmenides anschließt, in dessen Kosmologie ebenfalls die Liebe eine wichtige Rolle zu spielen scheint (vgl. 28B13), und sich andererseits – durch die Doppelung der kosmischen Kräfte in Liebe und Streit – von ihm absetzt. Die Vorstellung einer alternierenden Dominanz dieser beiden Kräfte besitzt durchaus „attraktive explanatorische Eigenschaften“ (KRS 328), weil damit erklärt werden kann, warum die Elemente zum einen Zeitpunkt zu geformten Gegenständen zusammentreten und sich zu einem anderen Zeitpunkt wieder trennen. Das Zwei-Kräfte-Modell des Empedokles birgt aber auch Schwierigkeiten; und es wird nicht klar, wie Empedokles diese Schwierigkeiten überwinden will:

Erste Schwierigkeit: Die Liebe wird als Kraft der Verbindung, der Streit als die Kraft der Trennung charakterisiert, und Empedokles scheint eine wesentliche Verknüpfung der Liebe mit der Entstehung und insbesondere mit der Entstehung von Lebewesen anzunehmen. Jedoch ergibt sich innerhalb des Empedokleischen Systems auch die Situation, daß sich die Gegenstände der entwickelten Welt unter dem Einfluß der Liebe trennen müssen, um den Zustand der höchsten Liebe zu erreichen, und daß ausgehend von diesem Zustand Streit erforderlich ist, damit sich die geformten Gegenstände der entwickelten Welt bilden können. Auf diese Weise bewirkt Liebe Trennung, und Vergehen und Streit bewirken Verbindung und Entstehen (vgl. Aristoteles, Met. 985a22ff.). *Zweite Schwierigkeit:* In Empedokles' Kosmos folgen Zustände der Ruhe zeitlich auf Zustände der Bewegung, wobei der Zustand der Ruhe durch größtmögliche Einwirkung der Liebe ermöglicht wird. Nun kann man nicht einfach behaupten, daß der Zustand der Ruhe in eine Phase der Entwicklung übergeht, vielmehr bedarf es dafür eines spezifischen Grundes (vgl. Aristoteles, Phys. 252a22 ff., Met. 1000b12); die bloße Existenz des Streites liefert keinen solchen Grund (wovon Empedokles aber auszugehen scheint), denn der Streit war ja als ewige Kraft auch während der Ruhephase in irgendeiner Weise vorhanden. Es bräuchte also einen Grund dafür, daß der Streit wirksam wird, und dies könnte nur ein drittes Prinzip sein, das dann über Liebe und Streit stehen müßte.

Bewegung und Leere: Liebe und Streit sind die Ursachen für Bewegung und Veränderung. Die Problematisierung der Bewegung durch Parmenides scheint dabei insofern nachzuwirken, als hier zum ersten Mal eigens ein Prinzip der Bewegung ausgewiesen wird, während in der vor-parmenideischen Philosophie die Bewegtheit der Grundstoffe einfach vorausgesetzt wurde. Nun hatten aber die Eleaten die Bewegung verworfen, weil Bewegung leeren Raum voraussetzen würde, in den hinein sich etwas bewegt, und weil Leere als Nicht-Seiendes ausgeschlossen ist. Auch Empedokles akzeptiert (ebenso wie Anaxagoras), daß es keine Leere gibt (vgl. B13). Ob er dabei einfach die eleatische Identifikation von Leerem und Nicht-Seiendem übernimmt oder ob er dafür Beobachtungen mit der Klepsydra, einem pipettenartigen Instrument, mit dem Flüssigkeiten von einem Gefäß ins andere transportiert wurden, Bedeutung beimißt (vgl. B100: die Flüssigkeit entweicht, wenn eine oben verschlossene Klepsydra eingeführt wird, was die Ausdehnung der darin befindlichen Luft und somit die Nicht-Existenz des Leeren beweisen könnte), ist umstritten.

Jedenfalls sollte Empedokles, wenn er zwar die Existenz des Leeren bestreitet, die Möglichkeit der Bewegung aber einräumt, klar machen, wie er dem eleatischen Argument gegen die Bewegung zu entkommen meint; dies tut er offenbar mit dem Begriff der *antiperistasis*: In den erhaltenen Fragmenten findet man dazu nichts, ein späterer Bericht jedoch gibt Empedokles' Lösung zu diesem Problem folgendermaßen wieder: „Was sollte sie (die Bestandteile oder Elemente) darin hindern, sich zu bewegen und wechselseitig ineinander überzugehen (*perisasthai*), wenn immer zur selben Zeit eines in ein anderes wechselt und dieses in ein anderes und das andere in das erste" (MXG 976b22ff.). Die Lösung besteht also darin, daß die Subjekte der Bewegung immer nur ihren Platz miteinander tauschen, weshalb nie ein zusätzlicher leerer Raum erforderlich wird. Die in den erhaltenen Fragmenten mehrfach wiederholte Formulierung „durcheinanderlaufen" könnte genau darauf anspielen (vgl. PP II 97ff.).

Der ewige Kreislauf: Die Einwirkung der Kräfte Liebe und Streit auf die Elemente bewirkt einen ewigen Kreislauf. In dem vieldiskutierten Fragment B17 wird dieser Kreislauf folgendermaßen beschrieben: „Einmal wachsen sie zusammen, um ein alleiniges Eines aus Mehrerem zu sein, das andere Mal wachsen sie wieder auseinander, um Mehreres aus Einem zu sein. Doppelt ist der sterblichen Dinge Entstehung, doppelt ist auch ihr Vergehen. Denn die Vereinigung aller gebiert und vernichtet das eine, das andere wird genährt und zerschmettert, wenn sie sich wieder trennen. Und dieser beständige Tauschwechsel hört niemals auf: bald vereinigt sich alles durch Liebe zu Einem, bald auch trennen sich wieder die einzelnen Stoffe im Hasse des Streites. Insofern nun so Eines aus Mehrerem gelernt hat zu entstehen und wiederum aus dem zergangenen Einen Mehreres hervorgeht, insofern werden sie, und das Leben bleibt ihnen nicht unverändert; sofern aber ihr ständiger Tauschwechsel nimmer aufhört, insofern sind sie ewig, unveränderlich im Kreislauf" (B17.1–13).

Offenbar beschreibt Empedokles hier das, was er als die grundlegende Gesetzmäßigkeit der Welt ansieht. Der letzte Satz macht deutlich, daß er damit zugleich seine Lösung auf das von Parmenides gestellte Problem des Entstehens und Vergehens präsentieren will. Wahrscheinlich kann man den hier beschriebenen doppelten Prozeß auch auf die Entwicklung des Kosmos im ganzen anwenden, so daß Empedokles eine zyklisch wiederkehrende Weltentstehung annehmen würde. Diese Auffassung wird Empedokles auch von Aristoteles ausdrücklich zugeschrieben (Phys. 187a24f.). Dennoch wäre es voreingenommen, das Fragment B17 von vornherein als eine Beschreibung des kosmogonischen Prozesses zu lesen (vgl. Long in: MOU), denn offenbar läßt sich die darin beschriebene Gesetzmäßigkeit auch auf einzelne innerweltliche Vorgänge beziehen, wie etwa Fragment B20 zeigt: „Dieser [Wettstreit der Kräfte] liegt klar vor an der menschlichen Glieder Masse: bald vereinigen sich durch die Liebe alle Glieder, welche die Leiblichkeit erlangt haben, auf des blühenden Lebens Höhe, bald wieder zerschnitten durch die schlimmen Mächte des Zwistes irren sie einzeln voneinander getrennt am Gestade des Lebens."

d) Die Zyklen des Kosmos

Im Mittelpunkt des Lehrgedichts über die Natur steht die Schilderung, wie sich der Kosmos aufgrund der gegebenen Elemente und der beiden einwirkenden Kräfte Liebe und Streit entwickelt und wie sich aufgrund derselben Prinzipien die Ausstattung dieses Kosmos einschließlich der Lebewesen entwickelt. Während sich für den Ansatz des Empedokleischen Systems, wie er in den vorausgehenden Abschnitten behandelt wurde, gute Gründe wenigstens rekonstruieren lassen, erfolgt die Darstellung der Kosmogonie rein deklaratorisch: nirgendwo ist erkennbar, daß das Vorgetragene irgendwie belegt oder begründet werden soll. Außerdem bleiben trotz der ausgesprochen umfangreichen Überlieferung einige zentrale Punkte völlig im Dunkeln, wofür nicht zuletzt Empedokles' poetische und mißverständliche Ausdrucksweise verantwortlich ist. So kommt es, daß um die sogenannten „Zyklen des Kosmos" eine heftige Interpretationsdebatte entbrannt ist, die – solange keine neuen Evidenzen eingebracht werden – als praktisch unentscheidbar gelten kann. Aus Gründen der Übersichtlichkeit soll hier zunächst die klassische Interpretation vorgestellt werden, um dann Einwände und Alternativen ihrer Gegner zu nennen. Die klassische Interpretation hat neben dem Zeugnis des Aristoteles Textevidenzen und Verteidiger auf ihrer Seite, die zumindest nicht schlechter sind als die ihrer Kontrahenten; im wesentlichen beinhaltet sie folgendes:

Der Kosmos durchläuft einen Zyklus, der sich in vier Phasen unterteilen läßt. In einer der Phasen nimmt der Anteil der Liebe ständig zu, in der entgegensetzten Phase nimmt der Anteil des Streites zu. Während dieser beiden Phasen entstehe und vergehe jeweils eine Welt wie die unsrige. Diese beiden Phasen der Bewegung sind jeweils durch Ruhephasen getrennt, von denen die eine durch ein Maximum an Liebe, die andere durch ein Maximum an Streit regiert wird. Diese beiden Zustände repräsentieren das Eine und das Viele, von dem in Fragment B17 die Rede war. Dieses Grundschema läßt sich im einzelnen folgendermaßen ausfüllen:

Stufe I: Weil es sich um einen Kreislauf handelt, gibt es keinen Anfang im zeitlichen Sinn; als Ausgangspunkt kann man allenfalls den Zustand der dominierenden Liebe wählen. In dieser Phase ist alles durch die Kraft der Liebe in eine homogen gemischte Kugel vereint: „... eine Kugel war er und von allen Seiten sich selbst gleich" (aus B29); „Nicht Zwist und auch nicht unziemlicher Streit in seinen Gliedern." (B27a); „Aber er, von allen Seiten sich selber gleich und überall endlos, Sphairos, der kugelförmige, über die ringsum herrschende Einsamkeit von frohem Stolz erfüllt" (B28). Die Inaktivität des Streites in dieser Phase wird von Empedokles mit der räumlichen Metapher beschrieben, der Streit werde an die Peripherie abgedrängt (B36). Das Zusammensein der Elemente in dieser Kugel bringt offenbar mit sich, daß diese ununterscheidbar sind (vgl. B27).

Stufe II: In dieser Phase dringt der Streit in die Kugel ein („doch nachdem der Streit in den Gliedern groß gezogen und zu Ehren emporgestiegen...": aus B30) und initiiert eine Bewegung, durch die die Kugel auseinanderfällt. Der Einfluß des Streites nimmt mehr und mehr zu, so daß sich zunächst die verschiedenen Elemente (aufgrund des Prinzips „Gleiches zu Gleichem") absondern. Im weiteren Verlauf dieser Phase entstehen die Lebewesen. Obwohl es in der dazu spiegelbildlichen Phase der anwachsenden Liebe auch zu einer Entstehung von Lebewesen kommt, befinden wir uns in dieser Phase, nämlich in der des anwachsenden Streites (so jedenfalls Aristoteles, *De Caelo* 334a5).

Stufe III: In der darauf folgenden Phase hat der Streit und somit die Trennung ihren Höhepunkt erreicht. Daß die Phase des anwachsenden Streites in einem Maximum an Streit gipfeln muß, bevor die Phase der wieder erstarkenden Liebe beginnt, folgt logisch; Belege oder Beschreibungen für diesen Zustand haben wir allerdings nicht. Selbst die Information, daß es sich dabei um eine zeitlich ausgedehnte Ruhephase handelt, könnte allein auf die falsche Interpretation einer Aristotelesstelle zurückgehen. O'Brien argumentierte dafür (zuletzt 1995), daß es sich bei dieser Stufe weder um einen Ruhezustand noch um eine zeitliche ausgedehnte Phase, sondern nur um einen Augenblick handelt. Entsprechend müsse auch eine andere Bemerkung des Aristoteles so umgedeutet werden, daß nicht die beiden Ruhephasen, sondern die eine Ruhephase im Zustand der Kugel und die drei bzw. zwei anderen Phasen des Zyklus insgesamt von gleicher Dauer seien. Das klingt zwar nach Haarspalterei, bringt aber den beachtenswerten Unterschied mit sich, daß das Maximum des Streites dem Maximum der Liebe – zumindest was die Zeit angeht – nicht als gleich starker Pol gegenübersteht.

Stufe IV: „Wenn der Streit zur untersten Tiefe des Wirbels gekommen ist, aber in die Mitte des Strudels die Liebe gelangt, da vereinigt sich in ihr gerade alles dies, um nur ein Einziges zu sein, nicht auf ein mal, sondern willig zusammentretend das eine von hier, das andere von da. Aus dieser Mischung nun ergossen sich unzählige Scharen von Sterblichen. Vieles aber blieb noch ungemischt stehen zwischen dem sich Mischenden, soviel noch der Streit zurückhielt in der Schwebe befindlich" (B35.3–9). Diese Phase der anwachsenden Liebe mündet in den Zustand der Kugel, womit der Kreislauf geschlossen ist.

Einwände gegen das Vier-Stufen-Modell: Kontrovers ist an dem Vier-Stufen-Modell vor allem die Annahme zweier umgekehrter Kosmogonien während der Stufen II und IV. Gegen diese Annahme haben sich mit unterschiedlichen Alternativvorschlägen Bollak (1965), Solmsen (1965 sowie in: AF II) und Hölscher (1968, 173ff.) gewandt. Der attraktivste Gegenvorschlag zur Vier-Stufen-Interpretation beinhaltet einen einzigen linearen Weltentstehungsprozeß, bei dem der Streit durch die Trennung der Elemente die Kosmogonie anstößt und die Liebe die Bildung der Lebewesen ermöglicht. Das Mißliche am alten Modell nämlich sei, „daß die beiden Bewegungen in je nur einer Richtung laufen, in fortschreitender Trennung oder fortschreitender Einigung, jede ausgeführte Kosmogonie aber auf beides angewiesen scheint, indem die Weltordnung im großen zwar durch Trennung geschehen kann, aber die Bildung des Lebens nur durch Verbindung“ (Hölscher 1968, 173). In der Tat erscheint es plausibler, die Entstehung der entwickelten Welt, in der Empedokles und auch wir noch leben, als das Ergebnis einer Interaktion beider Kräfte zu erklären, und tatsächlich scheint Empedokles die Entstehung von Lebewesen immer als ein Werk der Liebe anzusehen. Außerdem scheint sich die detaillierte Schilderung der Zoogonie in den erhaltenen Fragmenten immer nur auf einen einzigen Vorgang zu beziehen (eine ausführliche Diskussion bei Long in: MOU).

Verteidigung des Vier-Stufen-Modells: Ein Verteidiger des alten Modells müßte argumentieren, daß während der beiden Stufen der Weltentstehung jeweils beide Kräfte aktiv sind (vgl. Inwood 1992, 42), entweder beide zugleich, oder nacheinander, indem nämlich immer eine der beiden Kräfte für die Hälfte einer kosmogonischen Phase die Übermacht hat. Letzteres führt, wie Hölscher gesehen hat (1968, 174), aber ebenfalls zu Schwierigkeiten, weil in der ersten Hälfte der Stufe II, während noch die Liebe überwiegt, gerade die Absonderung der Elemente bewirkt werden soll, und in der ersten Hälfte der Stufe IV, während noch der Streit überwiegt, gerade das vollständig Getrennte in Lebewesen zusammengebracht werden muß. Deshalb könnte der Verteidiger des alten Modells auch argumentieren, daß die Entstehung der Lebewesen während der Stufe IV als Werk der Liebe, während der Stufe II jedoch tatsächlich als Werk des Streites angesehen werden muß. Die Bildung von Lebewesen auf Stufe II müßte dann als Übergangsphase im Prozeß der zunehmenden Trennung aufgefaßt werden, so daß die Trennungsprodukte aus der Trennung der schon differenzierten Elementgruppen zeitweise die Lebewesen bilden, bevor sie sich noch weiter trennen und in die Stufe III eintreten.

Daß schließlich bei Empedokles nur eine Art der Kosmogonie beschrieben ist, fällt schon Aristoteles auf; er hält dies für ein Versäumnis des Empedokles und erklärt sich die Unterschlagung der zweiten Kosmogonie mit der Unplausibilität einer solchen Vorstellung, wobei er nicht (wie die Kritiker des Vier-Stufen-Modells) die Entstehung durch anwachsenden Streit, sondern die Entstehung durch anwachsende Liebe für unplausibel hält: „... denn es ist nicht sinnvoll, das Werden aus Getrenntem und Bewegtem entstehen zu lassen. Darum läßt auch Empedokles das Werden aus der Liebe beiseite. Er könnte ja das Universum nicht aufbauen, wenn er es aus Getrenntem entstehen läßt und dann eine Vereinigung durch die Liebe bewerkstelligte. Denn die Elemente des Kosmos *sind* in einem Zustand der Trennung, so daß diese erst aus Einem und Kombiniertem entstanden sein müssen" (*De Caelo* 301b14ff.)

e) Die vierstufige Entstehung der Lebewesen

Von den detaillierten Beschreibungen der Weltentstehung ist die Zoogonie, die Entstehung der Lebewesen, besonders bemerkenswert. Aufgrund der oben genannten Unsicherheiten des kosmologischen Prozesses im ganzen ist die genaue Einordnung dieser Lehren allerdings unklar. Den Grundtext bildet ein Bericht des Aëtios: „Empedokles sagt, daß die (i) ersten Generationen von Tieren und Pflanzen überhaupt keine vollständigen Wesen waren, sondern getrennte, nicht zusammengewachsene Glieder. (ii) Die zweiten, bei denen die Teile zusammengewachsen seien, hätten wie Phantasiegebilde ausgesehen. (iii) Die dritten hätten aus den Ganzgewachsenen bestandenen. (iv) Die vierten seien nicht mehr aus den Gleichen – wie Erde und Feuer – entstanden, sondern durch gegenseitiges Aufeinandereinwirken ..." (aus A72). Diese Beschreibung klingt so, als sei von einer linearen Entwicklung in vier Schritten die Rede. Einige Anhänger der kosmologischen Vier-Stufen-Lehre vertreten allerdings die Ansicht, daß die ersten beiden Stadien (i)-(ii) (zusammen mit einem nicht genannten dritten Stadium) die Entstehung der Lebewesen während der Stufe IV, und die beiden letzten Stadien (iii)–(iv) die Entstehung der Lebewesen während der Stufe II beschreiben (vgl. HGP II 200ff.).

Auf das Stadium (i) der Zoogonie, in der nur separate Glieder entstehen, würde jedenfalls die Vorstellung zutreffen, daß es im Zustand der noch dominierenden Trennung anzusiedeln wäre: „Ihr (der Erde) entsproßten viele Kinnbacken ohne Hälse, nackte Arme irrten hin und her ohne Schultern, und Augen allein schweiften umher bar der Stirnen" (B57); „Vereinzelt irrten die Glieder umher" (B58). Daran schließt sich das Stadium (ii) an: „Da wuchsen viele hervor mit doppeltem Gesicht und doppelter Brust, Kuhsprößlinge mit Menschenvorderteil, andere wieder tauchten umgekehrt auf als Menschengeschöpfe mit Ochsenköpfen, Mischwesen, hier von Männern, dort nach Frauen Art ..." (B61).

Die Monsterwesen aus Stadium (ii) finden sich durch bloßen Zufall zusammen, die meisten davon gehen zugrunde. Nach einem Bericht des Aristoteles macht Empedokles an dieser Stelle jedoch von dem Gedanken einer evolutionären Selektion Gebrauch; falls es sich nämlich trifft, daß die Zusammensetzung zweckmäßig ist, überleben die entsprechenden Wesen: „Überall, wo alles so eintrat, als sei es um eines Zweckes willen geschehen, da überlebten diese, die durch Zufall geeignet zusammengesetzt wurden; wo es aber nicht so war, da gingen sie und gehen sie zugrunde ..." (Phys. 198b29ff.). Den nachselektiven Zustand könnte man nun als drittes Stadium betrachten, in dem die Zoogonie in der Phase zunehmender Liebe ihren Abschluß erreicht.

Entsprechend wäre es plausibel, die Stadien (iii) bis (iv) als die Zoogonie in der Phase zunehmenden Streites anzusehen, denn in Stadium (iii) gehen die Lebewesen unmittelbar aus den Elementen hervor: „Als erstes tauchten aus der Erde ganzgewachsene Gestalten auf, die von beidem, von Wasser und Wärme, ihren bestimmten Anteil hatten" (aus B62). Die Entstehung dieser Lebewesen geht auf Mischung der Elemente zurück, während der Einfluß der Liebe noch stark ist. Aber erst die Lebewesen des folgenden Stadiums (iv) können sich selbst reproduzieren, indem die Tiere geschlechtliche Unterschiede aufweisen.

f) Poren zur Erkenntnis

Empedokles' Theorie der sinnlichen Wahrnehmung hat bei den antiken Berichterstattern offenbar einen großen Eindruck hinterlassen. Von zahlreichen Details dieser Lehre wird in Theophrasts Schrift „Über die Sinneswahrnehmung" berichtet (31A86). Insgesamt sind drei Merkmale dieser Lehre zentral: (i) Wahrnehmung kommt aufgrund von Poren zustande, durch die die verschiedenen Sinne verschiedenartige Ausströmungen der wahrgenommenen Objekte aufnehmen können. (ii) Gleiches wird durch Gleiches erkannt. (iii) Denken und intellektuelle Erkenntnis wird nach dem Vorbild der sinnlichen Wahrnehmung beschrieben.

(i) Nach Aristoteles zählt Empedokles zu jenen, die meinen, „daß ein jedes erleidet, indem durch gewisse Poren dasjenige, was das letztlich und maßgeblich Bewirkende ist, eintritt, und sie sagen, daß wir so auch sehen und hören und alle übrigen Sinneswahrnehmungen hätten" (Gen.Corr. 324b26ff.). Dieses allgemeine Modell gewinnt an Erklärungswert durch die Annahme verschiedenartiger Poren; er sage nämlich „die Wahrnehmung komme dadurch zustande, daß [das Bewirkende] in die Poren des jeweiligen Sinnes hineinpaßt. Deshalb könne auch der eine Sinn nicht die Gegenstände eines anderen Sinnes unterscheiden, weil die Poren des einen Sinnes zu weit seien für den wahrgenommenen Gegenstand und die des anderen zu eng, so daß das eine ohne Berührung hindurchpasse und das andere überhaupt nicht hineinkommen kann" (aus: A86,7).

Was dabei durch die Poren des jeweiligen Sinnes eindringen kann, sind Ausströmungen, die von dem wahrgenommenen Gegenstand ausgehen und diesen offenbar durch entsprechende Porenarten verlassen: „Sagt ihr also nach dem Vorbild von Empedokles, daß es gewisse Ausströmungen von allem Seienden gibt? – Ganz recht. – Und Poren, in die und durch die die Ausflüsse gehen? – Allerdings. – Und daß von den Ausströmungen einige einigen Poren angemessen sind, andere aber für dieselbigen zu groß oder zu klein? – So ist es" (Platon, *Menon* 76c). Erstaunlich ist, daß er hier das Zusammenpassen von Poren und Ausströmungen ausschließlich an der Größe und nicht an verschiedenen Formen festmacht, denn auf diese Weise finden alle kleineren Ausströmungen Eingang in die nicht für sie vorgesehenen Poren. Vielleicht meint der Hinweis auf das berührungslose Eindringen im Falle zu großer Poren in A86,7, daß im gelingenden Fall die Wahrnehmung gerade durch diesen Kontakt ausgelöst wird.

Weil Gegenstände nur aufgrund ihrer Ausströmungen wahrgenommen werden können, ist es nur konsequent, daß er solche Ausströmungen ausdrücklich allen Gegenständen zuerkennt (vgl. B89). Wenn die Ausströmungen ihren Gegenstand nur durch Poren verlassen können, müßten sich auch Poren bei allen wahrnehmbaren Gegenständen finden. Selbst durchsichtige Stoffe, wie Luft und Wasser, verfügen über Poren, die infolge ihrer Kleinheit unsichtbar sind und sehr dicht nebeneinanderliegen (vgl. A87). Da Empedokles das Poren-Modell offenbar auf die gesamte Natur ausweitet, überrascht es nicht, daß er es auch zur Erläuterung anderer Phänomene einsetzt, wie etwa zur Erklärung des Magnetismus oder der chemischen Verbindung. Mit dieser Ausweitung des Modells schafft er sich aber auch Probleme (wie schon Theophrast sieht: A86,12): Wenn etwa der Stein auf dieselbe Weise über Poren verfügt wie ein der Wahrnehmung fähiges Lebewesen, empfängt dann auch der Stein Ausströmungen und nimmt er dann etwas wahr? (Dies würde Empedokles vielleicht sogar bejahen: „Denn alles, wisse, hat Einsicht und am Denken Anteil“: aus B110). Wenn nicht, worin besteht der Unterschied zu den Poren wahrnehmender Wesen? Und wenn Wahrnehmung nach demselben Mechanismus funktioniert wie eine chemische Verbindung von Stoffen, wie ist dann beides überhaupt zu unterscheiden? Oder ist jede stoffliche Verbindung eine Wahrnehmung?

Während es nach den besprochenen Quellen so erscheint, als empfange der Sinn die Ausströmungen nur, erschließt Aristoteles aus dem Empedokleischen Vergleich des Auges mit einer Lampe in Fragment B84, daß zumindest bei der optischen Wahrnehmung die Ausströmungen vom Sinnesorgan ausgehen. Er schließt in kritischer Absicht die Bemerkung an, nach Empedokles erfolge das Sehen manchmal so und manchmal durch Ausströmung der gesehenen Gegenstände (vgl. A91); wahrscheinlich liegt Aristoteles mit seiner Interpretation falsch. Eher noch scheint das bei Platon beschriebene Modell (*Timaios* 45b–c, 67c–d) auf Empedokles anwendbar, wonach das Sehen durch *gleichzeitige* Ausströmungen des Auges und des wahrgenommenen Gegenstandes ermöglicht wird.

(ii) In den antiken Berichten zur Wahrnehmungslehre werden frühere Theoretiker in zwei Gruppen geteilt, je nachdem, ob für sie die Wahrnehmung aus Gleichem oder aus Gegensätzlichem erfolgt. Als Exponent der ersten Gruppe gilt Empedokles. Bei ihm nimmt dieses Prinzip zumeist die Form an, daß die einzelnen Elemente durch die Elemente erkannt werden: „Denn durch Erde schauen wir die Erde, durch Wasser das Wasser, durch Äther den göttlichen Äther, aber durch Feuer das vernichtende Feuer; die Liebe ferner durch die Liebe, und den Haß durch den traurigen Haß“ (B109). Bisweilen scheint er den Grundsatz, daß Gleiches durch Gleiches erkannt wird, etwas weiter zu fassen: „So Süßes nach Süßem griff, Bitteres auf Bitteres losstürmte, Scharfes auf Scharfes stieg und Heißes auf Heißem ritt“ (B90).

Für das Sehen wird das Gleiches-durch-Gleiches-Prinzip so konkretisiert, daß im Augeninnern Feuer durch einen dünnen Mantel aus Erde und Luft eingeschlossen ist. Die Poren des Feuers und des Wassers sind im Auge abwechselnd angeordnet, so daß Helles mittels der Feuerporen und Dunkles mittels der Wasserporen erkannt werden kann (vgl. A86,7). Beim Hören geht die Anwendung des Prinzips so weit, daß die im Ohr befindliche Luft in Bewegung gesetzt wird und dort mit Hilfe eines glockenförmigen Resonanzkörpers denselben Klang gleichsam reproduziert (A86,9). Das trägt ihm die Kritik Theophrasts ein, daß er die Wahrnehmung des äußeren Klangs mit dem inneren Klang erkläre, jedoch nirgendwo sage, wie wir dann den inneren Klang wahrnehmen können (A86, 21).

Aber auch grundsätzlich wirft das Gleiches-durch-Gleiches-Prinzip Probleme auf, sobald man davon ausgeht, daß nicht nur einzelne Elemente erkannt werden sollen. Zwar kann man Empedokles' Modell damit verteidigen, daß durch die Anwesenheit der Elemente in der Seele alle möglichen Mischungsverhältnisse hergestellt werden können, um aber einen Menschen als einen Menschen zu erkennen, genügt es nicht zu erkennen, woraus er gemischt ist; deshalb wendet Aristoteles ein: „Es nützt also nichts, wenn die Elemente in der Seele enthalten sind, wenn nicht auch die Proportionen und die Zusammensetzungen darin sind. Denn durch das Gleiche wird ein jedes erkannt, der Knochen aber und der Mensch durch nichts, wenn nicht dies in der Seele vorkommt. Daß dies unmöglich ist, braucht man nicht zu sagen" (*De Anima* 410a7ff.).

(iii) Wenn Aristoteles Empedokles zu den Theoretikern zählt, für die Denken und Wahrnehmen dasselbe sei, dann stützt er sich darauf, daß auch Denken und Erkennen „körperlich", nämlich mittels des Blutes, erfolgt und daß auch das Gleiches-durch-Gleiches-Prinzip für das Denken gilt (*De Anima* 427a21ff.). Ob für Empedokles dadurch alles Denken wahr wird oder ob er, wie Theophrast ausführt, das falsche Denken auf Unähnlichkeit zurückführt, muß offen bleiben. Offen ist auch, ob und wie Empedokles graduelle Unterschiede zwischen Wahrnehmen und Denken geltend macht, wie es Theophrasts Bemerkung nahelegt, daß das Denken deswegen durch das Blut erfolge, weil dort die Elemente „am meisten" gemischt seien (A86,10). Dafür, daß nach Empedokles das Denken durch das Blut erfolgt, haben wir jedenfalls einen eindeutigen Beleg: „In den Fluten des pulsierenden Blutes sind sie (die Elemente) gemischt, dort, wo am meisten sich befindet, was bei den Menschen Verstand heißt; denn Verstand ist das bei den Menschen ums Herz befindliche Blut" (B105).

2. Anaxagoras von Klazomenai

Anaxagoras' System gilt als das komplizierteste der vorsokratischen Philosophie. Dies zeigt sich auch an der Situation der Anaxagoras-Forschung, die, wie Vlastos einmal treffend bemerkte (1950, 31), selbst hinsichtlich der Grundzüge des Systems noch keine Übereinstimmung erreicht hat. Die Komplexität seines Denkens rührt sicherlich daher, daß Anaxagoras zwei unterschiedlichen Denktraditionen gerecht werden will. Einerseits nämlich möchte er wie die ionischen Denker die Welt durch die Entwicklung aus einem unendlichen Urstoff beschreiben, andererseits scheint er die durch Parmenides und die Eleaten eingeleitete Wende der frühgriechischen Philosophie zu gut zu kennen, um einfach zu einer naiven Welterklärung des milesischen Typs zurückkehren zu können. Dies wird in mindestens dreifacher Hinsicht deutlich: Erstens akzeptiert er die eleatischen Einwände gegen das Entstehen des Seienden und zieht daraus wichtige Rückschlüsse auf das ursprüngliche Inventar der Welt. Zweitens beruht sein System offenbar auf einer Auseinandersetzung mit der eleatischen Ablehnung der Vielheit und Teilbarkeit des Seienden. Gegen die monistische Tendenz setzt er einen extremen Pluralismus, und der Unteilbarkeitsbehauptung stellt er die These der unendlichen Teilbarkeit gegenüber. Drittens hält er – wie alle nach-eleatischen Naturphilosophen – das Phänomen der Bewegung für erklärungsbedürftig und führt dafür die Vorstellung eines bewegenden Geistes ein, den er als ein von der Materie unabhängiges, wenngleich noch körperliches Prinzip beschreibt.

a) Aufenthalt in Athen und Flucht nach Lampsakos

Anaxagoras dürfte um 500 v.Chr. in Klazomenai geboren sein. Ungefähr mit zwanzig Jahren soll er nach Athen übersiedelt sein, wo er begann, sich mit der Philosophie zu beschäftigen. Ob er dabei bereits Zenons Schrift kannte, ist umstritten. Angenommen, Anaxagoras habe seine Hauptlehren in der Zeit zwischen 470 und 460 v.Chr. entwickelt, dann wäre ein solcher Einfluß durchaus möglich. Platons *Apologie* berichtet von Büchern des Anaxagoras, die in Athen für eine Drachme zu kaufen waren. Verschiedene Quellen bezeichnen Perikles als Schüler und Freund des Anaxagoras. Wahrscheinlich um 450 v.Chr. wurde Anaxagoras in Athen der Asebie angeklagt, weil er die Sonne für einen Steinklumpen hielt. Alle Einzelheiten um diese Anklage und den Prozeß gegen Anaxagoras sind sehr unzuverlässig überliefert. Jedenfalls soll er im Zuge der Asebie-Anklage Athen verlassen haben und nach Lampsakos geflohen sein, wo er um 428 v.Chr. gestorben ist.

b) „Nichts entsteht aus Nicht-Seiendem"

Ist die Interpretation der Anaxagoreischen Fragmente auch im einzelnen mit vielen Unsicherheiten verbunden, so läßt sich doch mit einiger Sicherheit sagen, daß die folgenden vier Grundsätze im Mittelpunkt seines Systems stehen: (1) Am Anfang war alles miteinander vermischt. (2) In allem gibt es einen Anteil von allem. (3) Es gibt keinen kleinsten Teil von irgendetwas. (4) Nichts entsteht aus etwas, was nicht ist.

Der größten Bekanntheit erfreut sich Prinzip (1). Anaxagoras setzte es offenbar programmatisch an den Anfang seiner Schrift: „Zusammen waren alle Dinge" (homou panta: aus DK 59B1). Ob es sich dabei um ein Axiom und einen irreduziblen Glaubenssatz handelt (wie Schofield 1980, 40–67, meint), mit dem die Sätze (2) bis (4) begründet werden können, oder ob es selbst aus den übrigen Sätzen oder anderen Evidenzen erschlossen werden muß, ist allerdings ungewiß. Prinzip (2) schreibt eine bestimmte Form der ursprünglichen Mischung auch für den entwickelten Zustand der Welt fort. Der Gebrauch der Ausdrücke „alles", „von allem" wirft, weil die wörtlich genommene Allquantifikation leicht auf Abwegiges führt, die Frage auf, wovon eigentlich die Rede ist. Dies lenkt über zur Theorie der Materie, deren wichtigstes Prinzip in Satz (3) ausgesprochen ist. Von Prinzip (4) betonen die antiken Berichterstatter, daß es unter Naturphilosophen verbreitet war; wir werden jedoch sehen, daß Anaxagoras diesem Grundsatz eine eigentümliche Wendung gibt.

Die vorliegende Darstellung wählt aus Gründen der Transparenz den Einstieg bei Satz (4). Offenbar steht das Prinzip in Zusammenhang mit der eleatischen Zurückweisung des Entstehens von Seiendem. Daß sich Anaxagoras diesem eleatischen

Grundsatz anschließt, zeigt Fragment DK 59B17: „Die Griechen haben keine richtige Meinung vom Entstehen und Vergehen. Denn kein Ding entsteht oder vergeht; sondern aus den seienden Dingen wird es gemischt und getrennt. Und so dürfte man zu Recht das Entstehen ein Sich-Mischen, das Vergehen ein Sich-Trennen nennen." Aristoteles (A52 = Phys. 187a20ff.) verweist in seinem Bericht auf Prinzip (4), um zu erklären, warum sich Anaxagoras im Unterschied zu Empedokles nicht mit der Annahme von vier Elementen zufrieden gibt, sondern eine „unendliche Anzahl von Prinzipien", nämlich „die gleichteiligen Stoffe und die Gegensätze", ansetzt. Inwiefern könnte die Annahme, daß die Grundausstattung der Welt unendlich Vieles umfaßt, eher das Problem der zu vermeidenden Entstehung aus dem Nicht-Seienden lösen als das Empedokleische Vier-Elemente-Modell? Der Übergang von vier Elementen zu einer unbegrenzten Anzahl von Grundstoffen verspricht offenbar nur dann einen Fortschritt, wenn man voraussetzt, daß die als Zusammenmischung einer begrenzten Anzahl von Grundstoffen S_1, S_2 ... S_n interpretierte Entstehung einer davon verschiedenen Substanz S' das unerwünschte Phänomen einer Entstehung aus Nicht-Seiendem wiederholt. Anaxagoras würde demnach seinem Modell eine viel strengere Vorgabe auferlegen als Empedokles: Etwas wirklich Neues, was zuvor nicht schon in irgendeiner Form bestanden hat, kann nicht – auch nicht durch Mischung von anderen zuvorbestehenden Substanzen – entstehen. Jede der jetzt in der Welt vorhandenen Substanzen muß deshalb schon in der ursprünglichen Ausstattung der Welt vorgelegen haben.

Damit das Argument gegen Modelle des Empedokleischen Typs schlüssig wird, muß allerdings eine besondere Modifikation des Prinzips (4) vorausgesetzt werden, denn auch für Empedokles findet die Entstehung keineswegs aus Nicht-Seiendem, sondern aus etwas Seiendem, den Elementen, statt. Aristoteles' Verweis auf das Prinzip (4) ergibt daher nur einen Sinn, wenn dieses besagt, daß Entstehung weder aus etwas, was nicht ist, noch aus etwas, was davon verschieden oder von verschiedener Art ist, erfolgen kann (vgl. Schofield 1980, 44). Tatsächlich vorausgesetzt wird daher: (4') Nichts entsteht aus etwas, was *es* nicht ist.

Gibt es außer dem Bericht des Aristoteles Anzeichen dafür, daß Anaxagoras das Prinzip (4') akzeptiert hat, bzw. dafür, daß er ein Implikationsverhältnis von (4) nach (4') annahm? Zumindest ein Fragment kann als eine exakte Bestätigung für Prinzip (4') angesehen werden: „Denn wie könnte aus Nicht-Haar Haar entstehen und aus Nicht-Fleisch Fleisch?" (B10). Außerdem bekräftigen Berichte von Simplikios (DK 59A45) und Aëtios, daß Anaxagoras das Prinzip (4') vertreten und daß er dem Problem der vermeintlichen Entstehung einer Substanz S aus der Substanz Nicht-S zentrale Bedeutung beigemessen hat. So berichtet Aëtios: „Eine besondere Schwierigkeit scheint er in der Frage gesehen zu haben, wie aus dem Nicht-Seienden etwas entstehen und wie etwas in das Nicht-Seiende vergehen kann. So verzehren wir Nahrung, die einfach und von einer einzigen Art ist wie das Brot und das Wasser, das wir trinken; und aus dieser Nahrung gehen Haar, Venen, Arterien, Fleisch, Sehnen, Knochen und die übrigen Teile hervor" (aus A46).

Bei der Ernährung scheint die Entstehung unterschiedlicher, im lebendigen Körper vorhandener Substanzen auf andersartige Substanzen, nämlich die jeweilige Nahrung, zurückzugehen. Offenbar war Anaxagoras der Auffassung, daß das durch die Eleaten gestellte Problem der Entstehung nur dann hinreichend gelöst ist, wenn solche Phänomene ohne Rückgriff auf die in seinen Augen widersprüchliche Annahme, eine Substanz S könne aus Nicht-S (und somit aus Nicht-Seiendem) entstehen, erklärt werden kann. Nimmt man eine derartige Aufgabenstellung als Ausgangspunkt, dann ist leichter zu sehen, wie Anaxagoras zu dem – ansonsten befremdlich wirkenden – Prinzip (1) über die ursprüngliche Mischung gelangen kann. Die wichtigste Brücke zur These eines „ursprünglichen Zusammen" aller Dinge liefert ein einfaches Korollar zu (4'), denn wenn die Substanz S aus der Substanz S' entsteht, dann kann S' nicht Nicht-S sein. Letzteres kann nicht bedeuten, daß S und S' identisch oder von identischer Beschaffenheit sein müssen. Denn Anaxagoras macht (wie wir noch sehen werden) keinen Unterschied bei der Behandlung von Grundstoffen und Gegensätzen; wenn er aber von den Gegensätzen sagt, daß sie auseinander hervorgehen (vgl. Aristoteles, Phys. 187a31 ff.), ist damit natürlich nicht die Identität von Gegensätzen wie „hell" und „dunkel" impliziert, vielmehr meint er, daß das eine im anderen enthalten war. Man kann deshalb allgemein sagen: (K) Wenn die Substanz S aus der Substanz S' entsteht, dann muß S in S' enthalten sein.

Beobachtungen wie die, daß aus einer Art von Nahrung oder aus einer Art von Samen mehrere verschiedenartige Substanzen S_1, S_2 ... S_n hervorgehen, können nun mit Hilfe von (K) einfach so erklärt werden, daß S_1, S_2 ... S_n schon in der betreffenden Nahrung oder im betreffenden Samen vorhanden waren. Nun liegt es nahe zu vermuten, daß die Prinzipien (1) „Am Anfang war alles miteinander vermischt" und (2) „In allem gibt es einen Anteil von allem" durch Verallgemeinerung solcher Erklärungen entstanden sind.

c) Gleichteilige Stoffe und unendliche Teilbarkeit

Wenn Anaxagoras davon spricht, daß *nichts* aus etwas entsteht, was es nicht ist, daß ein Anteil von *allem* in *allem* enthalten ist oder daß am Anfang *alle Dinge* zusammen waren, dann bezieht er sich offenbar nicht auf die abzählbaren Einzeldinge in der Welt: Perikles ist nicht aus Perikles entstanden, und Anaxagoras ist nicht einmal anteilsweise in Perikles enthalten. Worauf bezieht er sich dann? Unter Anaxagoras' eigenen Beispielen finden sich Dinge wie Wolken, Wasser, Stein, Erde, Haar, Fleisch, fein, dicht, heiß, kalt, trocken, naß, hell, dunkel. Diese Liste ist heterogen, weil sie zum einen Stoffe und zum anderen Eigenschaften bzw. zu Gegensatzpaaren geordnete Eigenschaften enthält. Aristoteles betont daher bei seiner Gegenüberstellung von Empedokles und Anaxagoras, letzterer setze als Prinzipien „Homoiomere (Gleichteiliges) *und* Gegensätze" an.

Daß Anaxagoras der Philosoph ist, der die Homoiomere vertreten habe, findet sich in fast jeder Philosophiegeschichte.

Die erhaltenen Fragmente erwähnen den Ausdruck *homoiomerês* jedoch nicht. Sprachvergleichende Untersuchungen machen es sogar unwahrscheinlich, daß Anaxagoras selbst einen solchen Ausdruck geprägt oder verwendet haben könnte (vgl. HGP II 325f.). Auch Platon erfaßt der Sache nach klar den Begriff des gleichteiligen Stoffes (*Protagoras* 329d-e), ohne von diesem Ausdruck Gebrauch zu machen. Daher drängt sich die Vermutung auf, daß erst Aristoteles das Wort *homoiomerês* benutzte und damit in eigenen Worten beschrieb, was er in den Texten des Anaxagoras zu entdecken glaubte, sei es, weil Anaxagoras' Beispiele den Aristotelischen Begriff der Homoiomere erfüllten, oder sei es, weil Anaxagoras selbst eine entsprechende Definition (möglicherweise mit Prinzip (3)) seiner Grundsubstanzen gab.

Welches Merkmal für Aristoteles entscheidend war, um die Anaxagoreischen Substanzen als „Homoiomere" bzw. „Gleichteiliges" zu bezeichnen, gibt er explizit an: „Denn er (Anaxagoras) setzte die Homoiomere als Elemente – z.B. Knochen, Fleisch, Mark und die übrigen Dinge, bei denen die Teile gleichnamig sind (mit dem Ganzen)" (Gen.Corr. 314a18f.). Das Kriterium der Gleichnamigkeit von Teilen und Ganzem besagt, daß die Teilung eines beliebigen Exemplars der Art A (mindestens) zwei Exemplare der Art A ergibt. Erfüllt wird dieses Kriterium von Stoffen und allen Dingen, die durch sogenannte Kontinuativ- oder Massenterme bezeichnet werden: einzelne Portionen von Wasser, Kohle usw. können in mehrere Portionen desselben entsprechenden Stoffes zerlegt werden. Dies unterscheidet sie von abzählbaren Einzeldingen, weil die Zerteilung von einzelnen Katzen, Schreibmaschinen u.ä. keine zusätzlichen Exemplare derselben Art nach sich zieht. Diese Unterscheidung und die Zuordnung der Anaxagoreischen Elemente zu den gleichteiligen Stoffen ergibt einen klaren Sinn, auch wenn die Unterteilung von Stoffen in kleinere Portionen derselben Art irgendwo – im atomaren Bereich – an ein Ende kommt. Letzteres hat Anaxagoras vermutlich ohnehin anders gesehen, insofern er für seine Grundsubstanzen das Prinzip (3) behauptete, so daß für ihn die Unterteilung in gleichartige Portionen bis ins Unendliche fortgesetzt werden konnte.

Gegensätze: Aristoteles nennt neben den gleichteiligen Stoffen noch die Gegensätze als Prinzipien im System des Anaxagoras; und auch unter den in den Fragmenten genannten Beispielen finden sich Eigenschaften oder Gegensatzpaare. Dies hat in der Forschungsliteratur zu einer heftigen Debatte um die Grundlagen der Anaxagoreischen Philosophie geführt. Verschiedene Autoren erklärten die Aristotelische Auslegungstradition, nach der Anaxagoras die homoiomeren Stoffe in den Mittelpunkt seines Systems stellt, für irreführend. Die wirklich seienden Dinge (*chrêmata*) seien für Anaxagoras die entgegengesetzten Qualitäten (z.B. Cornford in: AF) oder „Naturen und Eigenschaften" (Furth 1991). Konsequenterweise wäre dann auch mit Prinzip (2) nur gemeint, daß in allen Dingen die Gegensätze enthalten sind (vgl. Vlastos in: MOU). Dies aber widerspricht allen Fragmenten, in denen Anaxagoras deutlich von Stoffen und ihrer Mischung spricht.

Wenn es daher unplausibel erscheint, die gegensätzlichen Eigenschaften auf Kosten der Stoffe als Elemente des Anaxagoras zu etablieren, dann bleiben zwei Alternativen übrig: Erstens könnte Anaxagoras homoiomere Stoffe *und* gegensätzliche Eigenschaften als gleichberechtigte Elemente behandelt haben. Zweitens könnte er, wie Aristoteles kritisiert (Met. 989b3, Phys. 188a6, Gen.Corr. 327b21), die Eigenschaften *fälschlicherweise* als Stoffe behandelt haben (falsch, weil Eigenschaften höchstens an Stoffen vorkommen, aber, wie Aristoteles sagt, nicht selbständig sind). Welchen Grund aber könnte Anaxagoras gehabt haben, Eigenschaften und Stoffe entweder analog oder das eine nach dem Vorbild des anderen zu behandeln? Zwei Erklärungen kommen in die engere Auswahl:

(i) Hinsichtlich des Prinzips (3) und des daraus resultierenden Kriteriums der Gleichnamigkeit von Ganzem und Teil verhalten sich Stoffe und Eigenschaften tatsächlich ähnlich. Wie die Teilung von Luft wieder Luft ergibt, so ergibt auch die Teilung von Rotem wieder Rotes. Weil insbesondere auch die Teilung eines Stoffes mit der Eigenschaft Q wieder einen Stoff mit der Eigenschaft Q ergibt, liegt in diesem Zusammenhang auch die von Aristoteles unterstellte Verwechslungsthese nahe. (ii) Wenn Anaxagoras darauf hinweist, daß die gegensätzlichen Eigenschaften auseinander hervorgehen und daher zuvor im jeweils anderen existiert haben müssen, dann ist dies völlig analog zu der Entstehungsproblematik bei Stoffen, die zu der Annahme von (K) geführt hat. Indem er den Erwerb einer Eigenschaft als eine Art von Entstehung behandelt („x wird rot" = „Es entsteht Rotes an x"), ist aber klar, daß er für solche Eigenschaften dieselben Vorkehrungen wie für Stoffe treffen muß: Rot darf ebenso wenig aus Nicht-Rot entstehen wie Haar aus Nicht-Haar. Auf diese Weise wäre verständlich, warum er neben den Stoffen auch gegensätzliche Qualitäten zur Grundausstattung der Welt rechnet.

Unendliche Teilbarkeit: Das Prinzip (3) führt Anaxagoras mit folgenden Worten ein: „Es gibt nichts, was vom Kleinen das Kleinste wäre, sondern immer gibt es Kleineres. Denn es ist nicht möglich, daß das Seiende nicht ist. Aber auch vom Großen gibt es immer ein Größeres. Und es ist dem Kleinen der Zahl nach gleich, während jedes Einzelne in Bezug auf sich selbst sowohl groß als auch klein ist" (DK 59B3). Aufgrund dieses Prinzips kommen nur gleichteilige Stoffe (und gegensätzliche Eigenschaften) als Substanz der Welt in Frage; aber warum führt er dieses Prinzip überhaupt ein? Drei Erklärungen kommen in Betracht: (i) Anaxagoras hielt die Einführung dieses Prinzips für notwendig, um den Grundsatz (2) und damit Grundsatz (4') verteidigen zu können: vielleicht erschien es ihm unmöglich, bei Annahme von kleinsten Teilen zu erklären, wie in diesen kleinsten Teilen unendlich viele andere Substanzen enthalten sein können.

(ii) Viele Interpreten halten Prinzip (3) für eine direkte Entgegnung auf Zenons Antinomien der Vielheit, wie sie in den Fragmenten DK 29B1-3 zur Sprache kommen: Zenon zufolge hat die Annahme der unendlichen Teilbarkeit des Seienden zugleich die unendliche Größe des Seienden als Konsequenz, wenn man für jedes Teilungsprodukt eine eigene Ausdehnung annimmt. Anaxagoras' Fragment B3 könnte durchaus als eine

Erwiderung gedacht sein, insofern er darin klarstellt, daß der Gedanke der unendlichen Teilbarkeit weder etwas Paradoxes hat noch die unendliche Größe des teilbaren Seienden mit sich bringt (vgl. KRS 396). (iii) Schließlich könnte die eigentliche Rechtfertigung für Prinzip (3) auch in der kurzen Bemerkung liegen, daß das Seiende unmöglich nicht sein kann. Welche Begründung kann sich dahinter verbergen? Barnes schlägt folgendes Argument vor (PP II 34): Angenommen, a sei die Portion eines Stoffes S und a enthalte a' als kleinere Portion. In dem Fall ist klar, daß auch a' existiert. Wenn a nun aber der kleinste Teil oder die kleinste Portion von S wäre, dann könnte a' nicht existieren; a' würde also einerseits existieren, andererseits aber nicht. Dies will Anaxagoras aber gerade verhindern, wenn er die Vorstellung eines kleinsten Teils mit der Begründung verwirft, es sei unmöglich, daß das Seiende nicht ist bzw. nicht existieren kann.

d) „In allem ein Teil von allem"

Die Einführung des Prinzips (2), daß in allem ein Teil von allem enthalten sei (vgl. B6 und B11), läßt sich, wie gezeigt, aus dem Zusammenhang der Entstehensproblematik mit den Sätzen (4') und (K) plausibel machen. Gegen dieses Prinzip und seine Konsistenz mit den übrigen Lehrstücken sind in der Forschungsliteratur zwei gewichtige Einwände erhoben worden.

Erster Einwand: Gegen Anaxagoras wurde eingewandt, sein System beruhe auf zwei Grundsätzen, die sich klar widersprechen. Das eine sei der Grundsatz (2) „In allem ein Teil von allem", das andere der Grundsatz (3): „eine natürliche Substanz bestehe ausschließlich aus Teilen, die dem Ganzen und sich gegenseitig gleichen" (Cornford in: AF II; dagegen: Kerferd in: MOU). Nun braucht das Prinzip (2) keineswegs zu besagen, daß in einem Stoff S ausschließlich S und nichts anderes enthalten ist. Ein Teil von S ist auch dann „wie das Ganze", wenn er etwa dieselbe materielle Konstitution aufweist, und die braucht nicht „rein" zu sein. Trotzdem ergibt sich – buchstäblich gelesen – ein Widerspruch zwischen den Grundsätzen, solange von einzelnen Partikeln die Rede ist, auf die der Quantor „alle" bezogen wird; die Grundsätze sind nämlich tatsächlich unvereinbar, wenn jeder Teil von S_1 sowie jeder Teil von einem Teil von S_1 (nach (3)) ein S_1 ist und gleichzeitig jeder Teil von S_1 (nach (2)) Teile enthält, die $S_2...S_n$ sind (ähnlich: PP II 23).

Dieser Widerspruch läßt sich vermeiden, wenn man sich die in Prinzip (2) behauptete Anwesenheit von $S_2...S_n$ in S_1 nicht so vorstellt, daß Partikel von $S_2...S_n$ gleichmäßig in S_1 verteilt sind, sondern vom korpuskularen Modell ganz Abschied nimmt und die in den Prinzipien (1) und (2) behauptete Mischung nach dem Vorbild chemischer Verbindungen versteht. Ein solcher Vorschlag wurde von Bailey (1928) und Barnes (PP II 21ff.) gemacht; letzterer erläutert den Unterschied zwischen beiden Modellen durch einen Vergleich mit der Malerei: dem korpuskularen Modell entspricht die pointillistische Technik, bei der durch blaue und gelbe Punkte die Wahrnehmung der Farbe grün erreicht wird, während dem Modell der chemischen Verbindung die Mischung der beiden Farben zu einer grünen Farbe analog ist. Bei einem solchen nicht-korpuskularen Verbindungsmodell ergibt sich kein Widerspruch zwischen den beiden Grundsätzen: kein Teil bzw. keine Portion von S_1 ist als $S_2...S_n$ identifizierbar, vielmehr enthält jede auch noch so kleine Portion von S_1 denselben Anteil der Stoffe S_1 bis S_n.

Gibt es überhaupt Gründe dafür, das korpuskulare Modell beizubehalten und somit einen Widerspruch zwischen den beiden Grundsätzen (2) und (3) in Kauf zu nehmen? Einen solchen Grund könnte man in dem Begriff des Samens (*sperma*) suchen, den Anaxagoras immer wieder verwendet (z.B. B4). Es wäre nämlich naheliegend, solche Samen als kleine Partikel eines Stoffes anzusehen. Diese Lesart ist jedoch nicht zwingend, denn „Samen" meint im Griechischen auch einfach das, woraus etwas anderes hervorgeht oder wächst, und dabei braucht es sich nicht um Partikel zu handeln. Einen zweiten Grund kann man darin sehen, daß Anaxagoras von der ursprünglichen Mischung sagt, wegen der Kleinheit sei nichts darin klar unterscheidbar (vgl. B1); man denkt dabei sofort an kleine Partikel. Aber auch hier ist die korpuskulare Lesart nicht zwingend; tatsächlich dürfte folgendes gemeint sein: der Anteil der einzelnen Stoffe am Ganzen ist so geringfügig, daß ihre Anwesenheit am Charakter des Ganzen nicht abgelesen werden kann. Analog dazu nämlich meint die „Größe“ des Äthers und der Luft, von der im selben Fragment die Rede ist, daß deren Anteil am Ganzen überwiegen (zu beiden Argumenten vgl. PP II 21f.).

Zweiter Einwand: Wenn in jeder Substanz jede andere Substanz enthalten ist, stellt sich das Problem, wie wir überhaupt wissen können, um welchen Stoff es sich in einem bestimmten Fall handelt. Anaxagoras' Auskunft dazu ist deutlich: „jedes Ding ist und war am deutlichsten dasjenige, wovon am meisten in ihm enthalten ist“ (B12). Bei einem vorliegenden Stoff handelt es sich etwa um Wasser, wenn die Wasseranteile darin überwiegen. Diese Erklärung aber wurde als unzureichend empfunden (Strang in: AF II): Die Definition „Wasser ist das, worin Wasser überwiegt“ ist nämlich entweder zirkulär, weil das zu Definierende in der Definition wiederholt wird, oder man nimmt an, daß der Ausdruck „Wasser“ nicht den unreinen Stoff Wasser meint, den es zu definieren gilt, sondern auf ein reines, unvermischtes Wasser anspielt. Die Vorstellung von einem reinen Stoff stehe Anaxagoras aber aufgrund von Prinzip (2) nicht offen und sei daher eine theoretische Konstruktion, die seinen eigenen Voraussetzungen widerspricht.

Weil das ein Problem ist, das sich für Anaxagoras und seine Zeitgenossen so wohl gar nicht gestellt hat, ist es legitim, den Einwand mit einem Argument zu entkräften, auf das Anaxagoras ebenfalls nicht gekommen wäre: Um im Alltag zu bestimmen, was etwa Wasser ist, gehen wir von Eigenschaften aus, die jedermann zugänglich sind; ein Wissen darüber, was Wasser eigentlich oder im „reinen“ Sinn ist, spielt bei dieser Bezugnahme auf Wasser überhaupt keine Rolle. Weil aber klar ist, daß das Wasser, mit dem wir zu tun haben, eine Beimischung zahlreicher anderer Substanzen enthält, befinden wir uns in einer ähnlicher Situation wie Anaxagoras und akzeptieren das als Wasser, was überwiegend Wasser enthält. Nun kann sich ein Wissenschaftler ausgehend von den einschlägig bekannten Charakteristika auch der beigemischten Substanzen daran machen, diese fremden Substanzen zu eliminieren, um zu einem Begriff des reinen Wassers vorzudringen. Offensichtlich hängt dann aber unsere Praxis, das als Wasser zu bezeichnen, worin Wasser überwiegt, keineswegs von diesem Projekt ab (vgl. PP II 26ff., ähnlich: Röd [2]1988, 180).

e) Das ursprüngliche „Alles zusammen"

Prinzip (1) präsentiert Anaxagoras mit folgenden Worten: „Alle Dinge waren zusammen, unbegrenzt sowohl der Zahl als auch der Kleinheit nach. Denn auch das Kleine war unbegrenzt, und während alle Dinge zusammen waren, war darin infolge der Kleinheit nichts klar erkennbar. Denn Luft und Äther – beide unendlich groß – bedeckten alles. Denn in der Gesamtheit der Dinge sind diese am meisten enthalten sowohl der Menge als auch der Größe nach" (B1). „Bevor dieses Dinge ausgesondert wurden, war – weil alles zusammen war – noch nicht einmal eine einzige Farbe klar erkennbar" (aus B4).

Der auffallendste Zug des Anaxagoreischen Urzustandes ist, daß die beisammen befindlichen Bestandteile der Welt noch ununterscheidbar sind. Die Unterscheidbarkeit setzt offenbar den Prozeß der Aussonderung voraus, mit dem die eigentliche Entwicklung der Welt beginnt. Was den genauen Grund für die Unerkennbarkeit der Bestandteile im Urzustand angeht, so gibt es verschiedene Ansichten (vgl. Schofield 1980, 68ff.): Zunächst liegt es nahe, die unbegrenzte Kleinheit, von der in B1 die Rede ist, in dem Sinn wörtlich zu nehmen, daß darin einzelne Exemplare verschiedener Substanzen enthalten sind, daß die einzelnen Teile jedoch zu klein sind um als Exemplar einer bestimmten Art erkennbar zu sein (HGP II 297f.). Die Beschreibung kann aber auch so verstanden werden, daß die Gesamtmenge jeder Art von Substanz mit der Gesamtmenge jeder anderen Art von Substanz so vermischt ist, daß sie zusammen ein einziges undifferenzierbares Ganzes bilden (PP II 37f.). Schließlich wurde vorgeschlagen, den Unterschied von „klein" zu „groß" bei Anaximander überhaupt nicht mit der Vorstellung unterschiedlich großer Ausdehnungen zu beschreiben, sondern im Sinn der Gegenüberstellung von „latent" und „manifest" zu verstehen (Furth 1991).

Wie ist die Annahme eines solchen Urzustandes begründet? Aufgrund der Prinzipien (K) und (2) ist klar, daß, wenn es einen einheitlichen Urzustand der Welt gibt, er genau so beschaffen sein muß, wie ihn Anaxagoras beschreibt, nämlich als Zusammensein aller Dinge. Warum es einen solchen Zustand aber überhaupt geben soll, ist damit nicht gesagt. Mit anderen Worten: Aufgrund der Prinzipien (K) und (2) folgt, daß es zu jeder Substanz eine Substanz gibt, woraus sie hervorgegangen ist und die einen Anteil von allen Substanzen enthält. Es folgt aber nicht, daß es zu irgendeinem Zeitpunkt einen einzigen Gegenstand gab, aus dem alles andere unmittelbar oder vermittels der zuvor entstandenen Substanzen hervorgegangen ist. Ist die Vorstellung eines solchen einheitlichen Urzustandes eine Annahme, die Anaxagoras ohne Argumente von den Milesiern übernimmt, oder gibt es nachvollziehbare Gründe für diese Annahme? Möglicherweise setzt die Beantwortung dieser Frage schon die Unterscheidung zwischen den vermischten Substanzen und dem unvermischten Geist voraus, durch dessen Bewegungsimpuls die Ordnung der entwickelten Welt erst entstehen konnte. Ist nämlich diese Unterscheidung getroffen, dann liegt die Frage nahe, wie denn die Welt ohne das Zutun des Geistes ausgesehen hätte bzw. wie sie vor dem Wirken des Geistes ausgesehen haben muß. Und auf diese Frage wäre Anaxagoras' Beschreibung des „Alles zusammen" eine angemessene Antwort.

f) Der bewegende Geist

Am meisten Eindruck hat Anaxagoras bei den späteren Philosophen dadurch gemacht, daß er den Geist (*nous*; auch: Vernunft, Intellekt) als ein gewissermaßen zweites Prinzip neben dem vermischten Stoff einführte: „während für unendliche Zeit alles zusammen und in Ruhe war, habe es der Geist in Bewegung gesetzt und auseinandertreten lassen" (Aristoteles, Phys.

250b24f.). Wie Liebe und Streit bei Empedokles so wird auch der Geist bei Anaxagoras als das Prinzip der Bewegung angesehen, das man in der milesischen Naturphilosophie vermißt hat. Anaxagoras' Beschreibung des Geistes ist in dem relativ langen Fragment B12 erhalten. Die wichtigsten Merkmale und Wirkungen des Geistes sind folgende:

(i) Der Geist ist als einziges mit keiner anderen Sache vermischt, (ii) daher existiert nur er für sich selbst. (iii) Er ist unendlich und herrscht selbständig. (iv) Er ist die feinste und reinste von allen Sachen, (v) hat von allem Kenntnis und besitzt die größte Kraft. (vi) Der Geist ist nicht nur Ursache der kosmischen Kreisbewegung, (vii) er hat auch alles geplant und arrangiert. (viii) Allein der Geist ist homogen und sich selbst gleich (vgl. B12-13). (ix) Der Geist ist da, wo auch alles andere ist (vgl. B14).

An dieser Charakterisierung fällt auf, wie sorgfältig der Geist den im ursprünglichen „Zusammen" involvierten Substanzen gegenübergestellt wird. Eine besondere Rolle kommt dabei dem Merkmal der Unvermischtheit zu. Der Geist stellt die einzige Ausnahme des sonst allgemein gültigen Prinzips (2) dar. Dies scheint die wichtigste Voraussetzung dafür zu sein, daß der Geist einen uneingeschränkten Einfluß auf die Ordnung der Welt ausüben kann: „die mit ihm vermischten Dinge würden ihn behindern, so daß er über nichts in der gleichen Weise wie jetzt herrschen könnte" (aus B12). Besonders würde bei dieser Beschreibung interessieren, wie die intellektuellen Fähigkeiten des Geistes mit seiner Rolle als Bewegungsursache zusammenhängen: Bewegt der Geist, *indem* er Dinge denkt oder plant? Warum aber ist dann sein Bewegungsimpuls auf die Kreisbewegung zu Beginn der Kosmosentstehung beschränkt? Wie ist die Omnipräsenz (ix) des Geistes zu denken, wo doch eine Vermischung mit anderen Dingen ausgeschlossen ist? In welchem Verhältnis steht „*der* Geist" zu den beseelten und vernunftbegabten Lebewesen? Die Fragmente über den Geist scheinen insgesamt mehr Fragen aufzuwerfen als sie beantworten, und es ist fraglich, ob Anaxagoras diese Fragen überhaupt irgendwo beantworten wollte.

Aufgrund der deutlichen Gegenüberstellung von Geist und vermischten Substanzen galt es in der späteren Tradition als selbstverständlich, Anaxagoras die Einführung eines unkörperlichen Prinzips zuzuschreiben: „[Anaxagoras] war der erste, der den Geist über die Materie setzte" (DL II 6). Das ist für die antiken Berichterstatter eine attraktive Vorstellung, weil Anaxagoras auf diese Weise ein wichtiges Merkmal der platonischen Philosophietradition vorwegnehmen würde. Die Wahrheit ist aber komplizierter: Einerseits ist richtig, daß Anaxagoras dem Geist die üblichen Merkmale der Materie absprechen möchte und so der Tendenz nach sicherlich auf etwas abzielt, was er als Alternative zu den körperlichen Entitäten ansieht. Auch das Prädikat „fein" könnte als Teil des Versuchs angesehen werden, die bekannte Materie in etwas möglichst Immaterielles aufzulösen. Andererseits scheint dieser Versuch nicht durchweg erfolgreich gewesen zu sein, denn auch ein sehr feiner Stoff ist immer noch ein Stoff: der Begriff des Unkörperlichen läßt sich nicht durch eine zunehmende Verfeinerung der Materie gewinnen. Auch scheint er in (ix) den Geist raum-zeitlich zu lokalisieren und ihm eine räumliche Ausdehnung zuzusprechen. Letzteres entspräche der bei den Eleaten nachweisbaren Überzeugung, daß das Seiende immer räumliche Ausdehnung hat; mit dem Merkmal der Ausdehnung jedoch wäre der Geist nur ein unvermischter (vielleicht diskontinuierlicher) Körper.

Die am deutlichsten beschriebene Leistung des Geistes besteht darin, daß er eine Rotationsbewegung anstößt, mit welcher die Entwicklung des Kosmos beginnt: „Und als der Geist angefangen hatte, fand aus dem, was sich bewegte, eine Aussonderung statt; und was auch immer der Geist bewegte, das wurde voneinander getrennt. Während sie sich bewegten und sich trennten, bewirkte die Kreisbewegung, daß sie sich in noch viel stärkerem Maße trennten" (B13). Die vom Geist verursachte Kreisbewegung bewirkt die Aussonderung aus dem, was zuvor ununterscheidbar zusammen war. Diese Aussonderung markiert den Anfang der Kosmogonie. Merkwürdig ist nun, daß Anaximander den Einfluß des Geistes in diesem Prozeß ausdrücklich auf die Initiierung der Kreisbewegung beschränkt. Schon die vollständige Aussonderung der verschiedenen Substanzen geht auf die sich ausbreitenden Kräfte der Kreisbewegung, also auf einen mechanisch beschreibbaren Vorgang zurück. Gegenüber der umfassenden Gestaltungsfähigkeit, die dem Geist in Fragment B12 zugeschrieben wird, wirkt das inkonsequent.

Auch Platon und Aristoteles, die Anaxagoras' Einführung des Geistes als Lichtblick innerhalb der frühen Philosophie begrüßen, finden daher die Art, wie Anaxagoras von dieser Errungenschaft Gebrauch macht, letztlich enttäuschend. So läßt Platon den Sokrates in seinem Dialog *Phaidon* sagen: „... Als ich einmal einen lesen hörte aus einem Buch, wie er sagte, von Anaxagoras, daß der Geist das Anordnende ist und aller Dinge Ursache, erfreute ich mich an dieser Ursache, und es schien mir auf gewisse Weise sehr richtig ... Von dieser wunderbaren Hoffnung, o Freund, fiel ich ganz herunter, als ich fortschritt und las und sah, wie der Mann mit dem Geist gar nichts anfängt und auch sonst gar nicht Gründe anführt, die sich beziehen auf das Anordnen der Dinge, dagegen aber allerlei Luft und Äther und Wasser vorschiebt und sonst vieles zum Teil Wunderliches" (97b ff.).

3. Die Atomisten: Leukipp und Demokrit

a) Leben, Schriften, Einheit beider Lehren

Die antiken Quellen nennen übereinstimmend Leukipp als den Urheber der philosophischen Atomtheorie. Über Einzelheiten der atomistischen Lehre wird allerdings stets unter Bezug auf Leukipps Schüler Demokrit oder unter gleichzeitigem Bezug auf Leukipp und Demokrit berichtet. Das kann damit zusammenhängen, daß Leukipp nur sehr wenig Schriftliches hinterlassen hat, während Demokrit ein geradezu enzyklopädisches schriftliches Werk zugesprochen wird. Jedenfalls ist es aufgrund dieser Situation so gut wie unmöglich festzustellen, worin sich die Lehren beider unterschieden haben. Man kann wohl davon ausgehen, daß Demokrit in den Grundzügen die von Leukipp aufgebrachte Lehre übernahm, sie aber für Einzelfragen, besonders in Belangen der Wahrnehmungs- und Erkenntnislehre, selbständig ausdifferenziert haben muß. Versuche, die Lehren beider weitergehend zu unterscheiden (vgl. Bailey 1928), stießen in der Forschung auf wenig Zustimmung.

Die Zeugnisse über das Leben der beiden sind auffallend dürftig. In einer äußerst rätselhaften Bemerkung bestreitet Epikur sogar, daß es je einen Philosophen Leukipp gegeben habe (DL IX 34). Möglicherweise wollte Epikur damit nur die philosophische Bedeutung Leukipps herabsetzen, denn die restlichen Zeugnisse besagen immerhin soviel, daß es einen Leukipp gab, der Lehrer Demokrits gewesen sei. Als Leukipps Heimatstadt werden Elea, Milet und Abdera genannt. Weil Elea und Milet für die eleatische und die milesische Philosophie stehen und weil man die atomistische Philosophie nicht zu Unrecht als eine Vermittlung zwischen diesen beiden Strömungen ansah, kann man annehmen, daß diese beiden Städte vielleicht nur die philosophischen Quellen Leukipps illustrieren sollen. Eine Verbindung zu Elea ergibt sich außerdem aus der Nachricht, daß Leukipp Schüler des Zenon gewesen sein soll, was von den äußeren Daten her durchaus möglich wäre. Die Nennung von Abdera steht offenbar in Zusammenhang mit Leukipps Nachfolger Demokrit, für den Abdera als Heimatstadt eindeutig bezeugt ist; ob deshalb auch Leukipp aus Abdera stammt, muß offenbleiben.

Auch für eine Datierung gibt es wenig Anhaltspunkte. Wenn er Lehrer Demokrits gewesen sein soll, müßte Leukipp etwas älter als dieser sein oder müßte zumindest seine Lehre früher als dieser ausgearbeitet haben. Allerdings sind auch die Lebensdaten des Demokrit ungewiß. Nach Thrasyllos müßte Demokrit um 470 v.Chr., nach Apollodor zwischen 460 und 457 v.Chr. geboren sein. Letzteres stellt zugleich die unterste Grenze dar, denn Demokrit (oder zumindest Leukipp) muß alt genug gewesen sein, um Diogenes von Apollonia zu beeinflussen (vgl. DK 64A5), welcher bereits im Jahr 423 v.Chr. vom

Komödiendichter Aristophanes in den *Wolken* (V. 227–234) parodiert wurde. Auf der anderen Seite kann man für das Wirken Leukipps nicht weiter zurückgehen, als es das unterstellte Schülerverhältnis zu Zenon zuläßt. Da dieser selbst möglicherweise erst um 490 v.Chr. geboren wurde, ist auszuschließen, daß Leukipp vor 450 v.Chr. ein bedeutenderes Werk verfaßt haben könnte. Weil in seiner Lehre, wie sie von Aristoteles geschildert wird, Hinweise auf eleatische Gedanken zu finden sind, die ausschließlich für Melissos belegt sind, und weil Melissos wahrscheinlich noch jünger als Zenon war (geb. um 480 v.Chr.?), sollte man die Entstehungszeit der Leukippischen Philosophie am besten noch einige Jahre später ansetzen. Durch diese Eingrenzung darf man annehmen, daß Leukipp sein Hauptwerk, die sogenannte „Große Weltordnung" (*megas diakosmos*), vor 430 v.Chr. und jedenfalls nach 450, wahrscheinlich sogar nach 440 v.Chr. verfaßt hat, während Demokrits philosophisches Wirken kaum vor 430 v.Chr. begonnen haben kann.

Für Leukipp ist nur dieses eine Hauptwerk, die „Große Weltordnung", bezeugt. Nur einmal wird zusätzlich eine Schrift „Über den Geist" erwähnt, von der man aber sonst nichts weiß. Demokrit scheint in offenkundiger Anlehnung an seinen Vorgänger eine Hauptschrift mit dem Titel „Kleine Weltordnung" verfaßt zu haben. Anders als Leukipp muß Demokrit aber zahlreiche Schriften zu allen damals bekannten Disziplinen angefertigt haben; ein antikes Schriftenverzeichnis nennt über 60 Titel (DL IX 45-49), die später von dem Editor der Platonischen Werke Thrasyllos in die Gebiete Ethik, Physik, Mathematik, Musik und Technik (darunter Medizin) untergliedert wurden. Auch Aristoteles hob hervor, daß sich Demokrit über so gut wie alles seine Gedanken gemacht habe (Gen.Corr. 314b34). Von diesem enzyklopädischen Werk sind allerdings nur wenige Fragmente überliefert; die meisten davon betreffen die Ethik.

Unklar ist auch, wie lange Demokrit gelebt und geschrieben hat. Antike Quellen (DL IX 34 und 41) bescheinigen ihm ein sehr hohes Alter, so daß er bis etwa 380 oder 370 v.Chr. gelebt haben könnte. Untersuchungen zur Sprache Demokrits und zu einflußreichen zeitgenössischen Debatten geben allerdings keinen Anhaltspunkt für ein philosophisches Wirken nach 400 v.Chr. (vgl. Steckel 1970). Einigermaßen rätselhaft ist auch der Umstand, daß wir aus dem attischen Raum keine Zeugnisse vor Aristoteles (also keinesfalls vor 367 v.Chr.) haben, in denen ausdrücklich auf Demokrit eingegangen würde. Vor allem das Schweigen Platons über Demokrit ist erstaunlich. Allerdings gibt es Hinweise, daß Platon anonym auf Lehren Demokrits Bezug genommen haben könnte; so wird im Dialog *Theaitet* (153eff.) eine angeblich Heraklitische Wahrnehmungslehre vorgetragen, die jedoch, wie Hölscher (1981) gezeigt hat, aus Anleihen bei der Demokritischen Theorie der Wahrnehmung zusammengesetzt ist. Zu erklären, welche Schlüsse man aus diesem Ablenkungsmanöver Platons ziehen muß – ob Platon damit auf eine Popularisierung der atomistischen Lehre hinweisen will oder ob er so seine Geringschätzung für die Philosophie Demokrits ausdrückt –, wäre bereits eine Frage der Platonforschung.

b) Versöhnung eleatischer Grundsätze mit der Wahrnehmung

Die antiken Berichte schildern die Entstehung des Atomismus als eine Reaktion auf die Thesen der Eleaten. Wir haben keinen Anlaß, an dieser Darstellung zu zweifeln, zumal sich auch in den detaillierteren Auseinandersetzungen mit den atomistischen Lehren zahlreiche Zusammenhänge zu den Thesen von Zenon und Melissos nachweisen lassen. Wenn hier der Ausgangspunkt der antiken Atomtheorie liegt, dann stellt sie in erster Linie eine Antwort auf ontologische Fragestellungen dar, auf Fragen nach der Beschaffenheit des Seienden, nach der Einzigkeit oder Vielheit des Seienden usw. In dieser Hinsicht unterscheidet sich der antike Atomismus grundsätzlich von Atomtheorien in der neuzeitlichen Physik; sie hat mit diesen kaum mehr als die Bezeichnung „Atom" gemeinsam, wobei das Merkmal, unteilbar (griech.: *atomos*) zu sein, von der physikalischen Atomtheorie ohnehin nicht mehr behauptet wird und in der antiken Atomphilosophie wahrscheinlich nicht einmal die grundlegende Eigenschaft der atomaren Körper darstellt.

Insbesondere soll die Lehre der Atomisten das Ziel verfolgt haben, einen als unbezweifelbar anerkannten Kern der Parmenideischen Philosophie – vor allem die Lehre von der Unentstandenheit und Unvergänglichkeit des Seienden – mit dem Zeugnis der sinnlichen Wahrnehmung und so auch mit den Prämissen der ionischen Naturphilosophie zu versöhnen. So berichtet Aristoteles über Leukipp (Gen.Corr. 325a23-b1 = DK 67A7), dieser glaube Argumente zu haben, die einerseits mit der Wahrnehmung übereinstimmen und daher Entstehen, Vergehen, Bewegung und Vielheit des Seienden unangetastet lassen, und andererseits mit der (eleatischen, zumindest für Melissos – DK 30B7 – belegten) These verträglich sind, daß die Bewegung das Leere voraussetzt. Nach dem sich anschließenden Referat des Aristoteles läßt sich die Argumentation des Leukipp (und des Demokrit) in folgende Hauptpunkte zusammenfassen: (i) Das Leere ist das Nicht-Seiende. (ii) Vom Seienden ist nichts nichtseiend, denn: (iii) Das eigentlich Seiende ist das ganz und gar Volle. (iv) Das Volle ist nicht ein einziges, sondern unendlich vieles. (v) Die unendlich vielen „Massen" sind unsichtbar wegen ihrer Kleinheit. (vi) Sie bewegen sich im Leeren (in einem gewissen Sinn nämlich gibt es das Leere). (vii) Ihre Zusammensetzung bedeutet Entstehen, ihre Trennung Vergehen. (viii) Aus dem wirklich Einen kann niemals eine Vielzahl hervorgehen, und aus dem wirklich Vielen nicht Eines.

Anhand dieser Darstellung kann die unterstellte Abhängigkeit des Atomismus von der eleatischen Philosophie leicht durchgespielt werden: Auf Parmenides selbst läßt sich die Voraussetzung zurückführen, daß das eigentlich Seiende nicht entstanden und vergänglich sein kann; diese Voraussetzung wird wirksam in Satz (vii) und (viii). Was sich nämlich in der makroskopisch beobachtbaren Welt als Entstehen oder Vergehen ausnimmt, wird in (vii) auf eine Zusammensetzung und Trennung des offenbar unvergänglich Seienden, der sogenannten „Massen“ oder Atome, zurückgeführt. Das wirklich Seiende aber entsteht und vergeht nicht, denn weder gehe – wie Satz (viii) betont – aus einem Seienden (den Massen) Vieles (viele Massen) hervor noch kann aus einer Vielzahl von Seiendem ein neues Seiendes entstehen. Auf diese Weise braucht Leukipp weder das Phänomen des Entstehens und Vergehens der beobachtbaren Gegenstände zu leugnen, noch muß er die Parmenideischen Prämissen preisgeben. Satz (ii) gebraucht den Grundsatz des Parmenides, daß sich „sein“ und „nicht sein“ strikt ausschließen, weswegen das wirklich Seiende nicht mit Nicht-Seiendem vermischt werden kann. Der als Konsequenz aus (ii) eingeführte Satz (iii), daß das Seiende das Volle sei, kann sich ebenfalls auf Parmenides berufen, der ausdrücklich sagt, das Seiende sei voll von Seiendem (DK 28B8.24). Für Parmenides ergab sich dieser Aspekt aus der Kontinuität und Homogenität des Seienden; allerdings wird in dessen Lehrgedicht nicht zweifelsfrei klar, ob er wirklich im wörtlichen Sinn von einer räumlichen Ausdehnung des Seienden spricht. Weil er außerdem nirgendwo das Nicht-Seiende mit dem Leeren gleichsetzt, kann man für Parmenides nicht ohne weiteres die Identifikation von Seiendem und Vollem annehmen, wie sie Melissos später zweifelsfrei aussprechen wird. Trotz dieser Einschränkung ist klar, daß Leukipp beim Übergang von (ii) nach (iii) glaubte, sich auf Parmenides oder wenigstens auf Melissos' Verständnis von Parmenides berufen zu können.

Die Identifikation von Leerem und Nicht-Seiendem in (i) geht ebenfalls auf ein eleatisches Theorem zurück, das so jedoch nur für Melissos belegt werden kann. Die in (vi) behauptete Bewegung der Massen im Leeren setzt den ebenfalls von Melissos entdeckten Zusammenhang von Bewegung und Leere voraus. Nur hatte Melissos durch diesen Zusammenhang die Unmöglichkeit der Bewegung aus der Nichtexistenz des Leeren erschlossen, während Leukipp anscheinend das Leere postuliert, um unter Beibehaltung von Melissos' Prämisse, daß Bewegung Leere voraussetzt, die Bewegung erklären zu können. Hier wird zugleich ein grundlegender Unterschied zwischen dem atomistischen und dem eleatischen System deutlich, denn während Melissos mit der Identifikation von Leerem und Nicht-Seiendem die Existenz des Leeren bestreitet, stimmt Leukipp dieser Identifikation zwar zu (im Sinne einer Beschreibung des Nicht-Seienden), möchte damit aber keinesfalls die Existenz des Leeren leugnen (siehe unten Abschnitt c).

Der nächste markante Unterschied zum eleatischen System, mit dem die Atomisten den Erscheinungen Rechnung tragen, wird in Satz (iv) ausgesprochen: das Seiende sei unendlich vieles. So erheblich dieser Schritt von der Einzigkeit des Seienden bei den Eleaten zu einer unendlichen Pluralität auch ist, so scheinen die Atomisten doch darum bemüht, möglichst wenige der eleatischen Prämissen preiszugeben, wenn sie ihren numerisch unendlichen Substanzen, den Massen oder Atomen, jeweils die Züge des Parmenideischen Seienden geben, nämlich unentstanden, homogen, unteilbar usw. zu sein. In der Literatur wird daher oft vermutet, der Ursprung der antiken Atomtheorie rühre daher, daß Leukipp die als reductio ad absurdum gedachte Aussage des Melissos (aus DK 30B8) ernst genommen habe, das Seiende müßte, wenn es Vieles wäre, gerade so beschaffen sein wie das Eine.

Schließlich könnte auch das Merkmal der Unteilbarkeit, das die Leukippischen Massen auszeichnet, direkt auf eine Auseinandersetzung mit der eleatischen Argumentation zurückgehen. Bei Aristoteles heißt es nämlich, „einige“ (gemeint sein müssen die Atomisten) hätten Zenons Argument der Zweiteilung akzeptiert, indem sie unteilbare Größen ansetzten (Phys. 187a1-3). Zenon hatte argumentiert, daß jeder, der prinzipiell die Teilung des Seienden zulasse, eine unendliche Teilung in Kauf nehme, bei der die resultierenden Teilungsprodukte schließlich keine Ausdehnung mehr aufweisen; dies wiederum muß Zenon als eine absurde Konsequenz angesehen haben, weil das Ausdehnungslose nicht mehr existiere, so daß die Teilung des Seienden zu Nicht-Seiendem führe. Offenbar war es diese Überlegung, die die Atomisten akzeptiert haben sollen und daher unteilbare Grundbestandteile der Welt annahmen. Allerdings hatte Zenon die Teilbarkeit des Seienden immer an die Vielheit gebunden, sei es, weil die gegnerischen Vertreter der Vielheit faktisch auch die Teilbarkeit in Kauf nahmen, oder sei es, weil er selbst bei seiner Argumentation immer schon von der Einzigkeit des Seienden ausging und daher meinte, seine Gegner könnten die Vielheit nur durch Teilung des einen Seienden erreichen. So betrachtet dürfte die Pointe des atomistischen Ansatzes gerade darin liegen, daß er Zenons Kritik am Vielen unterläuft, indem er das Argument gegen die Teilung übernimmt, jedoch die Vielheit der unteilbaren Massen als Grundgegebenheit ansetzt und sie daher nicht erst durch Teilung des vermeintlich einen Seienden zu gewinnen braucht.

c) „Nicht-Seiendes ist“: Das Leere

Um im Unterschied zu den Eleaten die Bewegung erklären zu können, nahmen Leukipp und Demokrit an, daß es das Leere gibt. Auf den ersten Blick scheint das Argument klar: Wenn die Atome selbst etwas Volles sind und wenn es außer Vollem und Leerem nichts gibt, so wie es auch zwischen Seiendem und Nicht-Seiendem kein Drittes gibt, dann brauchen die Atome, weil ja Volles nicht von Vollem durchdrungen werden kann, das Leere im Sinne des leeren Raumes, in den hinein sie sich bewegen können. (Aristoteles führt dieses und noch andere Argumente in Phys. 213b2–22 aus.) Die nähere Formulierung dieses Gedankens wirft allerdings grundlegende Fragen auf. Verwirrend ist vor allem die Identifikation von Nicht-Seiendem und Leerem, denn während Melissos damit ausdrückte, daß es so etwas nicht gibt, hat diese Redeweise für die Atomisten den Nachteil, daß sie sagen müssen, es gebe ein Nicht-Seiendes. Nun soll dadurch offenbar nicht mit dem Parmenideischen Grundsatz gebrochen werden, daß sich „sein“ und „nicht sein“ strikt ausschließen. Welche Rechtfertigung bietet sich dann für diese selbstwidersprüchliche Behauptung an? Der Sache nach wäre etwa die Behauptung gefordert, daß es Raumstellen gibt, die, weil sie nicht von Massen oder Atomen besetzt sind, von nichts und in diesem Sinn von Nicht-Seiendem besetzt sind.

Tatsächlich betonen die überlieferten Formulierungen der Atomisten jedoch nicht die Existenz eines Raumes, in dem sich das Seiende bewegt, sondern sie behandeln Seiendes und Nicht-Seiendes als gleichrangige Elemente in einem dualistischen System: „... in Wirklichkeit gibt es nur Atome und Leeres" (68B9). Auch die Aristotelischen Berichte weisen in diese Richtung (wenngleich er in seiner *Physik* dazu neigt, die Dinge zu glätten und die atomistische Theorie des Leeren in eigenen Begriffen wiederzugeben): „Leukipp und sein Gefährte Demokrit sagen, daß die Elemente das Volle und das Leere seien, indem sie das eine als ‚Seiendes', das andere als ‚Nicht-Seiendes' bezeichnen, und zwar sei das Volle und Feste das Seiende, das Leere [und Lockere] das Nicht-Seiende; daher sagen sie auch, daß das Seiende um nichts mehr existiere als das Nicht-Seiende, weil nämlich auch das Leere um nichts (weniger) existiere als der Körper" (Met. 985b4–9 = DK 67A6). „(Demokrit) benutzt für den Ort diese Bezeichnungen ‚Leeres', ‚Nichts (*ouden*)' und ‚Unbegrenztes', während er für jede einzelne der Substanzen (die Bezeichnungen) ‚etwas (*den*)' ‚Festes', ‚Seiendes' (verwendet)" (DK 68A37, aus Aristoteles' verlorener Schrift *Über Demokrit* zitiert von Simplikios). Das griechische Wort für „etwas" ist eine künstliche Bildung, bei der von dem Wort *„ouden* – nichts" die Verneinung *„ou"* weggelassen wurde.

Alle diese Formulierungen weisen klar in die Richtung eines dualistischen, aus zwei Prinzipien oder Elementen zusammengesetzten Systems. Die Prinzipien werden mit den Begriffspaaren „Seiendes – Nicht-Seiendes", „Etwas – Nichts" und „Volles/Festes – Leeres" benannt. Dabei ist anzunehmen, daß mit „Nicht-Seiendes" und „Nichts" durchaus nicht der leere Raum bezeichnet wird, dem auf diese Weise ja gerade die Existenz abgesprochen würde. Wenn außerdem der Ausdruck „Leeres" den leeren Raum meinen würde, dann müßte es sich beim „Vollen" aus Gründen der Symmetrie um den vollen Raum handeln, was ganz unzweckmäßig wäre, weil sich zwar das Volle *im Raum*, nicht aber *der volle Raum* darin bewegen kann. Wenn demnach das Leere oder Nicht-Seiende des atomistischen Systems nicht mit dem leeren Raum gleichzusetzen ist, was meint es dann? Sedley (1982) hat auf zwei verschiedene

Begriffe des Leeren in der griechischen Philosophie aufmerksam gemacht. Die uns vertrautere Bedeutung ist die des leeren Raumes; sie sei nach Sedley erst im 4. und 3. Jahrhundert v.Chr. deutlich auszumachen, sei aber von da aus zu Unrecht auf die frühe Philosophie zurückprojiziert worden. Für die frühere Philosophie einschließlich der Atomisten sei dagegen die Auffassung typisch, daß das Leere etwas ist, was selbst Raum einnimmt. Von einem so verstandenen Stück des Leeren kann man sagen, es befinde sich an diesem und jenem Ort. Und anders als der leere Raum ist eine solche Portion Leeres selbst der Ortsbewegung fähig (was durchaus keine unsinnige Vorstellung ist, wie das Vakuum der Thermosflasche zeigt, das zusammen mit der Flasche zur Arbeit und wieder zurück bewegt werden kann).

Wenn das Leere als etwas angesehen wird, was selbst Raum einnimmt, dann verhält es sich zur vollen Substanz völlig symmetrisch und ebenbürtig; das Leere erscheint so als eine Quasi-Substanz, die mit demselben Recht wie das Volle beanspruchen kann, einen bestimmten Raum einzunehmen und genau in diesem Sinne nicht weniger zu existieren als das Volle oder Seiende. Daß es den Atomisten gerade auf ein derart symmetrisches Verhältnis zwischen Vollem und Leerem bzw. zwischen Seiendem und Nicht-Seiendem ankommt, haben die oben angeführten Darstellungen des Leeren klar gezeigt. Der Gewinn einer solchen Konzeption mag darin bestehen, daß sich so und nur so Volles und Leeres als kontradiktorische Gegensätze wie „sein" und „nicht sein" gegenüberstehen, denn jede Raumstelle ist entweder von Seiendem oder von Nicht-Seiendem besetzt. Auf diese Weise scheint es, als könne die Parmenideische Gegenüberstellung von „entweder ‚ist' oder ‚ist nicht'" auch bei der naturphilosophischen Konkretisierung der logischen Begriffe „sein" und „nicht-sein" als „voll" und „leer" uneingeschränkte Geltung behalten.

Allerdings müssen die Atomisten für die Ausgewogenheit ihres Modells in Kauf nehmen, daß es das Nicht-Seiende irgendwie gibt, was für einen nacheleatischen Philosophen in jedem Fall erklärungsbedürftig gewesen sein muß. Für die moderne, von Gottlob Frege beeinflußte Sprachphilosophie nimmt sich das atomistische Paradox, daß Nicht-Seiendes ist, als Konsequenz des von vornherein verfehlten Versuches aus, in das Formwort „ist" irgendeine inhaltliche Bestimmung (wie hier „ist voll") hineinzulesen, denn sobald man eine solche Bestimmung annimmt, sind Fälle denkbar, die durch diese Bestimmung ausgeschlossen werden, so daß es etwas gibt, was (im jeweils festgelegten Sinn) nicht ist (in diese Richtung weist auch die Erklärung von PP II 101). Nach Sedleys Vorschlag zur Deutung des Leeren jedoch scheint das Paradox der Atomisten noch nicht einmal durch das Zusammentreffen von formalem und inhaltlichem Verständnis von „ist", sondern durch die Konkurrenz zweier inhaltlicher Bestimmungen zustande zu kommen. Insofern „zu sein" bedeutet, einen Raum einzunehmen, existiert das Leere oder Nicht-Seiende nicht weniger als das Volle oder Seiende, insofern „sein" als „voll sein" verstanden wird, ist das Leere ein Nicht-Volles bzw. Nicht-Seiendes.

d) Die Atome

Die Atome sind das seiende und volle Element. Sie sind massiv, nicht affizierbar, unentstanden, unvergänglich und numerisch unendlich viele. Das namensgebende Merkmal der Atome ist ihre Unteilbarkeit; wie die Atomisten diese Eigenschaft begründen und was für eine Form von Unteilbarkeit damit genau impliziert wird, ist in der Forschungsliteratur umstritten. Die Atome unterscheiden sich nach Form, Anordnung, Position und Größe. Von der Größe abhängig scheint das spezifische Gewicht der Atome zu sein. Das Gewicht wiederum hat Einfluß auf die Atombewegung. Schließlich haben die Atome die Fähigkeit, sich zu Aggregaten zusammenschließen und so die wahrnehmbaren Körper zu bilden.

Status der Atome: Die Existenz der Atome kann nicht unmittelbar beobachtet werden. In DK 68A37 heißt es von den Atomen, sie seien so klein, daß sie nicht beobachtbar sind. Offenbar können daher die Existenz und die den Atomen zugesprochenen Prädikate nur durch vernünftige Überlegung erschlossen werden. Dies würde zu Demokrits Skepsis gegenüber dem Wahrheitsgehalt der Sinneswahrnehmung passen, von der Aristoteles (Met. 1009b7–12) und vor allem Sextus Empiricus (*Adversus Mathematicos* VII, 135ff.) berichten. Kennzeichnenderweise stellt Demokrit der Konventionalität von Sinnesprädikaten die Wirklichkeit der Atome und des Leeren gegenüber: „Durch Festsetzung süß, durch Festsetzung bitter, durch Festsetzung warm, durch Festsetzung kalt, durch Festsetzung Farbe, in Wirklichkeit aber: Atome und Leeres" (DK 68B9).

massiv: Von den verschiedenen Eigenschaften, die dem Atom zugeschrieben werden, ist die Massivität des Atoms eine ursprüngliche Eigenschaft, die selbst nicht von anderen Merkmalen abhängig ist, von der aber andere Merkmale abgeleitet werden können. Die herausragende Rolle dieser Eigenschaft wird schon aus der Sprachregelung deutlich, die Atome bzw. das Seiende als „das Feste" oder „das Volle" anzusprechen. Daß das Atom voll von Seiendem und damit massiv sein muß, ergibt sich nämlich allein aus dem gegenseitigen Ausschluß von Seiendem und Nicht-Seiendem: Das seiende Element kann daher keine Anteile des Nicht-Seienden bzw. des Leeren in sich haben und ist folglich voll oder massiv.

nicht affizierbar: Wie das eleatische Seiende so können auch die Atome nichts erleiden oder nicht affiziert werden (*apathes*); das hat zur Folge, daß sich einzelne Atome auch nicht verändern können – so, wie sie einmal sind, sind sie immer. Während aber bei Parmenides die Unveränderlichkeit mit der Unbeweglichkeit zusammenfällt, soll die Unaffizierbarkeit der Atome natürlich nicht die Möglichkeit ihrer Bewegung beeinträchtigen; denn insbesondere sollen Atome durch andere Atome angestoßen und so in eine andere Richtung bewegt werden können. Anders als bei den Eleaten wird die Unaffizierbarkeit aus der Massivität abgeleitet: „Die Atome erleiden nichts und verändern sich nicht aufgrund ihrer Massivität" (68A57; vgl. 67A14). Um die Unaffizierbarkeit aus der Massivität zu erschließen, muß als Voraussetzung akzeptiert sein, daß Veränderung nur als neues Arrangement von Grundbestandteilen möglich sei und daß das Atom aufgrund seiner Massivität über keine Bestandteile verfügt, die neu angeordnet oder abgetrennt werden könnten.

nicht entstanden/unvergänglich: Weil in den überlieferten Berichten für die Unentstandenheit und Unvergänglichkeit der Atome keine expliziten Argumente angeführt sind, ist unklar, ob dieses Merkmal einfach von den Eleaten übernommen oder aus anderen Eigenschaften deduziert wird. Analog zur Unveränderlichkeit wäre eine Deduktion aus der Massivität denkbar: Wenn Entstehen und Vergehen nur als Zusammensetzung und Trennung von Grundbestandteilen möglich ist, dann könnte ein Atom nur durch Zusammensetzung und Trennung subatomarer Partikel entstehen oder vergehen. Weil es aber massiv ist, kann es nicht aus abtrennbaren Partikeln zusammengesetzt sein.

numerisch unendlich: Daß es sehr vieler Atome bedarf, um das Inventar der beobachtbaren Welt zu konstituieren, leuchtet aufgrund der Kleinheit der Atome sofort ein. Warum es *unendlich* viele Atome sein müssen, ist weniger deutlich. In den antiken Berichten finden wir Hinweise auf unterschiedliche Begründungen für eine unendliche Anzahl von Atomen. Zum Beispiel heißt es bei Simplikios (68A38), es bedürfe einer unendlichen Anzahl von Prinzipien, um die unendliche Vielfalt von Erscheinungen erklären zu können. Das scheint aber kaum schlüssig zu sein und wäre außerdem theoretisch besonders unökonomisch, da eine Theorie ja bestrebt sein muß, mit möglichst wenigen Prinzipien möglichst viel erklären zu können. An einer anderen Stelle (67A8) wird die numerische Unendlichkeit der Atome auf das unaufhörliche Werden zurückgeführt, was wiederum nicht zwingend ist, weil auch eine endliche Anzahl unvergänglicher Atome ein nie abbrechendes Entstehen sicherstellen könnte.

Eine überzeugendere Argumentationsstrategie finden wir bei dem Atomisten Epikur: „Denn wenn das Leere unbegrenzt wäre, die Körper aber begrenzt, dann würden die Körper nirgendwo verharren, sondern würden sich zerstreut im unbegrenzten Leeren bewegen ...“ (*An Herodot* 42). Vorausgesetzt, der Raum ist unendlich, dann würde sich eine endliche Anzahl von Atomen darin unter Umständen gar nicht finden und berühren können. Natürlich lassen sich von Epikur keine direkten Rückschlüsse auf Leukipp und Demokrit ziehen. Jedoch läßt sich mit Hilfe dieses Arguments eine äußerst knappe Bemerkung bei Aristoteles, die ziemlich sicher auf Demokrit zu beziehen ist, besser verstehen; dort heißt es: „Wenn aber der Bereich (außerhalb des Himmels) unendlich ist, scheinen auch die Körper und Welten unendlich zu sein. Warum nämlich sollten sie sich eher hier als dort im Leeren aufhalten?“ (Phys. 203b25–28). Aristoteles spielt hier auf ein Argument Demokrits an, das dem zitierten Gedanken Epikurs sehr nahe kommt. Der letzte Satz des Aristoteles-Zitats gibt die offenbar Demokritische Begründung dafür an, daß sich die Atome auf das unendliche Leere verteilen und sich nicht in einem bestimmten Bereich zusammendrängen (denn sonst könnte sich auch eine endliche Anzahl von Atomen im Unendlichen treffen). Diese Begründung beruht auf dem für die Atomisten typischen *ou mallon* (nicht-eher)-Prinzip, wonach a nicht eher besteht als b, so daß, wenn a besteht, auf b geschlossen werden kann.

unteilbar: Auch für die Unteilbarkeit der Atome werden verschiedene Gründe überliefert; genannt werden u.a. die Unaffizierbarkeit, die Kleinheit und die angebliche Teillosigkeit der Atome: „Leukipp und Demokrit meinen, daß der Grund dafür, daß die ersten Körper nicht geteilt werden können, nicht allein ihre Unaffizierbarkeit ist, sondern auch der Umstand, daß sie klein sind und keine Teile haben“ (67A13). Die Kleinheit kann als Grund für die Unteilbarkeit kaum überzeugen, zumal die Atome trotz der Kleinheit ausgedehnt sind und es Atome unterschiedlicher Größe gibt. Aus demselben Grund ist es auch nicht richtig zu sagen, daß die Atome in jeder Hinsicht ohne Teile seien. Es sei denn, man spricht von abtrennbaren Teilen, aber die Unteilbarkeit gilt es ja gerade zu erweisen. Mit der Unaffizierbarkeit mag man die Unteilbarkeit vielleicht begründen können, jedoch ist dieses Merkmal selbst aus der Massivität der Atome abgeleitet. Es besteht daher kaum ein Zweifel, daß die Unteilbarkeit der Atome letztlich auf ihre Massivität zurückzuführen ist. So heißt es bei Simplikios, die Atomisten seien der Auffassung, daß die Atome unzerlegbar sind, denn „sie hätten keinerlei Anteil am Leeren; die Zerteilbarkeit entstehe nämlich, sagten sie, gemäß des in den Körpern enthaltenen Leeren“ (67A14).

Das angeführte Zitat weist deutlich die Voraussetzung aus, die erforderlich ist, um die Unteilbarkeit aus der Massivität abzuleiten: Teilung setzt Leere voraus, d.h., die Teilung eines Körpers kann nur an dem im Körper eingeschlossenen Leeren ansetzen. Der Status dieser Prämisse ist umstritten. Handelt es sich dabei um eine rein physikalische Aussage über den Vorgang des Zerteilens von Körpern (ja: PP II 47, nein: Makin 1989, 128)? Daß die Atome *auch* im Sinne einer physikalischen Zerteilung unteilbar sind, scheint unproblematisch. Weil die Atomisten jedoch typischerweise Begriffen, die ursprünglich ontologisch geprägt waren, einen physikalischen Sinn geben (wie z.B. bei der Gleichsetzung von Nicht-Seiendem und Leerem), liegt die Frage nahe, ob nicht auch der Zusammenhang von Teilung und Leere einen anderen Ursprung hat als die physikalische Theorie über die Voraussetzung des Zerteilens.

Nun kann die physikalische Aussage über das Teilen in der Tat leicht zurückübersetzt werden in die ontologische Feststellung des Parmenides, daß das Seiende homogen und daher unteilbar ist. Die Homogenität des Seienden besagt nämlich, daß das Seiende kein Weniger- oder Nicht-Seiendes einschließen kann, das Seiendes hindern könnte, mit Seiendem zusammenzuhängen. Daß dies bei Parmenides keine Aussage über den Versuch ist, das Seiende mit Schneidewerkzeugen zu traktieren, liegt auf der Hand: Parmenides muß das Nicht-Seiende ausschließen, um das Seiende als „ganz und gar“ seiend denken zu können und entdeckt dadurch, daß das im uneingeschränkten Sinn Seiende eine ursprüngliche Einheit darstellen muß. Wenn es nun zutrifft, daß Leukipp und Demokrit auch auf Zenons Argument der unendlichen Teilung reagieren wollen, das dieser gerade aus der Homogenität des Seienden entwikkelt, dann ist anzunehmen, daß ihnen auch die ontologische

Dimension der Unteilbarkeit bewußt war. Außerdem erkennt auch Aristoteles in der Unteilbarkeit der Demokritischen Atome umstandslos das metaphysische Prinzip wieder, daß Substanzen (gleichgültig, was ein Philosoph als Substanz bezeichnet) eine ursprüngliche und unreduzierbare Einheit darstellen müssen, weil anderenfalls Substanzen aus Substanzen bestehen müßten (Met. 1039a7–11), so daß die Substanz gerade kein Erstes wäre.

Physikalische oder theoretische Teilbarkeit?: In der Forschungsliteratur wurde eine intensive Debatte um die Frage geführt, ob den Demokritischen Atomen neben der physikalischen auch eine sogenannte theoretische Teilbarkeit zukomme. Dabei wird mit dem Begriff der theoretischen Teilbarkeit auf ein Merkmal angespielt, das Epikur in seiner Atomtheorie eingeführt hat (dieses Merkmal hat nichts zu tun mit der oben getroffenen Feststellung, daß die Unteilbarkeit der Atome auf Erwägungen ontologischer oder metaphysischer Art zurückgehen dürfte); Epikur hatte die Auffassung vertreten (*An Herodot* 57–59), daß Atome zwar physikalisch unteilbar sind, sich aber theoretisch zerlegen lassen. Auch die theoretische Teilung erreiche jedoch irgendwann kleinste Partikel, die sich dadurch auszeichnen, daß sie theoretisch oder begrifflich unteilbar bzw. ununterscheidbar sind. Entsprechend versteht man unter einer theoretischen Teilbarkeit, daß Teile mit dem Verstand unterschieden werden können (vgl. Furley 1967, 4). Nun wird zwar nicht vermutet, daß auch Demokrit zwischen Unteilbarkeit auf der atomaren und Unteilbarkeit auf der subatomaren Ebene unterschieden haben könnte, die Streitfrage geht aber darum, ob nicht den Atomen Demokrits die theoretische Unteilbarkeit zuzusprechen ist, die Epikur für die subatomaren Partikel angenommen hatte.

Direkte Evidenzen dafür, daß schon Demokrit diese Unterscheidung angewandt haben könnte, gibt es nicht. Insoweit der Begriff der theoretischen Unteilbarkeit eine Teillosigkeit voraussetzt, ist die These von einer theoretischen Unteilbarkeit der Demokritischen Atome ziemlich sicher falsch. Denn erstens haben die Atome eine Ausdehnung und sind unterschiedlich groß, so daß man begrifflich z.B. denjenigen Teil eines Atoms abgrenzen kann, der genauso viel Raum einnimmt wie ein kleineres Atom. Zweitens haben Atome unterschiedliche Formen, sie können rund, eckig, hakenförmig usw. sein. Die Identifizierung solcher Formen setzt natürlich voraus, daß Ecken, Hakenspitzen und ähnliche Teile begrifflich isolierbar sind. Das wichtigste Argument der Vertreter einer theoretischen Teilbarkeit (vgl. Furley 1967, Study I, HGP II 503–507) ist, daß eine theoretische Unteilbarkeit erforderlich sei, um Zenons Argument der unendlichen Teilung begegnen zu können. Dies wird von Barnes, der zwischen einer logischen, einer begrifflichen und einer mathematischen Unteilbarkeit unterscheidet, ausdrücklich widerlegt (PP II 50–58). Schließlich zeigte Makin (1989), daß die Unterscheidung zwischen theoretischer und physikalischer Teilbarkeit in dieser Form sinnlos ist, insofern wir Teilbarkeit immer in Relation zu irgendeiner Theorie der Teilung verstehen, und daher zum Verständnis Demokritischer Gedanken nichts beiträgt.

Form/Anordnung/Position: Ein viel zitierter Bericht des Aristoteles ordnet die Unterschiede zwischen Atomen den drei Klassen Form, Ordnung und Position zu und erläutert diese Zuordnung durch die Analogie mit Buchstaben: „Es unterscheiden sich nämlich A von N durch die Form, AN von NA durch die Ordnung, und Z von N durch die Position" (67A6). An dieser Liste geben zwei Punkte Rätsel auf. Erstens unterscheiden sich die Atome nach anderen Zeugnissen in mindestens einer weiteren Hinsicht, nämlich nach ihrer Größe. Außerdem unterscheiden sie sich nach Bewegung und Gewicht, wobei möglicherweise das Gewicht von der Größe und die Bewegung von Form und Gewicht abhängig sind. Zweitens ist allein die Form oder Gestalt ein Unterschied an den einzelnen Atomen selbst, die Position hingegen ist nur in Relation zu anderen Atomen unterscheidbar und die Ordnung ist eine Eigenschaft von Atomaggregaten.

Daß sich die Atome nach Form oder Gestalt unterscheiden, wird in mehreren Zeugnissen hervorgehoben. Sogar von einer unendlichen oder zahllosen Formenvielfalt ist die Rede: „von ihnen (den Atomen) seien die einen schief, andere hakenförmig, konkav, konvex und wieder andere wiesen zahllose weitere Unterschiede auf" (aus 68A37; vgl. Aristoteles, Gen.Corr. 315b8: „sie machen die Gestalten unendlich"). Nach DK 67A8 wurde die unendliche Gestaltenvielfalt mit Hilfe des *ou mallon*-(nicht-eher)-Prinzips erschlossen: „Warum sollte etwas eher so als so beschaffen sein?"

qualitätslos: An verschiedenen Stellen wird von den Atomen gesagt, sie seien qualitätslos (*apoios*). Weil sie ja durchaus formale Unterschiede aufweisen, muß damit gemeint sein, daß sie keine sinnlich wahrnehmbaren Unterschiede wie Temperatur, Härtegrade, Farben usw. aufweisen (vgl. 68A124, 125 u.a.). Aristoteles scheint dieses Merkmal außerdem als Gegenstück zur Unaffizierbarkeit zu interpretieren, wenn er bemerkt, die Atome würden „keine Qualitäten (in einem anderen) bewirken, da sie ja (selbst) weder hart noch kalt sind" (Gen.Corr. 326a3f.).

Größe: Die Atome unterscheiden sich nach ihrer Größe. Zu der Frage, wie weit das Spektrum unterschiedlicher Atomgrößen ist, gibt es allerdings widersprüchliche Angaben. Einerseits sollen die Atome so klein sein, daß sie unsichtbar sind, andererseits soll es Demokrit für möglich gehalten haben, daß einige Atome „sehr groß" (68A43) sind. Offenbar denkt auch Epikur an Demokrit, wenn er die Auffassung kritisiert, daß es jede Größe von Atomen gibt (*An Herodot* 55); Aëtios meint sogar, daß es Demokrit zufolge Atome von der Größe des Universums geben könnte (68A47). Einen sehr einleuchtenden Vorschlag zur Auflösung dieses Widerspruches hat Barnes (PP II 46) gemacht: Was die Erfahrung angeht, so hält Demokrit die Atome tatsächlich für so klein, daß sie nicht beobachtet werden konnen. Allerdings sieht er die Kleinheit nicht als eine wesentliche Eigenschaft der Atome an (wesentlich ist ihre Massivität, ihre Unteilbarkeit usw.), so daß ein Atom von der Größe des Universums logisch jedenfalls nicht ausgeschlossen wäre. Erst Epikur meinte dann, die Kleinheit in den Begriff des Atoms aufnehmen und die Vorgänger für ein entsprechendes Versäumnis tadeln zu müssen.

Gewicht: Bei den zusammengesetzten Körpern hält Demokrit diejenigen für leichter, in denen mehr Leeres enthalten ist (68A135). Dagegen sind – den Berichten von Aristoteles und Theophrast zufolge – die Atome um so schwerer, je größer sie sind (vgl. Gen.Corr. 326a9). Diesem einfachen und plausiblen Modell widerspricht jedoch ein Bericht von Aëtios: „(i) Demokrit sagte, daß die Atome zwei Eigenschaften, die Gestalt und die Größe, haben, während Epikur diesen als drittes das Gewicht hinzufügte ... (ii) Demokrit sagt, daß die ersten Körper (die Atome) ... kein Gewicht hätten ..." (68A47). Die Entscheidung, ob man den Demokritischen Atomen nun ein Eigengewicht zusprechen soll oder nicht, läuft im Wesentlichen auf die Frage hinaus, welcher Quelle man mehr trauen will: unter diesem Aspekt verdient die Schilderung des Aristoteles und somit die These von einem Eigengewicht der Atome den Vorzug. Abgesehen davon könnte Aëtios den problematischen Satz (ii) fälschlicherweise aus (i) erschlossen haben, wenn er ihn so verstand, daß Demokrit den Aspekt eines möglichen Gewichts einfach ignorierte. Dabei braucht (i) nicht mehr zu besagen, als daß Demokrit das Gewicht nicht eigens anführte, eben weil er es als eine von der Größe abhängige Eigenschaft ansah (vgl. zum Gewicht O'Brien 1977 und 1981).

Bewegung: Aristoteles verglich einmal die Atome und ihre Bewegung mit den „Sonnenstäubchen" in dem durchs Fenster einfallenden Licht (*De Anima* 404a3f.). Der Atomist Lukrez hat diesen Vergleich zu einer anschaulichen Schilderung der Atombewegung ausgebaut (*De rerum natura* II, 114–122). Für die frühen Atomisten fallen die Berichte über die Bewegung der Atome jedoch dürftig aus; immerhin läßt sich folgendes mit einiger Sicherheit sagen:

Atome treiben im Leeren, das ihnen ja keinen Widerstand entgegensetzt, umher. Sie haben an sich keine eigene Bewegungsquelle (68A47). Bei der Kollision von Atomen ergeben sich zwei Möglichkeiten: „Passende" Atome bleiben aneinander haften und treiben gemeinsam weiter, alle anderen Atome prallen aneinander ab und werden „umhergewirbelt" (*peripallassesthai*), so daß die beteiligten Atome einen Bewegungsimpuls erhalten und sich ziellos in alle Richtungen bewegen. Der weitere Bewegungsverlauf wird nicht nur durch den Zusammenstoß, sondern auch durch das spezifische Gewicht (68A58) und die Form der betreffenden Atome modifiziert; so sind z.B. kugelförmige Atome besonders beweglich (Aristoteles, *De Anima* 405a11). Wann Atome zueinander passen und wann sie aneinander abprallen sollen, wird aus den Berichten nicht vollends klar; bei der Entstehung der Welten (siehe unten Abschnitt e) scheint das Prinzip „Gleiches zu Gleichem" eine Rolle zu spielen. Dieses Prinzip könnte sowohl auf die Größe als auch auf die Form von Atomen bezogen werden. Hinsichtlich der Form wäre zu erwarten, daß nicht nur gleichförmige, sondern besonders Atome verschiedener, korrespondierender Formen, wie etwa konvexe und konkave Atome, eine Verbindung miteinander eingehen können.

Eine konkurrierende Darstellung der Atombewegung besagt, daß sich die Atome aufgrund ihres Gewichts in einer natürlichen Abwärtsbewegung befänden (Zeller [6]1920, 1084). Allerdings gibt es keine Hinweise, daß Leukipp oder Demokrit selbst diesen Schluß aus dem Eigengewicht der Atome gezogen hätten. Außerdem kritisiert Aristoteles die Atomisten ausdrücklich dafür, keine den Atomen natürliche Bewegung nachzuweisen, was aber durch die Abwärtsbewegung gerade erfüllt wäre. Daher scheint die spätere Darstellung Ciceros ganz berechtigt zu sein, wonach die Atome „im unbegrenzten leeren Raum, in dem es weder Oben noch Unten, weder Mitte noch Rand noch Ende gibt, sich so bewegen, daß sie sich durch Zusammenstöße miteinander verbinden" (*De finibus* I 17) (vgl. dazu: Alfieri 1935, 83ff., HGP II 400ff.).

Einige Kommentatoren versuchten einen Unterschied zwischen der Atombewegung vor der ersten Kollision und der fremdverursachten Bewegung nach der Kollision nachzuweisen. Jedoch dürfte Demokrit gerade keinen Zustand für möglich gehalten haben, in dem es noch keine Atombewegung oder noch keine Atomkollision gegeben hat. Vielmehr betont er gerade die Ewigkeit der Atombewegung und damit der Kollisionen (67A10). Das ist auch hinsichtlich der Kritik des Aristoteles zu bedenken, der bei Demokrit eine Erklärung über die *ursprüngliche* Bewegungsursache vermißt (*De Caelo* 300b8-11): Weil es eine Bewegung für Demokrit immer schon gab, dürfte er die Frage nach einem ursprünglichen Bewegungsimpuls aus demselben Grund abgelehnt haben („Wer oder was hätte die Atome veranlassen sollen, früher oder später in Bewegung zu treten?") wie Parmenides die Frage nach einem hinreichenden Grund für die Entstehung des Seienden (vgl. KRS 462). Schließlich kam es in der Forschungsliteratur zu Irritationen über den Bericht des Aëtios, Demokrit habe nur eine Form der Atombewegung anerkannt, nämlich die Vibration (68A47). Dieser Hinweis berührt die bisherige Beschreibung der Atombewegung jedoch nicht: Entweder wir nehmen den Ausdruck als Beschreibung der durch ständige Kollisionen hervorgebrachten Bewegung, wie wir sie aus den anderen Berichten kennen (vgl. HGP II 404), oder Aëtios überträgt hier zu Unrecht eine Vorstellung Epikurs (vgl. *An Herodot* 43) auf Demokrit (wie er es auch sonst tut), nämlich die Vorstellung, die in einem Körper eingebundenen Atome befänden sich in einer Vibrationsbewegung (KRS 463).

Aggregatbildung: Atome sind dazu in der Lage, mit bestimmten anderen Atomen Aggregate zu bilden; die größeren und relativ stabilen Atomaggregationen konstituieren die wahrnehmbaren Gegenstände. In solche Atomkomplexe sind immer auch Anteile des Leeren eingeschlossen; das Gesamtgewicht der Körper gleicher Größe differiert dem Anteil des Leeren entsprechend. Die Einheit der so konstituierten Gegenstände ist immer nur temporär, denn jeder Körper löst sich irgendwann wieder in die ihn konstituierenden Atome auf. Auch bei der Aggregatbildung gilt das für die Atomisten mehrfach bezeugte Prinzip, daß „aus dem wahrhaft Einen niemals Vieles, und aus dem Vielen niemals Eines wird", d.h. daß die Atome, von denen jedes einzelne eine wahre und ursprüngliche Einheit darstellt, im Prozeß der Zusammensetzung und Trennung von Körpern sowohl ihre Einheit als auch ihre Selbständigkeit bewahren: es findet keine „Verschmelzung" von Atomen statt. Der aus Atomen zusammengesetzte Gegenstand erscheint nur oberflächlich als etwas Einheitliches, tatsächlich stellt er aber eine Vielheit dar, weil die ihn konstituierenden Atome für die temporäre Aggregatbildung nichts von ihrer Eigenständigkeit abtreten.

Welche Gesetzmäßigkeiten die Atomisten im einzelnen für die Bildung von Atomaggregaten annahmen, weiß man nicht. In Ermangelung einer besseren Erklärung greifen die Kommentatoren oft auf das Prinzip „Gleiches zu Gleichem" zurück, das Demokrit in Fragment DK 68B164 anschaulich schildert: „Denn auch die Tiere gesellen sich zu gleichartigen Tieren wie Tauben zu Tauben und Kraniche zu Kranichen ... So ist es auch bei dem Unbeseelten". Dieses Prinzip kommt tatsächlich in einer bestimmten Phase der Kosmosbildung zum Zug (67A1), allerdings steht dort die Gruppierung von Atomen unter dem Einfluß einer Wirbelbewegung, was für den Standardfall der Aggregatbildung nicht gilt. Vermutlich besteht daher die wesentliche Voraussetzung für die „Verflechtung" von Atomen darin, daß es viele verschiedene Atomformen gibt und daß einige davon ineinander passen. So wird in einem der wichtigsten und ausführlichsten Berichte über die Atomisten die Nachricht von der Formenvielfalt gerade als Erklärung für den temporären Zusammenhalt von Atomen eingeführt: „... Indem sie sich bewegen, sollen sie zusammenstoßen und sich verflechten, doch diese Verflechtung sei so, daß sie dadurch nur in Berührung und dicht aneinander gerieten; nie aber wird eine wirkliche Einheit dadurch hervorgebracht ... Als Ursache für das Zusammenbleiben der Substanzen für eine bestimmte Zeit nennt er das wechselseitige Ineinanderpassen und das gegenseitige Festhalten der Körper. Die einen dieser Körper seien eckig, die anderen hakenförmig, andere konkav, wieder andere konvex ..." (aus 68A37).

e) *Notwendigkeit, Zufall und Entstehung der Welten*

Die atomistische Theorie der Weltentstehung weist gewisse Ähnlichkeiten mit den Spekulationen der Milesier auf. Weil die Bewegung der Atome ewig ist, läßt sich gar nicht ausmachen, wann genau die Entstehung des Kosmos beginnt. Eine Voraussetzung für die Entstehung von Welten jedenfalls ist, daß sich verschiedenartige Atome an einem Ort im unendlichen Leeren zusammenfinden. Aus nicht näher bekannten Gründen entsteht aus diesem Zusammentreffen von Atomen ein Wirbel. Die Wirbelbewegung bedingt, daß die Atome nach dem Prinzip „Gleiches-zu-Gleichem" sortiert werden. Im nächsten Stadium sammeln sich die größeren Atome in der Mitte, während die kleineren Atome gleichsam ausgesiebt und nach außen hin bewegt werden, wo sie eine Membran um das Ganze herum bilden. Wenn ungebundene Atome von außerhalb mit dem rotierenden Gebilde in Berührung kommen, werden sie in die Membran aufgenommen. Vereinzelt kommt es durch die Bewegung zu Entzündungen von Atomen, woraus die Gestirne entstehen. Die großen Atome in der Mitte bilden die Erde (vgl. DL IX 31 = DK 67A1).

Bemerkenswert ist dabei die Auffassung, daß auf diese Weise nicht nur eine, sondern unbegrenzt viele Welten entstehen und wieder vergehen. Offenbar wird diese Annahme damit begründet, daß sowohl das Leere als auch die Anzahl der Atome unbegrenzt sind, so daß es keinen Grund gibt, warum nur eine einzige Welt entstehen sollte (vgl. 68A40). Nicht alle Welten sind genau gleich gebaut, so variiert etwa die Zahl der Himmelskörper, und in einigen Welten gibt es gar kein Leben. Zum gleichen Zeitpunkt befinden sich einige Welten im Zustand der Entwicklung, andere in ihrer Blüte und wieder andere im Zustand des Vergehens.

Zufall und Notwendigkeit: Der für die Weltentstehung verantwortliche Wirbel kommt offenbar durch die verschiedenen Bewegungsimpulse der zusammentreffenden Atome zustande. Hierbei fällt auf, daß Demokrit diesen Wirbel betont mit dem Merkmal der Notwendigkeit versieht: „Alles geschehe gemäß der Notwendigkeit; denn die Ursache für die Entstehung von allem sei der Wirbel, den er als Notwendigkeit bezeichnet" (DL IX 45). Auch ein von Leukipp überliefertes Fragment bestätigt den Grundsatz, daß alles aufgrund von Notwendigkeit entstanden sei: „Kein Ding wird aufs Geratewohl, sondern alles infolge eines Grundes und unter dem Einfluß von Notwendigkeit" (DK 67B2). Offenbar soll hiermit behauptet werden, (i) daß nichts ohne notwendige Ursache bzw. zufällig so ist, wie es ist. Man ist deshalb überrascht, in den antiken Berichten durchgängig zu lesen, (ii) daß die Atomisten den Zufall als Ursache von allem annehmen (vgl. 67A11, 68A67 u.a). Schließlich gibt es noch Berichte, (iii) wonach die Atomisten für Tiere und Pflanzen behaupten, sie könnten nicht durch Zufall entstanden sein, sich jedoch weigern, als Ursache für den Himmel und den Kosmos etwas anderes als den Zufall zu akzeptieren (Aristoteles, Phys. 196a24-35). Wie kommt es zu diesen Widersprüchen?

Anscheinend gab es für die antiken Berichterstatter Zusammenhänge, in denen sich „durch Zufall" und „aus Notwendigkeit" gar nicht ausschließen. So gibt es eine Stelle in Platons *Nomoi*, wo Empedokles die Auffassung zugeschrieben wird, die Mischung der Elemente ereigne sich „gemäß dem Zufall aus Notwendigkeit" (889c). Was Platon und später noch deutlicher Aristoteles mit dem Vorwurf des Zufälligen an den Vorgängern kritisieren, ist der Gedanke, Entstehungsprozesse allein durch Rekurs auf eine anfängliche Ursache, wie etwa den Bewegungsimpuls, der die Atome zusammenführt, erklären zu können. Vielmehr müsse man den Endzustand oder das Ziel einer Entwicklung betrachten, um erklären zu können, warum sich die durch mechanische Ursachen in Bewegung gesetzten Dinge so und nicht anders und warum sie sich mit großer Regelmäßigkeit so verhalten (vgl. Aristoteles, Phys. 198b34ff.). Die von Platon und Aristoteles beeinflußten Berichte anerkennen also durchaus, daß die mechanischen Ursachen bei Demokrit die Bahn der betroffenen Atome mit Notwendigkeit beeinflussen, aber sie bestreiten, daß dies ausreicht, um das Zustandekommen komplexer Endzustände zu bestimmen; und in diesem Sinn bleibt der Endzustand dem Zufall ausgeliefert. Der hier unterstellte Gegensatz besteht also zwischen zielgerichteter und zufälliger Entstehung, so daß der Zufälligkeitsvorwurf mit der Notwendigkeit der Bewegungsursachen vereinbar ist.

Noch in einer weiteren Hinsicht scheinen „durch Zufall“ und „aus Notwendigkeit“ miteinander vereinbar zu sein, nämlich dann, wenn wir solche Vorgänge als „zufällig“ bezeichnen, deren Ursachen wir nicht kennen oder die zu komplex sind, um Vorhersagen machen zu können. In solchen Fällen mögen die betreffenden Vorgänge objektiv determiniert und daher notwendig sein, sie kommen aber für den Betrachter, der die kausalen Zusammenhänge nicht durchschaut, einem zufälligen Vorgang gleich. So könnten etwa die Atomisten sagen, es sei Zufall, ob in einer Welt Sonne und Mond entstehen, weil die dazu erforderlichen Atombewegungen zu viele und zu komplex sind, um vorhersagen zu können, ob sich im Zuge einer Weltentstehung Sonne und Mond entwickeln werden.

f) Wahrnehmung als Ausströmung von Abbildern

Die atomistische Wahrnehmungslehre läßt sich durch zwei Grundsätze beschreiben: (1) Aristoteles bemerkt einmal über Demokrits Wahrnehmungslehre, sie beinhalte etwas sehr Abwegiges, indem sie alles Wahrnehmbare den Gegenständen des Tastsinns angleiche (vgl. 68A126). Offenbar spielt er darauf an, daß jede Wahrnehmung – entsprechend der Voraussetzung, alles sei Atom oder Leeres – als eine Art von physischem Kontakt erklärt werden kann. (2) Weil dasselbe Objekt bei verschiedenen wahrnehmenden Subjekten unterschiedliche Wirkungen erzielen kann (vgl. 68A135,67), nimmt Demokrit an, daß sinnliche Qualitäten nicht allein auf einer Beschaffenheit des wahrgenommenen Objekts, sondern auf einer Interaktion von Objekt und wahrnehmendem Subjekt beruhen (68A135, 63f.): Die wahrnehmende Seite wird durch die unmittelbare Einwirkung bei der Wahrnehmung selbst einer Veränderung unterzogen, so daß sich die wahrgenommene Qualität immer in Abhängigkeit von der aktuellen Verfassung des wahrnehmenden Subjekts ergibt.

Wie dieser allgemeine Ansatz für die einzelnen Sinne konkretisiert ist, weiß man nicht genau. Das meiste Material ist zur optischen Wahrnehmung überliefert, was vielleicht auch der zentralen Bedeutung des Sehens entspricht. Die verschiedenen Berichte beinhalten aber nicht dieselbe Theorie oder nicht dieselbe Version oder dieselben Aspekte der maßgeblichen Theorie. Allen Versionen gemeinsam ist jedoch die Vorstellung, daß alle Gegenstände Abbilder aussenden, die dem absendenden Gegenstand gleich sind. Zumeist wird davon ausgegangen, daß diese Abbilder die ganze Oberfläche des Gegenstandes wiedergeben, zugleich aber sehr dünn – vielleicht wie eine einzige Atomschicht – sind.

Sehen – Theorie I: Die einfachste Theorie ergibt sich (vgl. 67A29), indem man diese Abbilder direkt und ohne Zutun des Sinnesorgans ins Auge des Wahrnehmenden gelangen läßt, wo sie die Wahrnehmung auslösen. Der Vorgang des Eindringens ins Auge wird übereinstimmend als „Reflexion" beschrieben, offenbar weil das Abbild des gesehenen Gegenstands in der Pupille des Sehenden durch Reflexion sichtbar wird. Dieser Vorgang bedarf keiner Luft zwischen Wahrnehmendem und Wahrgenommenem, was mit der Vermutung Demokrits vereinbar ist, daß eine Ameise am Himmel klar sichtbar wäre, wenn sich keine Luft zwischen dem Himmel und uns befinden würde (68A122).

Dies ist eine recht naive Theorie und es ist nicht überraschend, daß schon in der Antike zahlreiche Einwände erhoben wurden: Müßte demnach nicht alles, was reflektiert, wie etwa ein Spiegel, wahrnehmen können? Wie kommt ein Abbild, das sich von der Oberfläche eines Elefanten löst, in die kleine Pupille? Müßten nicht die Abbilder von zwei Subjekten, die sich gleichzeitig sehen, kollidieren? Vielleicht ist dies der Grund dafür, daß Demokrit offenbar eine raffiniertere Theorie entwickelt hat:

Sehen – Theorie II: Dem Bericht des Theophrast (68A135, 50) könnte man folgendes als den Kern der atomistischen Wahrnehmungslehre entnehmen (vgl. HGP II 445): Das Abbild gelangt nicht direkt ins Auge. Es gibt Ausströmungen von allem, auch von dem Auge selbst; die Ausströmungen des Auges und die des gesehenen Objekts (also die Abbilder) treffen sich irgendwo in der Luft zwischen beiden, komprimieren die

Luft und prägen ihr das Bild des betreffenden Objektes ein; erst dieser in feste Luft geprägte Abdruck gelangt mittels Reflexion ins (feuchte und daher für Dichtes empfängliche) Auge. Anders als in Theorie I wird hier vorausgesetzt, daß Luft zwischen Auge und Wahrgenommenem sein *muß*. Verwirrend ist, daß hier pauschal von „Ausströmungen" die Rede ist, die Ausströmungen des Auges jedoch zumindest funktional von den ausströmenden Abbildern des wahrgenommenen Gegenstandes verschieden sein müßten.

Sehen – Theorie III: Baldes (1975) kommt bei der Auswertung desselben Berichts zu einem abweichenden Ergebnis, bei dem sich die scheinbar widersprüchlichen Quellen von Theorie I und II als verschiedene Aspekte ein und derselben Theorie entpuppen. Das vom Objekt her kommende Abbild komprimiert zusammen mit dem Auge diejenige Luft, die sich direkt vor dem Auge befand, und gibt ihm seine Prägung. Dabei sind aber weder das Auge noch das Abbild die treibende Kraft, sondern die Sonne und die von ihr ausgehenden Lichtpartikel (vgl. 68A135,54). Sie treffen nämlich auf das wahrgenommene Objekt, werden in Richtung auf das Auge des Wahrnehmenden umgelenkt und verursachen dort, daß das Abbild in komprimierte Luft geprägt wird. Dieses Modell kann auf Ausströmungen von Seite des Auges ganz verzichten und erfordert nicht, daß der Zwischenraum ganz von Luft erfüllt wäre. Es ist daher mit der Vorstellung vereinbar, daß ein Abbild auch durch Leeres transportiert werden kann und daß Luft als Medium das Abbild verkleinert. Außerdem bewährt sich das Modell auch bei der Erklärung der Farben Weiß und Schwarz, die nach Demokrit durch glatte bzw. rauhe Oberflächen zustande kommen (vgl. Baldes 1978).

Wahrnehmen und Erkennen: Besonders interessant wäre es zu wissen, welche Rolle der Wahrnehmung innerhalb der Demokritischen Erkenntnistheorie zukommt. Jedoch enthalten die antiken Berichte hierzu ganz unterschiedliche Aussagen: (i) Was den Sinnen erscheint, ist wahr. (ii) Was den Sinnen erscheint, muß zurückgewiesen werden. (iii) Sinnliche Phänomene tragen indirekt zur Erkenntnis bei. (iv) Erkenntnis ist unmöglich. (v) Ein vollständiger Skeptizismus ist ungerechtfertigt (vgl. HGP II 456ff.). Offenbar sind diese Aussagen in dieser Form nicht miteinander zu vereinbaren. Aussage (i) wird vor allem durch verschiedene Bemerkungen des Aristoteles gestützt, z.B.: „... weil sie Denken mit Wahrnehmung und diese mit körperlicher Veränderung identifizieren, sagen sie, daß das in der Wahrnehmung Erscheinende wahr sein muß" (Met. 1009b12ff.). Hinweise auf eine erkenntnisskeptische Position (iv) sammelt vor allem der Skeptiker Sextus Empiricus. Er liefert dazu einige aus ihrem Zusammenhang isolierte Zitate wie „Auch diese Darlegung zeigt, daß wir nichts über irgendetwas wirklich wissen; die bloße Annahme ist allen der Zustrom" (68B7); „Und doch wird klar sein, daß es unmöglich ist, wie jedes Ding in Wirklichkeit ist" (68B8).

Wenn man nun in Rechnung stellt, welche erkenntnistheoretische Einstellung dem Entwurf einer ontologischen Atomtheorie zugrunde liegen müßte, und wenn man Demokrit zugesteht, keine Erkenntnistheorie zu vertreten, die die Grundlagen seiner Atomtheorie untergraben würde, dann dürften die Aussagen (i) und (iv) das Ergebnis unangemessener Interpretationen sein. Denn der Grundsatz der Atomisten, daß es in Wirklichkeit nur die Atome und das Leere gibt, wäre unsinnig, wenn die Wirklichkeit nach (i) genau so wäre, wie sie unseren Sinnen erscheint, oder wenn nach (iv) sinnliche und nichtsinnliche Erkenntnis gleichermaßen ausgeschlossen wären. Wie aber kam dann Aristoteles zu der Behauptung, für Demokrit seien die sinnlichen Erscheinungen wahr? Vermutlich vermißte Aristoteles bei Demokrit eine – für seine Begriffe – hinreichende Unterscheidung zwischen Wahrnehmen und Denken, weil dieser offenbar auch das Denken als körperlichen Vorgang beschrieb (vgl. 67A30, 68A135,58). Aus der unzureichenden Unterscheidung schloß Aristoteles, daß beides letztlich identisch sei, und daraus schloß er weiter, daß Demokrit die wahre Erkenntnis gar nicht anders beschreiben kann als mit Bezug auf die sinnlichen Erscheinungen.

Vor diesem Hintergrund scheint die Erklärung plausibel, daß Demokrit zumindest für Aussagen über den atomaren Bereich eine Form von außersinnlicher Erkenntnis annahm und daß dabei die Resultate der sinnlichen Wahrnehmung zumindest nicht den Rang einer unhintergehbaren Wahrheit behaupten können. Diese Lösung wird auch von einem Fragment unterstützt, demzufolge Demokrit zwei Formen von Erkenntnis, eine durch die Sinne und eine mittels Verstand, unterscheidet: „Es gibt zwei Arten der Erkenntnis, eine echte und eine dunkle. Und zur dunklen gehört alles folgende: Gesicht, Gehör, Geruch, Geschmack und Tastsinn. Die andere dagegen ist echt und von dieser verschieden ... Wenn die dunkle nicht mehr ins Kleinere sehen, hören, riechen, schmecken oder tasten kann, sondern ins Feinere ..." (68B11). Damit erfüllt sich die Forderung, daß Demokrit neben der sinnlichen noch eine weitere Form von Erkenntnis annimmt, die offenbar für den Wirklichkeitsbereich zuständig sein soll, der für unsere Sinne zu fein ist. Diese Aufgabenteilung – das Gröbere für die Sinne, das Feinere und Kleinere für den Verstand – bestätigt auch Aristoteles' Bemerkungen über eine körperliche Theorie des Denkens bei Demokrit, insofern die nicht-sinnliche Erkenntnis nicht wie ein völlig verschiedener Prozeß, sondern wie „die kontinuierliche Fortsetzung desselben Prozesses auf einer neuen Ebene" (HGP II 463) erscheint.

g) Gute Laune: Aus den ethischen Fragmenten

Während man für die theoretische Philosophie der Atomisten fast ganz auf spätere Berichte angewiesen ist, sind aus den ethischen Schriften des Demokrit zahlreiche Fragmente überliefert. Ein systematischer Zusammenhang der ethischen Lehren zum atomistischen Ansatz läßt sich jedoch nicht erkennen. Auch die ethischen Lehren selbst scheinen keinen zusammenhängenden Entwurf zu entfalten: wenngleich deutlich wird, daß einige Überlegungen um den zentralen Begriff der Euthymie (etwa: gute Laune, Heiterkeit, ausgeglichener Gemütszustand) herum gruppiert sind, gehört doch Vieles eher in den Bereich der praktischen Lebensweisheiten als zu einer philosophischen Ethik.

Über den Zustand der Euthymie sagt Demokrit, man dürfe, um ihn zu erreichen, sich nicht mit zu Vielem abgeben und müsse bei allem, was man tut, darauf achten, nicht über seine Fähigkeiten und seine Natur hinaus zu handeln. Auch von einer glücklichen Fügung soll man sich nicht verleiten lassen, mehr zu tun, als man aufgrund eigener Möglichkeiten erreichen kann (vgl. 68B3). Die Euthymie ist das Resultat des Maßhaltens und einer gleichmäßigen Lebensweise. Das Zuwenig und das Zuviel droht immer ins Gegenteil umzuschlagen und die Seele in Unruhe zu versetzen: „Wenn einer das rechte Maß überschreitet, kann ihm das Erfreulichste zum Unerfreulichsten werden" (68B233). In jedem Fall ist es daher besser, sich mit dem jeweils Möglichen zu begnügen und das Begehren nicht auf ein Mehr zu richten, wodurch man einen schlechten Zustand der Seele riskiert (vgl. 68B191). Überhaupt soll man mehr auf die Seele als auf die äußeren Dinge achten (vgl. 68B 187), denn: „Glückliches und unglückliches Lebensgeschick ist Sache der Seele" (B170) und „nicht im Besitz von Herden noch im Golde befindet sich das Lebensglück; Wohnsitz des Glükkes ist die Seele" (B171).

Mit Blick auf das Ziel eines ausgeglichenen Gemütszustandes rät Demokrit in vielen Nuancen zu einem überlegten Umgang mit Vergnügungen, denn „den Menschen erwachsen aus guten schlechte Dinge, wenn einer die guten nicht zu steuern ... versteht" (B173). Die zahlreichen Hinweise zu einer Art von Affekt- oder Gemütskunst erinnern in einigen Punkten an die Ratschläge, die später Epikur geben wird. Auch das allgemeine Ziel, die Euthymie, und die zu ihrer Erreichung notwendige Bedürfnisbeschränkung sind bisweilen mit dem negativen Hedonismus Epikurs, bisweilen auch mit dem stoischen Ziel der Affektlosigkeit, der Apatheia, vergleichbar. Dagegen scheint er mit seiner Forderung, die Integrität der Seele über alles andere zu stellen, an manchen Stellen ähnlich konsequent wie Sokrates zu sein: „Man soll sich vor sich selbst nicht weniger schämen als vor den Menschen, und man soll, wenn niemand es erfahren wird, genausowenig etwas Böses tun, als wenn es alle Menschen erfahren. Vielmehr soll man sich vor sich selbst am meisten schämen, und das soll man als Gesetz für die Seele aufrichten ..." (B264).

Verglichen mit Sokrates jedoch kommt bei Demokrit der Auseinandersetzung mit der Bewegung der Sophisten und einer neu zu leistenden Begründung der Moral (wenn überhaupt) eine merkwürdig geringe Bedeutung zu. Die Tendenz zur Verinnerlichung und die Wendung zur Pflege der Seele könnte zwar eine (durchaus angemessene) Reaktion darauf sein, insgesamt aber stützt sich Demokrit in bemerkenswertem Umfang auf herkömmliche Momente griechischer Lebensweisheit, wie etwa die Empfehlung zum Maßhalten und die Warnung vor Selbstüberschätzung und vor den Versuchungen des glücklichen Geschicks. In Anbetracht der Herausforderung, welche die Sophistik für diese konventionelle Moral zweifellos bedeutete, kann ein solcher Rückgriff nicht unbedingt überzeugen. Damit ist schließlich die traditionelle philosophiehistorische Abgrenzung der Vorsokratiker, die sich unter anderem auf das Fehlen einer systematischen Ethik innerhalb dieser Gruppierung beruft, trotz einiger bemerkenswerter Ansätze bei Demokrit nicht ganz von der Hand zu weisen.

VIII. Aus der Wirkungsgeschichte

Eine kontinuierliche Wirkungsgeschichte der vorsokratischen Philosophie gibt es nicht. Die größte Wirkung üben die Vorsokratiker indirekt – durch ihren Einfluß auf die Philosophie von Platon, Aristoteles, Epikur und der Stoa – aus. Doch wird dieser Impuls von den großen antiken Schulen sehr frei in Lehren umgesetzt, in denen das Erbe der Vorsokratiker nur schwer wiederzuerkennen ist. Schon viele antike Autoren nehmen daher die Vorsokratiker auch dann, wenn ihnen objektive Berichte oder sogar Originalquellen vorliegen, nur durch die Brille der platonischen, aristotelischen oder stoischen Philosophie wahr. An die Stelle einer kontinuierlichen Wirkungsgeschichte tritt so eine sporadisch auftauchende Wiedererinnerung an die Vorsokratiker, bei der sich die Attraktivität dieser Denker jedoch oft nur von entstellten und isoliert rezipierten Formeln herleitet, wie etwa dem beliebten Slogan „Alles fließt" oder einer auf Formeln wie „eines und alles" reduzierten Gegensatzlehre. Ebenso gehört die Vereinnahmung des Pythagoras für die Ahnentafel der mathematischen Naturwissenschaft und des Demokrit einmal als Begründer des Materialismus und einmal als Vorläufer der modernen Naturwissenschaften in die Rubrik der Mißverständnisse.

1. Die Rezeption in der Antike

Die Wirkung der großen vorsokratischen Entwürfe ging in der zweiten Hälfte des 5. Jahrhunderts v.Chr. bereits deutlich über den Kreis der sogenannten Schüler und Nachfolger hinaus. Das zeigt sich unter anderem am Aufkommen populärer Nachahmungen und Wiederentdeckungen, wie wir sie etwa bei

Hippon finden, der Thales' These vom Wasser als Ursprung der Welt wiederzubeleben versuchte. Die Adaption der Parmenideischen Terminologie von Seiendem und Nicht-Seiendem scheint beispielsweise für den Pythagoreer Philolaos von Kroton recht selbstverständlich gewesen zu sein. Auch eine populäre Form des Heraklitismus, die ihren bekanntesten Vertreter in Kratylos gefunden hat, war im Umlauf. Diogenes von Apollonia, der seine Blütezeit um 440 v.Chr. erlebt haben dürfte, berücksichtigte in seinem eklektischen Zusammenschnitt der wichtigsten Strömungen bereits die jüngeren Naturphilosophen Anaxagoras und Leukipp (vgl. DK 64A5).

Die Sophisten setzten sich in Inhalt und Stil deutlich von den großen Figuren der Vorsokratik ab. Vor allem der Anspruch auf einen privilegierten Wahrheitszugang, wie er in den Proömien von Heraklit, Parmenides und Empedokles zum Ausdruck kam, scheint von den Sophisten abgelehnt worden zu sein. Man kann den sogenannten Homo-mensura-Satz des Sophisten Protagoras („Aller Dinge Maß ist der Mensch": DK 80B1) geradezu als eine Strategie ansehen, um solche starken Ansprüche zu unterlaufen und die Kompetenz zur Beurteilung der Wahrheit für den durchschnittlichen Menschen zurückzugewinnen. Andererseits sind auch einige Anknüpfungspunkte offensichtlich: So beruht die – unterschiedlichen Sophisten zugeschriebene – These, daß Widerspruch unmöglich sei (*ouk estin antilegein*) offenbar auf eleatischen Prämissen: Jeder, der etwas sagt, sagt etwas, d.h. etwas Seiendes, und das bedeutet (nach der sogenannten „veritativen" Bedeutung von „sein"): etwas Wahres. Wenn nun zwei Personen reden, dann ist das Seiende und Wahre, worüber sie reden, entweder dasselbe – dann widersprechen sie sich selbstverständlich nicht – oder nicht dasselbe; wenn letzteres, dann sagt jeder etwas Seiendes und damit Wahres, aber Verschiedenes – weil sie Verschiedenes sagen, reden sie gewissermaßen aneinander vorbei, aber sie widersprechen sich nicht; folglich ist Widerspurch unmöglich (vgl. Platon, *Euthydemos* 286ab).

Gorgias aus Leontinoi auf Sizilien (geb. um 490 v.Chr.) verfaßte einen Essay „Über das Nicht-Seiende", in dem er durch die Anwendung Parmenideischer Prämissen die eleatische Philosophie im Ergebnis auf den Kopf stellt; er beweist nämlich, daß erstens nichts ist, und daß zweitens, selbst wenn etwas wäre, es nicht erkennbar sei, und daß drittens, selbst wenn es erkennbar wäre, es nicht mitteilbar sei (vgl. MXG 979a12ff.). Zur Begründung der ersten These macht er sich den auch bei Parmenides zentralen Gedanken zunutze, daß ein Satz der Form „... ist ..." die Existenz des Subjekts voraussetzt: „Wenn nämlich Nicht-Seiendes Nicht-Seiendes *ist*", so argumentiert Gorgias (MXG 97925f.), „so dürfte das Nicht-Seiende um nichts weniger *sein* als das Seiende".

Platon appelliert in seinen Dialogen oft an ein Zwei-Welten-Modell, wonach dem vergänglichen und veränderlichen Bereich der Sinnesdinge ein ewiger und unveränderlicher Bereich der Ideen gegenübersteht. Manche Platoninterpreten bezweifeln zwar (um eine bestimmte Art von Platon-Kritik zu entkräften), daß die Rede von zwei Welten wörtlich zu nehmen sei, es kann aber nicht bestritten werden, daß Platon aus diesem Modell erheblichen Erklärungswert schöpft. Diese Zwei-Welten-Lehre wird nun oft als eine Verschmelzung des Heraklitischen und des Parmenideischen Ansatzes beschrieben, insofern den Sinnesdingen die durch die Flußlehre ausgedrückte Veränderlichkeit und den Ideen die Unwandelbarkeit, Unvergänglichkeit, Einfachheit bzw. Kontinuität und Selbstidentität des Parmenideischen Seienden zukommen (vgl. *Phaidon* 79a).

Auch Aristoteles gibt eine ähnliche Erklärung für die Genese der Platonischen Ideenlehre: „Die Ideenlehre ergab sich aber für ihre Anhänger deshalb, weil sie von der Wahrheit durch die Worte Heraklits überzeugt waren, daß alle Sinnesdinge in stetem Fluß seien; sollte es also eine Wissenschaft und eine Einsicht von etwas geben, so müßte es neben den sinnlich erfaßbaren Naturen noch von diesen verschiedene, bleibende geben; denn vom Fließenden existiere keine Wissenschaft. Sokrates aber befaßte sich damals mit den ethischen Tugenden und suchte als erster über sie allgemeine Definitionen aufzustellen ..." (Met. 1078b12ff.). Diese Erklärung ist sehr schematisch, und über die wirklichen Beweggründe Platons weiß man natürlich nichts; daß Platon aber eine Auffassung über die sinnlich wahrnehmbaren Dinge vertritt, die tatsächlich den Grundzügen einer schwächeren Flußlehre gleichkommt, scheint unbestreitbar: Platon geht so weit, diese Dinge in der Mitte zwischen dem Seienden und dem Nicht-Seienden anzusiedeln (*Politeia* 477a), weil aber nur das vollkommen Seiende auch vollkommen erkennbar sei, sind solche Dinge auch als Gegenstand der Erkenntnis unzureichend. Daß Platon aus solchen Überlegungen heraus allgemeine und unvergängliche Entitäten annimmt, auf die sich die wirkliche Erkenntnis richtet, und daß sich diese „Ideen“ oder „Formen“ genannten Entitäten sowie das einfache Erfassen dieser Ideen tatsächlich ganz ähnlich wie das Parmenideische Seiende und das Erfaßtwerden dieses Seienden verhält, scheint ebenfalls höchst plausibel. Daß Platon hingegen die Ideen als unkörperlich und immateriell von den Sinnesdingen abgrenzt, ist ein Zug, der eine naheliegende Weiterentwicklung der Parmenideischen Vorstellung eines intelligiblen Seienden sein mag, der sich so und in dieser Deutlichkeit bei Parmenides jedoch noch nicht ausmachen läßt.

Im einzelnen bleibt Platons Verhältnis zu Heraklit jedoch im Dunkeln, weil er sich in den Dialogen *Theaitet* und *Kratylos*, in denen er den Heraklitismus behandelt, explizit nur auf den Heraklitismus des Kratylos bezieht. Aristoteles berichtet, Platon habe in seiner Jugend persönlichen Kontakt zu Kratylos gehabt (Met. 987a32). Kratylos jedoch vertrat offenbar eine starke Form der Flußlehre, die für Platon als allgemeine Beschreibung der Wirklichkeit schon deswegen nicht in Frage kam, weil sie erstens einen erkenntnis- und bedeutungsskeptischen Standpunkt impliziert und weil sie zweitens durch Selbstanwendung widerlegt werden kann. Nun ist Platon durchaus zuzutrauen, daß er den Unterschied dieser Lehren zu den authentischen Aussagen des Heraklit durchschaut hat – manche Interpreten führen sogar die Platonische Dialektik auf Heraklit zurück (vgl. Bremer 1996, 74) –, jedoch kommt in seinen Dialogen bevorzugt jene leicht zu widerlegende Version des Heraklitismus zu Wort, die ihm zur Konstruktion seines Zwei-Welten-Modells geeignet scheint. Auf diese Weise hat gerade Platon zu einer auf die Formeln „alles fließt“ oder „alles geht und nichts bleibt“ reduzierten Heraklit-Rezeption beigetragen.

Was Platons Verhältnis zu Parmenides angeht, so scheinen die zahlreichen verbalen Verbeugungen, die er in seinen Dialogen vor ihm macht, durchaus ernst gemeint, auch wenn er der Ansicht ist, daß der Eleatismus in einigen Punkten verbessert werden muß. Im *Sophistes* erscheint es geradezu als „Vatermord“, den Satz des „Vater Parmenides“ zu prüfen und zu zeigen, daß das Nicht-Seiende doch auf irgendeine Weise sein müsse (241d). Platons Lösung, das Nicht-Sein als Verschieden-Sein zu erklären, gibt die Parmenideischen Prämissen dann auch nur zum Teil auf. Auch im Dialog *Parmenides* stehen Voraussetzungen der eleatischen Philosophie zur Prüfung an, jedoch läßt die ganze Inszenierung des Dialogs den Schluß zu, daß der Eleatismus nicht widerlegt, sondern in eine vertretbare Form gebracht werden soll.

Auch der Einfluß, den die Pythagoreer auf Platon hatten, ist kaum zu überschätzen. Bei seiner ersten Reise nach Sizilien hatte Platon in Tarent Kontakt zu einer pythagoreischen Gemeinschaft bekommen. Möglicherweise erfolgte die Gründung seiner eigenen Schule in Athen unter dem Eindruck dieser Begegnung. Die Dialoge enthalten immer wieder pythagoreische Motive, vor allem die verschiedenen Ausführungen zum Schicksal der Seele dürften durch die Pythagoreer geprägt sein. Im Dialog *Phaidon* läßt Platon als Gesprächspartner Simmias und Kebes ungeschminkt pythagoreische Lehren über den Zusammenhang von Seele und Harmonie (vgl. 85e ff.) vortragen. Momente der pythagoreischen Zahlenspekulation nimmt der *Timaios* auf, wo die kosmischen Konstituenten auf mathematisch-geometrische Figuren zurückgeführt werden. Dieser Punkt fand später viel Beachtung für die Frage, ob die letzten Bestandteile der Welt im Materiellen, wie etwa in den Atomen, oder in mathematischen Formen zu suchen sind, wobei die pythagoreisch-platonische Linie zum Inbegriff der antimaterialistischen Antwort wurde. Aristoteles führt außerdem die

Platonische Lehre von der Teilhabe zwischen Einzeldingen und Ideen auf das pythagoreische Theorem zurück, daß alle Dinge den Zahlen nachgebildet seien (Met. 987b10ff.). Schließlich nannte Platon in seiner vor allem schulintern gelehrten Prinzipientheorie das Eine und die „unbestimmte Zweiheit" als die beiden obersten Prinzipien, worin schon Aristoteles eine Weiterentwicklung der pythagoreischen Gegenüberstellung von Begrenztem und Unbegrenztem sah (Met. 987b25ff.).

Daß sich Platon auch mit den jüngeren Naturphilosophen auseinandergesetzt hat, wird an verschiedenen Stellen seiner Dialoge deutlich, allerdings bleibt das Verhältnis zu ihnen größtenteils ablehnend. Deutlich dokumentiert ist Platons Rezeption ihrer Wahrnehmungslehren (vgl. *Theaitet* 153e ff., *Menon* 76c, *Timaios* 61c ff.). Ohne einen Namen zu nennen, zeigt Platon in einer Passage des Dialogs *Theaitet* (201e ff.), inwiefern eine atomisierende Erklärung, die alle ersten Bestandteile aufzählen kann, unzureichend bleibt, solange nicht ein Ganzes oder eine einheitliche Gestalt oder Idee hinzukommt. In der Kosmologie des *Timaios* übernimmt Platon zwar die vier Elemente des Empedokles, jedoch macht er klar, daß die mechanisch wirkende „Notwendigkeit", die er für die Denker dieser Epoche für typisch hält (vgl. Kapitel VII, Abschnitt 3e), nur die Rolle einer unter die göttliche Ursache untergeordneten oder „dienenden" Ursache spielen kann (68e f.). Denselben Punkt greift Platon auch im zehnten Buch der *Nomoi* zur Widerlegung der Atheisten auf, wobei er pauschal alle Lehren zurückweist, die ohne eine göttliche und vernünftige Ursache der Bewegung – also ohne eine Zweck- oder Finalursache – auszukommen meinen (888e ff.).

Aristoteles: Bei Aristoteles nimmt die Auseinandersetzung mit den Lehren der Vorsokratiker eine zentrale Rolle ein, weil er seine eigenen Standpunkte meistens aufgrund einer Kritik seiner Vorgänger gewinnt. Dabei geht er davon aus, daß die Lehren der Vorgänger in der Regel etwas Wahres enthalten, wenngleich sich aus seiner Perspektive zeigen läßt, daß sie die Wahrheit nur teilweise treffen oder das gefundene Wahre nicht klar genug artikulieren. So ist auch sein Verhältnis zu den Lehren der Vorsokratiker in der Regel durch die Auffassung geprägt, daß sie zwar nicht grundsätzlich falsch sind, daß sie aber nur Teilaspekte der Wahrheit wiedergeben. Typisch für diese Ansicht ist die Behandlung der Vorsokratiker im ersten Buch seiner *Metaphysik*, wo er zeigt, daß einige frühe Philosophen die stofflichen Prinzipien kannten, daß andere ein Bewegungsprinzip einführten und wieder andere ein formales Prinzip behaupteten, daß aber keiner alle vier Ursachen- oder Prinzipienarten unterschieden hat.

Anders verhält sich Aristoteles in Fällen, wo philosophische Thesen offenbar dem gesunden Menschenverstand widersprechen. Einen solchen Fall sieht er gegeben, wenn etwa Heraklit den Satz vom Widerspruch zu leugnen scheint. Hier neigt Aristoteles dazu, den Vertreter solcher Ansichten gar nicht ernst zu nehmen: Wer so etwas behauptet, glaube selbst nicht, was er sagt (Met. 1005b25). Ähnlich ist für Aristoteles die Parmenideische Leugnung der Existenz der sinnlichen wahrnehmbaren Welt einzuschätzen: Zu solchen Behauptungen werden Philosophen veranlaßt, wenn sie aussichtslose Thesen retten wollen (*Nikomachische Ethik* 1096a2). Wer so eklatant falsche Behauptungen aufstellt, wird geradezu von den Phänomenen selbst zu einer Modifikation seiner Lehren gezwungen (Met. 986b28 ff.). Daran wird deutlich, daß Aristoteles die Differenz zu den Lehren der Vorsokratiker nicht als standpunktbedingt ansieht, sondern die Abweichung zu dem von ihm selbst erreichten Standpunkt als Zurückbleiben hinter der Wahrheit interpretiert.

Dieser Umgang mit den Vorsokratikern ist oft kritisiert worden (siehe oben, Kapitel I, Abschnitt 2). Welchen Wert die Aristotelischen Interpretationen der Vorsokratiker haben, entscheidet sich jedoch am Einzelfall; tatsächlich nämlich ist weder die pauschale Ablehnung noch die pauschale Zustimmung angebracht. Mindestens folgende Fälle sind zu unterscheiden: (i) Fälle, in denen die Aristotelische Interpretation einschließlich der vorgebrachten Kritik als berechtigt angesehen werden kann (etwa wenn Inkonsistenzen vorliegen oder wenn die beanspruchte Erklärung nicht tatsächlich erbracht werden kann), (ii) Fälle, in denen die Kritik an den Vorsokratikern zwar als vom Aristotelischen Standpunkt aus berechtigt erscheint, die Kritik jedoch die Intention des betreffenden Autors klar verfehlt (so scheint Demokrits Anliegen nicht gut getroffen zu sein, wenn man ihm die Gleichsetzung von Wahrnehmung und Denken unterstellt), (iii) Fälle, in denen sich Aristoteles beim Referat oder bei der Interpretation einer Lehre offenbar irrt.

Ganz entschieden ist Aristoteles bei seiner Kritik, wenn er (wie schon Platon, aber deutlicher als dieser) das Fehlen einer Form- und einer Zweckursache in den vorsokratischen Systemen anmahnt: Die Angabe, woraus etwas entsteht oder zusammengesetzt ist, erklärt nichts, solange nicht eine Form oder ein Ziel des Entstehungsprozesses angegeben wird (vgl. etwa *De Partibus Animalium* I 1). Andererseits gibt es auch zahlreiche Punkte, wo er wie Platon vom Erbe der Vorgänger profitiert. Wenn man etwa die Annahme einer rein begrifflichen oder ideellen Wirklichkeit bei Platon als Weiterentwicklung des Parmenideischen Seienden ansieht, dann steht auch Aristoteles in dieser Tradition; denn obwohl er nachdrücklich die Abtrennung oder Verselbständigung der Ideen bei Platon kritisiert, geht auch er davon aus, daß das eigentlich Erkennbare nicht das Individuelle und Vergängliche, sondern etwas Allgemeines und Unvergängliches ist. Ausdrücklich spricht er dieser begrifflichen Substanz das Merkmal des Parmenideischen Seienden zu: in diesem Sinn, sagt er (Met. 1039b20 ff.), sind die Substanzen unvergänglich: „sie sind und sind nicht ohne Entstehen und Vergehen". Zugleich trägt er bei seiner Substanzlehre auch dem Impuls derjenigen Philosophen Rechnung, die nur eine stoffliche Ursache berücksichtigen: So wie diese Philosophen dasjenige als eigentlich Seiendes ansehen, was allen Veränderungen zugrunde liegt, so ist es für Aristoteles im allgemeinen ein Kriterium der Substanz, daß sie wechselnden Prädikaten zugrunde liegt, ohne selbst auf ein Zugrundeliegendes angewiesen zu sein.

Stoa: Heraklits Lehren vom *logos* und vom kosmischen Feuer kamen in der Philosophie der Stoa zu neuen Ehren. *Logos* ist der Grundbegriff aller drei philosophischen Disziplinen der Stoiker, nämlich der Ethik, der Physik und der Logik. Der Heraklitische Einfluß wird aber besonders in der Physik deutlich: Neben einer zeitlich unendlichen, aber quantitativ begrenzten Urmaterie nimmt die stoische Physik den *logos* als ein aktiv formendes und strukturierendes Prinzip an, das auch mit Gott und dem Schicksal identifiziert wird. Die vom *logos* durchdrungene Materie wird als ein „künstlerisches Feuer" angesehen, aus dem der Kosmos hervorgeht und in das sich der Kosmos nach Ablauf einer Weltperiode durch „Ausbrennung" (*ekpyrôsis*) wieder verwandelt, um dann erneut daraus hervorzugehen (*palingenesia*). Dieser „feuerartige Hauch" ist zugleich Seele und somit vernünftig.

Epikur (341–270 v.Chr.) wurde vor allem für seine ethischen Lehren bekannt. Die Ethik steht bei ihm in einem systematischen Zusammenhang mit seinen physikalischen Lehren zur Beschaffenheit der Seele und zur Physiologie der Wahrnehmung und Empfindung. Epikurs physikalisches Weltbild wiederum stellt im Wesentlichen eine Weiterentwicklung von Demokrits Atomismus dar: die Welt besteht aus physisch unteilbaren Atomen und dem leeren Raum. Auch die Seele wird atomistisch, als ein feinteiliges, im Körper verstreutes Gebilde, interpretiert, das auf die Interaktion mit dem Körper angewiesen ist und daher zusammen mit diesem vergeht. Die Qualität der Modifikationen, die Epikur am älteren Atomismus anbringen wollte, ist umstritten; zum Teil sind sie sicher eher oberflächlicher Natur. Andererseits stellt Epikur diejenigen Beziehungen zwischen dem atomistischen Ansatz und der Ethik her, die bei Demokrit im Dunklen geblieben waren. Einen weiteren Höhepunkt erlebt der antike Atomismus durch das Lehrgedicht des römischen Dichters Lukrez im 1. Jahrhundert v.Chr., das ausdrücklich an Epikur und dessen Demokrit-Auslegung anknüpft.

Skeptiker: Auch im Zuge der von Pyrrhon von Elis (um 365–275 v.Chr.) begründeten skeptischen Tradition kommt es vereinzelt zu Rückgriffen auf die Vorsokratiker. So soll Aenesidemos von Knossos die skeptische Schule als „Weg zur

Heraklitischen Philosophie“ bezeichnet haben, offenbar weil er eine Affinität zwischen dem skeptischen Prinzip, daß jeder Behauptung etwas Gleichwertiges entgegengesetzt werden kann, und dem Heraklitischen Satz, daß das Gegensätzliche an demselben Ding vorkommt, annahm. Auch Demokrit wurde mit der skeptischen Schule in Verbindung gebracht, weil sich bei diesem erstmals das *ou mallon*-(nicht-eher)-Prinzip findet, welches die Skeptiker (anders als Demokrit) dazu benutzten, um keiner von zwei Alternativen den endgültigen Vorzug geben zu müssen. Jedoch befand schon der Skeptiker Sextus Empiricus diese Zusammenhänge als oberflächlich, weil Heraklit und Demokrit Dogmatiker und keine Skeptiker seien (*Grundriß der pyrrhonischen Skepsis* I 210–214).

Neuplatonismus: Im Neuplatonismus findet die vorsokratische Philosophie in großem Umfang Beachtung, was sich vor allem auch in zahlreichen Berichten und Zitaten bei neuplatonischen Autoren niederschlägt. Die typisch neuplatonische Interpretation der Vorsokratiker ist – insoweit sich ein einheitlicher Zugang überhaupt festmachen läßt – oft sehr schematisch und zeugt von einem eher selektiven Interesse: die vorsokratischen Lehrstücke werden daran gemessen, inwieweit in ihnen schon die Unterscheidung von wahrnehmbarer und intelligibler Welt sowie die Grundbegriffe der neuplatonischen Stufenfolge Eines – Geist – Seele – sichtbare Welt – Materie aufleuchten. So begrüßt Plotin die vermeintlich Parmenideische Gleichsetzung von Seiendem und Geist in dem berühmten Fragment 3 als die Einsicht, daß das wahrhaft Seiende nicht unter die Sinnesdinge fällt. Nicht von ungefähr schätzt Plotin jedoch den Parmenides, der in Platons gleichnamigem Dialog auftritt, verglichen mit dem Autor des Lehrgedichts als den genaueren ein (*Enneade* V 1, 8). Ähnlich werden Anaxagoras für die Annahme eines reinen und unvermischten Geistes und Heraklit für die Einsicht gelobt, „daß das Eine ewig und geistig ist“, wobei man Genaueres wegen ihrer „Altertümlichkeit“ jedoch nicht erwarten könne (*Enneade* V 1, 9).

Auch der Gedanke einer Wirklichkeit, die „jetzt zugleich ganz“ ist, wie Parmenides in DK 28B8.5 formuliert, findet in der neuplatonischen Tradition nicht nur bei Plotin Beachtung. Boethius etwa nennt die Ewigkeit einen „endlosen und vollständigen Besitz des Lebens ganz zugleich“ (interminabilis vitae tota simul et perfecta possessio: *Consolatio philosophiae* V 6). Außerdem spielt die dadurch ermöglichte Unterscheidung von Ewigkeit und Zeit in allen Traktaten über den Begriff der Zeit angefangen bei Platon, über Aristoteles, Plotin und Augustinus eine wichtige Rolle.

Boethius' Bestimmung der Ewigkeit im Anschluß an die Parmenideische Formulierung wirkt auch in der mittelalterlichen Philosophie nach, wie etwa bei Thomas von Aquin, der sich mit dieser Bestimmung auseinandersetzt (*Summa Theologiae* I, qu. 10 art. 1). Hier wie im allgemeinen gilt, daß die Vorsokratiker im Mittelalter zwar zur Kenntnis genommen wurden, daß aber die Auseinandersetzung mit ihnen kein Profil erkennen läßt, das über die gerade verfügbaren und anerkannten (antiken) Quellen hinausgehen würde. Dabei werden die Namen der einzelnen vorsokratischen Philosophen geradezu zu Chiffren für fest definierte Lehrstücke wie die Einzigkeit des Seienden, die Leugnung des Satzes vom Widerspruch usw., wobei abwechselnd entweder die durch Aristoteles oder die durch die Neuplatoniker autorisierte Interpretation den Vorrang genoß.

2. „Zurück zu den Vorsokratikern“

Die nachantiken Rückgriffe auf die vorsokratische Philosophie sind oftmals mit der Absicht verbunden, aus den traditionell vorherrschenden Strömungen der Philosophie auszuscheren und statt dessen Quellen des Denkens wiederzuentdecken, die dem Zugriff der Schulphilosophie entzogen sind. Weil Platon und Aristoteles selbst Teil dieser Tradition sind, gilt ihre Interpretation der Vorsokratiker von vornherein als verdächtig. Weil die Aussagen der Vorsokratiker für sich genommen manchmal aber ausgesprochen vage und interpretationsbedürftig sind, wird die vorsokratische Philosophie bei solchen Wiederentdeckungen oftmals zum Projektionsfeld für vermeintlich bessere philosophische Alternativen, die in der bisherigen Philosophiegeschichte nur noch nicht zum Zuge gekommen seien.

Bei den verschiedenen Wiederentdeckungen der Vorsokratiker stehen zumeist Heraklit und Demokrit im Mittelpunkt des Interesses. Eine davon ganz unabhängige Wirkungsgeschichte wäre für Zenons Paradoxien zu schreiben, deren Auflösung immer wieder den Ehrgeiz führender Mathematiker und Zeittheoretiker hervorruft. So bringen Fortschritte in der mathematischen Behandlung des Unendlichen und in der Analyse des Zeitbegriffs bis zur Gegenwart regelmäßig ein neu erwachendes Interesse an Zenons Paradoxien mit sich (vgl. Gruenbaum 1967, Salmon 1970).

Die Wiederentdeckung der Vorsokratiker in der Renaissance und in der frühen Neuzeit geht mit dem Erscheinen einiger wichtiger Quellentexte einher. Die Darstellung des Atomismus durch Lukrez wird im Jahr 1417 wiederentdeckt und 1473 veröffentlicht. Diogenes Laërtios' Darstellung antiker Philosophen wird 1472 in lateinischer Sprache und 1533 im griechischen Original publiziert. In der um 1545 erschienenen Abhandlung *De sympathia et antipathia rerum* setzt sich sich Girolamo Fracastoro mit dem Atomismus auseinander. Auch Giordano Bruno (1548–1600) greift die atomistische Lehre des Lukrez auf und setzt sich damit von dem aristotelischen Weltbild ab. Um 1612 bekennt sich auch Galileo Galilei noch offen zu Demokrit. Der deutsche Naturwissenschaftler Daniel Sennert räumt in Abhandlungen aus den Jahren 1619 und 1636 dem Atomismus den Vorzug gegenüber Aristoteles ein. In mehreren Schriften führt der französische Philosoph Pierre Gassendi (1592–1655) – zum Teil in kritischer Auseinandersetzung mit René Descartes – eine systematische Verteidigung des Atomismus durch. Weitere Stationen des Atomismus stellt das mit *Democritus reviviscens* („der wiederauflebende Demokrit") betitelte Werk von Johannes Chrysostomus Magnenus aus dem Jahr 1646 sowie Newtons Bekenntnis zur atomistischen Materieauffassung in den 1687 erschienenen *Philosophiae naturalis principia mathematica* dar.

Giordano Brunos Rückgriff auf antike Quellen erbringt nicht nur eine Wiederbelebung des Atomismus: Schon Nikolaus von Kues (1401–1464) hatte von der „coincidentia oppositorum" gesprochen, was später zum Schlagwort für die Heraklitische Philosophie avancierte. Bei Bruno wird diese Formel gezielt mit Begriffen der vorsokratischen Philosophie interpretiert, wodurch die bei Cusanus ausschließlich theologisch gemeinte Formel von der Koinzidenz der Gegensätze einen kosmologischen Sinn erhält.

Auf Umwegen erlangt Heraklit eine gewisse Prominenz im Deutschen Idealismus. Dabei spielt die in Anlehnung an Heraklit geprägte Formel *„hen kai pan"* („Eines und Alles") eine wichtige Rolle: Zunächst wurde sie von Lessing und Jacobi gebraucht, um damit die Essenz der spinozistischen Philosophie auszudrücken. Wahrscheinlich übernahm Hölderlin diese Formel von Jacobi und machte sie zum Losungswort des Tübinger Freundeskreises, aus dem die wichtigsten Vertreter des Deutschen Idealismus hervorgingen. Hölderlin nennt in seinem *Hyperion* außerdem die Formel *„hen diapheron heautôi* – das Eine in sich selber Unterschiedene" als das große Wort des Heraklit; diese Formulierung entnimmt er zwar Platons *Symposium* (187a), trifft damit aber zielsicher eine Vorstellung, die Heraklit wichtiger gewesen sein könnte als die traditionell angeführten Parolen. Im Schlußsatz des *Hyperion* prägt Hölderlin das Motto „Versöhnung ist mitten im Streit", womit er abermals ein Heraklitisches Motiv aufnimmt, das Platon mit den Worten beschreibt „Im Zustand der Zwietracht kommt es immer zur Eintracht" (*Sophistes* 242e).

Diese Begeisterung der „Tübinger" für Heraklit scheint auch Hegel geteilt zu haben, der später in seiner *Geschichte der Philosophie* (erschienen 1833–36) über Heraklit schreibt: „Hier sehen wir Land; es ist kein Satz des Heraklit, den ich nicht in meine Logik aufgenommen". Insgesamt ist Hegels Darstellung der Vorsokratiker von großer Bedeutung, insofern er die Abfolge der verschiedenen Denker und Schulen als kontinuierliche gedankliche Entwicklung rekonstruiert. Weil er dabei die Entwicklung der frühgriechischen Philosophie rigoros seinem geschichtsphilosophischen Modell unterwirft, kommt es allerdings zu zahlreichen Verzerrungen, die ihm oft zum Vorwurf gemacht wurden. Im einzelnen sind viele von Hegels Interpretationen bemerkenswert: z.B. versteht er die Demokritische Atomlehre nicht als materialistisch, weil das Prinzip der Eins, von dem Demokrit Gebrauch mache, „ganz ideell" gedacht sei.

Während des 19. Jahrhunderts erlebt die Popularität der Vorsokratiker einen immensen Aufschwung. Im Jahr 1841 promoviert Karl Marx mit einer Arbeit über die „Differenz der demokritischen und epikureischen Naturphilosophie" (ein Umstand, der später die Attraktivität Demokrits für den marxistischen Materialismus nicht unerheblich steigerte). Die wichtigsten Impulse für die Auseinandersetzung mit den Vorsokratikern gehen zu dieser Zeit von den schnellen Fortschritten der Altertumswissenschaften und der verbesserten philologischen Quellenforschung aus. Zwischen 1845 und 1852 erscheint Eduard Zellers dreibändiges Werk *Die Philosophie der Griechen in ihrer geschichtlichen Entwicklung*, das gerade im Bereich der Vorsokratiker für lange Zeit zur Standarddarstellung wird, auch wenn später Nietzsche seinen Spott über die Gelehrsamkeit Zellers ausgießen wird. Unter Zellers Schülern befindet sich auch Hermann Diels, der mit seiner Arbeit *Doxographi Graeci* aus dem Jahr 1879 die Erforschung der Quellen für die Überlieferung der Vorsokratiker auf ein neues Fundament stellt und später die erste umfassende Fragment- und Testimoniensammlung der Vorsokratiker herausbringt. Daß man die Fragmente der Vorsokratiker aufgrund dieser Ausgabe im Zusammenhang lesen kann, ist eine Erfahrung, die das Bild von den einzelnen vorsokratischen Philosophen und von den Vorsokratikern als einer mehr oder weniger homogenen Gruppierung wesentlich beeinflußen wird.

Auch Friedrich Nietzsches Auseinandersetzung mit den Vorsokratikern beginnt philologisch, mit einer Arbeit über die Quellen des Diogenes Laërtios. Eine grundsätzliche Neuorientierung bei der Beschäftigung mit frühgriechischem Geistesleben wird in der bei Nietzsches philologischen Fachkollegen äußerst umstrittenen Schrift *Die Geburt der Tragödie aus dem Geiste der Musik* von 1872 deutlich: Das für die Kunsterfahrung der Tragödie angeblich zentrale Moment des Dionysisch-Rauschhaften sei historisch durch das Sokratische mit seiner Hochschätzung für das Wissen und die Einsicht verdrängt worden; damit liefert Nietzsche das begriffliche Grundgerüst für die ungemein wirkungsmächtige Auffassung, bei den Denkern vor Sokrates lasse sich eine ursprüngliche, weil nicht vornehmlich durch die Vernunft vermittelte Welterfahrung finden, die der Unterscheidung von Wahrem und Erscheinendem vorausgehe und das typische „Griechische" verkörpere.

In der wenig später entstandenen Schrift *Die Philosophie im tragischen Zeitalter der Griechen* wendet Nietzsche diesen Ansatz auf die vorsokratischen Philosophen an: Seit Platon fehle den Philosophen etwas Wesentliches im Vergleich mit der „Genialen-Republik" der Vorsokratiker, alle nämlich seien von da an nur noch Misch-Charaktere und nicht mehr rein wie Heraklit oder Pythagoras. Was ihn bei der Darstellung dieser frühen Philosophen interessiert, sei das Persönliche; denn selbst wenn ein System irrtümlich ist, so hätten die großen Philosophen „einen Punkt an sich, der ganz unwiderleglich ist, eine persönliche Stimmung, Farbe" (Vorrede). Es gehe nämlich um „die Art zu leben und die menschlichen Dinge anzusehn". Mit dieser Beschreibung gibt Nietzsche den Auftakt zu einer in doppelter Hinsicht „irrationalistischen" Deutung der Vorsokratiker: inhaltlich irrationalistisch, weil nicht die Konsistenz der Argumentation, sondern die Persönlichkeit, der Erlebnishorizont, religiöses Empfinden u.ä. im Vordergrund steht, methodisch irrationalistisch, weil auf diese Weise nicht die Analyse und Prüfung von Thesen und Argumenten den Zugang erster Wahl garantiert, sondern eher eine Einfühlung in die besondere Weltsicht eines Philosophen oder eine dem Typ nach ästhetische Rezeption. Verstärkt durch verschiedene andere Einflüsse wirkte diese Tendenz in viele Bereiche der Vorsokratiker-Auslegung hinein: Zum Beispiel wird noch einer der bedeutendsten deutschen Altphilologen des 20. Jahrhunderts über Parmenides sagen, daß man ihn besonders leicht in der Landschaft von Elea verstehen könne und daß einem wegen der besonderen Gestaltung dieser Landschaft „jede abstrakte Deutung" vergehe (Schadewaldt 1978, 311). Jüngstes Beispiel für einen inhaltlichen Irrationalismus ist die Empedokles-Interpretation von Kingsley (1995), der seine Thesen über die Motive des Empedokles zum Anlaß nimmt, eine Revision für die rationalistische Deutung der ganzen antiken Philosophie zu fordern.

Nietzsches unangefochtener Favorit unter den Vorsokratikern ist Heraklit. Dieser leugne erstens den Unterschied zwischen einer physischen und einer metaphysischen Welt und zweitens das Sein: „Ich sehe nichts als Werden", rufe Heraklit aus, „Laßt euch nicht täuschen! In eurem kurzen Blick liegt es, nicht im Wesen der Dinge, wenn ihr irgendwo festes Land im Meere des Werdens und Vergehens zu sehen glaubt ..." (vgl. *Die Philosophie im tragischen Zeitalter*, Abschn. 5). Auf diese Weise würde Heraklit nicht nur eine extrem starke Form der Flußlehre vertreten, sondern würde diese auch mit denselben metaphysikkritischen Intentionen einsetzen, die auch Nietzsche verfolgt. Bei dieser Identifikation mit Heraklit geht Nietzsche soweit, daß er ihm die Auffassung zuschreibt, die Dinge selbst hätten gar keine Existenz, sondern seien das „Erblitzen ... gezückter Schwerter ... im Kampf der entgegengesetzten Qualitäten". Das Gegenbild zu Heraklit gibt Parmenides ab: dieser habe in einem Moment „völlig blutloser Abstraktion" („ungriechisch wie kein anderer" im tragischen Zeitalter) die Lehre vom Sein erzeugt (a.a.O., Abschn. 9).

Oft liest man von den Verdiensten Nietzsches für die Anerkennung der Vorsokratiker als Philosophen. Man darf dabei aber nicht übersehen, daß die Bedeutung der Vorsokratiker bei Nietzsche durch eine beträchtliche Stilisierung sowie eine durchaus gewaltsame Anwendung auf eigene philosophische Anliegen erkauft ist und daß beides nicht nur als Zug seiner Zeit abgetan werden kann: Noch zu Lebzeiten Nietzsches, im Jahr 1892, erscheint John Burnets *Early Greek Philosophy*, worin beispielsweise eine völlig nüchterne These über die Entstehung der vermeintlich Heraklitischen Flußlehre vorgetragen wird, welche Nietzsches Heraklit-Auslegung schon als verfehlt erweist.

Sieht man von den eher oberflächlichen Aktualisierungsversuchen etwa von Seiten der Wissenschaftstheorie (vgl. Popper in: AF) oder der neueren Physik (vgl. Heisenberg 1984) einmal ab, dann sind es vor allem folgende Strömungen, von denen her die Vorsokratiker-Rezeption im 20. Jahrhundert Impulse erhält: (1) von der klassischen Altertumswissenschaft bzw. Philologie, (2) von der Heidegger-Schule bzw. Hermeneutik, (3) von der positivistisch und analytisch geprägten Philosophie. Diese verschiedenen Strömungen beeinflußen sich zum Teil gegenseitig oder überlagern sich sogar.

(1) Maßgebliche Arbeiten zur vorsokratischen Philosophie im 20. Jahrhundert sind von Autoren verfaßt, die im weiteren Sinne der Klassischen Philologie zuzurechnen sind. Durch Figuren wie Ulrich von Wilamowitz-Moellendorff und durch die Generation seiner Schüler, wozu etwa Werner Jaeger oder Kurt von Fritz zu rechnen sind, ist dabei die Kontinuität zu den Altertumswissenschaftlern des 19. Jahrhunderts nie abgebrochen. Anders aber als im vorausgehenden Jahrhundert gilt die Beschäftigung mit der Antike jetzt als rechtfertigungsbedürftig. Dabei steht bei der Selbstrechtfertigung der Altphilologie vor allem der Konflikt zwischen einem historistischen und einem humanistischen Standpunkt im Vordergrund. Der Grundsatz des letzteren Standpunktes, daß nämlich die Werke „der Großen" nicht nur als Vergangenes, sondern immer wieder als lehrreiches Vorbild angesehen werden müssen, erfährt in den Dreißigerjahren durch das Schlagwort vom „Dritten Humanismus" eine erneute Blüte. In der zweiten Hälfte des Jahrhunderts ergeben sich besonders im deutschen Sprachraum oftmals Verbindungen zwischen der philologischen Erforschung der Vorsokratiker und der hermeneutischen Philosophie.

(2) Martin Heideggers Vorsokratikerverständnis knüpft in vielem an Friedrich Nietzsche an. Weil Heidegger davon ausgeht, daß die vorsokratischen Philosophen noch nicht von den Denkgewohnheiten der zu destruierenden abendländischen Metaphysik und Ontologie bestimmt sind, gewinnen sie für

ihn als „anfängliche Denker“ besondere Bedeutung. Die von Heidegger inspirierten Deutungen hoffen deshalb bei den anfänglichen Denkern Spuren von jenen Motiven zu finden, die für Heideggers eigene Philosophie zentral sind und von denen Heidegger meint, sie seien in der abendländischen Philosophie vernachlässigt worden; dazu gehören unter anderem (i) die Beachtung des Seins anstelle des Seienden sowie überhaupt die Unterscheidung von Sein und Seiendem, (ii) die Hervorhebung der Zeitlichkeit des Seins und die Analyse der Existenz unter dem Aspekt des Todes, (iii) die Abkünftigkeit der Urteilswahrheit und die Behandlung der Wahrheit als Unverborgenheit, (iv) die Beschreibung einer „vernehmenden Zugangsart“ zur Welt.

Aufgrund solcher starken Voraussetzungen sind Heideggers eigene und viele der von ihm inspirierten Arbeiten zur Vorsokratik eher als Beitrag zur Artikulation der Heideggerischen Philosophie denn als Beitrag zur Vorsokratiker-Forschung zu lesen. Heideggers Vorsokratikerbild prägte auch entsprechende Interpretationen in der hermeneutischen Philosophie, wie etwa bei Hans-Georg Gadamer und Karl-Heinz Volkmann-Schluck, wobei jedoch nicht alle Arbeiten von Gadamer den starken Beweiszielen Heideggers verpflichtet sind.

Eine eigentümliche Symbiose gehen in vielen Arbeiten die an Heidegger angelehnte Deutung und die Vorsokratiker-Interpretation Karl Reinhardts ein. Reinhardt hatte in einer Arbeit von 1916 die doxographische Tradition auf den Kopf gestellt, indem er Heraklit nach Parmenides datiert und die Überwindung des Gegensätzlichen durch Heraklit von Parmenides' angeblicher Entdeckung der Gegensätze abhängig sein läßt. Außerdem vertritt Reinhardt die Auffassung, daß es bei Heraklit überhaupt keine Flußlehre gibt und daß der Doxa-Teil des Parmenideischen Lehrgedichts nur aus der Verbindung mit dem Wahrheitsteil verständlich wird. Reinhardts Arbeit wird erstaunlicherweise auch von zahlreichen Philologen als „genial“ und wegweisend begrüßt, obwohl seine Thesen wie auch die Begründungen, die er dafür anführt, nach wie vor höchst anfechtbar sind.

(3) Vor allem im angelsächsischen Bereich entwickelt sich eine Tradition der Vorsokratiker-Forschung, die von den Einflüssen Nietzsches, Reinhardts, Heideggers und der Hermeneutik weitgehend unberührt ist. Von der hermeneutischen Seite aus wird diese Tradition gerne als „positivistisch" beschrieben. Einige dieser Autoren sind deutlich von der sogenannten analytischen Philosophie beeinflußt, was sich bei der Interpretation der Vorsokratiker besonders darin niederschlägt, daß – wenn erforderlich – sprachliche Mehrdeutigkeiten aufgedeckt werden, wodurch die entsprechenden Argumente teils präzisiert, teils aber auch als fehlerhaft erwiesen werden können. Dadurch ergibt sich oftmals eine starke Affinität zu Aristoteles und zur aristotelischen Auslegungstradition. Im Vergleich mit der hermeneutischen Schule finden Zenon, Anaxagoras und Demokrit stärkere Beachtung; das von hermeneutischer Seite betonte Moment der Fremdheit und Anfänglichkeit der Vorsokratiker tritt in den Hintergrund. Zentrale Persönlichkeiten dieser Schule sind etwa Gregory Vlastos, G. E. L. Owen und Geoffry S. Kirk. Autoren wie Alexander P. D. Mourelatos bemühen sich ausdrücklich um eine Zusammenführung der hermeneutischen und der analytischen Tradition in der Vorsokratiker-Forschung.

Anhang

Zeittafel

Für die Lebensdaten der meisten vorsokratischen Philosophen gibt es keine sicheren Belege. Die nachfolgende Zeittafel soll daher nur der ersten Übersicht dienen.
In der Regel nennen die antiken Chronologien nicht Geburts- und Todesjahr, sondern das „floruit“ („Blütezeit“: Lebensalter von 40 Jahren) eines Philosophen (abgekürzt als *fl*). Weil dabei alle Datierungen durch die Angabe von Olympiaden erfolgen, sind oft keine bestimmten Jahre, sondern Zeitspannen von vier Jahren überliefert.

fl um 585 v. Chr.; gest. um 549/45 v. Chr.	Thales von Milet
geb. um 611 v. Chr.; gest. nach 547/46 v. Chr.	Anaximander von Milet
fl um 546/45 v. Chr.; gest. um 528/25 v. Chr.	Anaximenes von Milet
geb. um 570 v. Chr.; gest. nach 503 v. Chr.	Xenophanes von Kolophon
fl um 532 v. Chr.; gest. um 497 v. Chr.	Pythagoras von Samos
fl um 504/01 v. Chr.	Heraklit von Ephesus
geb. um 520/15 v. Chr.; gest. nach 450 v. Chr. oder: *fl* um 504/01 v. Chr.	Parmenides von Elea
fl um 464/61 v. Chr. oder: geb. um 490/85 v. Chr.	Zenon von Elea
geb. um 500 v. Chr.; gest. um 428 v. Chr.	Anaxagoras von Klazomenai
fl um 445/44 v. Chr. oder: geb. um 495 v. Chr.; gest. um 435 v. Chr.	Empedokles von Akragas
geb. um 485 v. Chr.	Gorgias von Leontinoi
geb. um 485 v. Chr.	Protagoras von Abdera
fl um 441 v. Chr.	Melissos von Samos
geb. nach 485 v. Chr.	Hippon von Metapont oder Kroton oder Rhegion oder Samos
fl zwischen 440 und 430 v. Chr.	Diogenes von Apollonia
geb. um 470/69 v. Chr.; gest. 399 v. Chr.	Sokrates
geb. um 470/69 v. Chr.	Philolaos von Kroton
(älter als Demokrit, Schüler des Zenon)	Leukipp von Milet
geb. um 460/57 v. Chr.; gest. nach 380 v. Chr. oder: geb. um 470 v. Chr.	Demokrit von Abdera
geb. 427 v. Chr. gest. 347 v. Chr.	Platon

Quellenübersicht

Die Zitate und Testimonien zur vorsokratischen Philosophie finden sich über zahlreiche Werke ganz unterschiedlicher antiker Autoren verstreut. Nachfolgend findet sich eine Auswahl der wichtigsten Quellenautoren.

Aëtios	Autor eines (verlorenen) Werks im (frühen) 2. Jhdt. n. Chr., das – laut H. Diels – als Vorlage für Pseudo-Plutarch (I.) und Stobaeus diente.
Alexander von Aphrodisias	peripatetischer (der Schule des Aristoteles verpfl.) Philosoph; Kommentator der Aristot. Werke, *fl* um 200 n. Chr.
Ammonios	Aristoteles-Kommentator und Platoniker der alexandr. Schule, Ende 5. und Anfang 6. Jahrhundert
Anonymos	Autor der (verlorenen) *Vetusta Placita* aus dem 1. Jhdt. v. Chr., der Vorlage des Aëtios
Apollodor	Gelehrter im 2. Jhdt. v. Chr., Verf. der *Chronik*, auf der die meisten Datierungen von Vorsokr. beruhen
Aristophanes	Komödiendichter, erste Aufführung 427 v. Chr.; parodierte vorsokr. Philosophen in *Die Wolken*
Aristoteles	Philosoph, abtrünniger Schüler des Platon, 384–322 v. Chr., Auseinandersetzung mit Vorsokr. v. a. in: *Metaphysik* I, *Physik, De Anima, De Caelo, De Generatione et Corruptione, Metereologica, De Sensu.* Nur in wenigen Fragmenten erhalten ist eine Darstellung der Pythagoreer
Aristoxenos	peripatetischer Schriftsteller, *fl* 336 v. Chr., Werke v. a. zur Musiktheorie, zu den Pythagoreern und zur Biographie von Philosophen
Cicero	röm. Redner, Staatsmann, 106–43 v. Chr., eklektischer Philosoph, als philosophiehist. Schriftsteller von der Stoa beeinflußt; Überlieferer vieler Berichte und Zitate
Clemens von Alexandria	christl. Philosoph, 150–215 n. Chr., Autor von *Stromateis*
Diogenes Laërtios	Philosophiehistoriker, 3. Jhdt. n. Chr., alle zehn Bücher seines Werkes *Das Leben der Philosophen* sind erhalten

Epikur	atomist. und hedonist. Philosoph, 342–270 v. Chr., sein *Brief an Herodot* behandelt auch vorsokr. Atomismus
Eudemos	peripatet. Philosophiehistoriker, 4. Jhdt. v. Chr., Schriften zur Geschichte der Mathematik
Galen	Arzt und Schriftsteller, 129–199 n. Chr.
Herodot	erster Geschichtsschreiber, um 485–430 v. Chr., Autor der *Historiae,* die Berichte über Thales enthalten
Hippokrates aus Kos	Mediziner, um 460–370 v. Chr., unter seinem Namen sind zahlreiche Schriften erhalten, die bisweilen auch vorsokr. Lehren referieren
Hippolytos	christl. Philosoph, gest. 235 n. Chr., Autor der *Refutatio omnium haeresium*
Iamblichos	Schüler des Porphyrios, 4. Jhdt. n. Chr.
Lukrez	röm. Dichter, Anhänger des Epikur und als solcher Atomist, 1. Jhdt. v. Chr., Autor von *De Rerum Natura*
Menon	peripatetischer Philosophiehistoriker, 4. Jhdt. v. Chr., Schriften zur Geschichte der Medizin
Olympiodor	Schüler des Ammonius, 1. Hälfte d. 6. Jhdt. n. Chr., Verf. von Platon-Kommentaren
Platon	Anhänger der Pythagoreer, der Herakliteer (nur in der Jugend) und des Sokrates; Gegner der Sophisten; Gründer der Akademie, 427–347 v. Chr., Auseinandersetzung mit Vorsokr. u. a. in: *Theaitet, Sophistes, Parmenides, Timaios*
Plotin	Erneuerer der Platonischen Philosophie und dabei Schöpfer einer durchaus neuen Lehre, des „Neuplatonismus", 205–270 n. Chr., Autor der *Enneaden*
Plutarch	Verfasser zahlreicher Biographien und populärphilosophischer Schriften, 45–120 n. Chr., verstand sich als Platoniker; als philosophiehistor. Quelle sehr ergiebig
Porphyrios	Neuplatoniker, Schüler des Plotin, 234–303 n. Chr., u. a. Autor von *Vita Pythagorae, De Abstinentia*
Proklos	Neuplatonischer Philosoph, 410–485 n. Chr., Kommentator Platonischer Dialoge; darunter Kommentare über *Parmenides* und *Timaios*

Pseudo-Aristoteles	Verfasser der Schrift *De Melisso, Xenophane, Gorgia*
Pseudo-Plutarch (I)	Autor der *Epitomê,* Mitte des 2. Jhdt. n. Chr.
Pseudo-Plutarch (II)	Autor der *Stromateis,* Mitte des 2. Jhdt. n. Chr.
Seneca	Politiker, Schriftsteller, Philosoph der späten Stoa, 4–65 n. Chr., u. a. Autor von *Quaestiones naturales*
Sextus Empiricus	skeptischer Philosoph, *fl* 180/200 n. Chr., Anhänger des Pyrrhon; u. a. Autor von *Grundriß der pyrrhonischen Skepsis, Adversus Mathematicos*
Simplikios	neuplaton. Kommentator des Aristoteles, Schüler des Ammonios, *fl* 550 n. Chr., exzerpierte u. a. verlorene Werke des Theophrast
Stobaeus	Autor der *Anthologie* aus dem 5. Jhdt. n. Chr., die wichtige Exzerpte enthält
Suda	byzantinisches Lexikon aus dem 10. Jhdt. (früher fälschlich einem Autor namens Suidas zugeschr.), benutzt neuere Vorlagen, die bisweilen sonst nicht erhaltenes antikes Material verwenden
Theophrast	Schüler und Freund des Aristoteles, um 372–288 v. Chr., Autor einer (verlorenen) Sammlung vorsokr. Lehrmeinungen *(physikôn doxai)*; erhalten ist nur ein Buch über Sinneswahrnehmung *(De Sensu);* Auszüge bei Simplikios zitiert

Bibliographie

A. Textausgaben und Übersetzungen

Zu den Vorsokratikern

Diels, H./Kranz, W., Die Fragmente der Vorsokratiker, 3 Bde., Zürich ^{17}1974 (unveränderter Nachdr. der 6. Aufl.) [= DK].

Kirk, G. S./Raven, J. E., The Presocratic Philosophers. A Critical History with a Selection of Texts, Cambridge 1962 [= KR]. *Neu ediert von M. Schofield:*

Kirk, G. S./Raven, J. E./Schofield, M., The Presocratic Philosophers, Cambridge 1983; dt.: Die vorsokratischen Philosophen, Einführung, Texte und Kommentare, übers. von K. Hülser, Stuttgart 1994 [= KRS].

Mansfeld, J., Die Vorsokratiker. Griech./dt. Auswahl der Fragmente, 2 Bde., Stuttgart 1983/1986.

Wichtige Einzelausgaben sind bei den betreffenden Philosophen aufgeführt.

Sonstige antike Quellen und Zeugnisse

Aristoteles, *Griechische Textausgaben* bei: „Scriptorum Classicorum Bibliotheca Oxoniensis" (Oxford Classical Texts) 1894ff *Englische Gesamtübersetzung:* The Complete Works of Aristotle. The Revised Oxford Translation, ed. by J. Barnes, 2 Bde., Princeton 1984. *Deutsche Übersetzung einzelner Werke im Taschenformat u.a. bei:* Philosophische Bibliothek Meiner, Hamburg, Rowohlt, Reinbek bei Hamburg, Reclams Universalbibliothek, Stuttgart.

Diogenes Laertius, Vitae Philosophorum, ed. by. H. S. Long, Oxford 1964. *Deutsche Übersetzung:* Leben und Meinungen berühmter Philosophen, übers. v. O. Apelt, Hamburg [2]1967. *Griech./engl. Ausgabe:* Lives of Eminent Philosophers, trans. by R. D. Hicks, 2 Bde. Cambridge, Mass./London 1974 [= DL].

Platon, Opera , ed. by J. Burnet. 5 Bde. Oxford 1900–1905. *Deutsche Gesamtübersetzung von F. Schleiermacher u.a.* bei: Wissenschaftliche Buchgesellschaft, griech./dt., hrsg. v. Gunther Eigler, Darmstadt 1977 u.ö., Insel Taschenbuchverlag, Frankfurt a.M., *Einzelausgabe von „Theaitet", übers. von E. Martens,* bei: Reclams Universalbibliothek.

B. Bibliographien

Bell, A. A. jr./Allis, J. B., Resources in Ancient Philosophy. An Annotated Bibliography of Scholarship in English, 1965–1989, Metuchen, N.J. 1991.

Paquet, L./Roussel, M./Lafrance, L Y., Les Présocratiques. bibliographie analytique (1879–1980), 2 Bde., Montreal 1988–1989.

C. Literatur

1. Zu den Vorsokratikern im allgemeinen

Gesamtdarstellungen und Einführungen (in Auswahl)

Barnes, J., The Presocratic Philosophers, 2 Bde., London 1979, [2]1982 [= PP].

Buchheim, Th., Die Vorsokratiker. Ein philosophisches Porträt, München 1994.

Burnet, J., Early Greek Philosophy, London [4]1930, dt.: Die Anfänge der griechischen Philosophie; übers. von *E. Schenkl,* Berlin 1913.

Cleve, F. M., The Giants of Pre-Sophistic Philosophy, Den Haag 1965.

Fränkel, H., Wege und Formen frühgriechischen Denkens, München [3]1968.

– –, Dichtung und Philosophie des frühen Griechentums, München [3]1969.

Guthrie, W. K. C., A History of Greek Philosophy. Vol. I: The Earlier Presocratics and the Pythagoreans, Cambridge 1962, Vol. II: The Presocra-

tic Tradition from Parmenides to Democritus, Cambridge 1965 [= HGP].
Hölscher, U., Anfängliches Fragen. Studien zur frühen griechischen Philosophie, Göttingen 1968.
Hussey, E., The Presocratics, London 1972.
Jaeger, W., The Theology of the Early Greek Philosophers, Oxford 1947; dt: Die Theologie der frühen griechischen Denker, Stuttgart 1953.
McKirahan, R. jr., Philosophy before Socrates. An Introduction with Texts and Commentary, Indianapolis 1994.
Nestle, W., Vom Mythos zum Logos, Stuttgart 1942 (Nachdruck: Aalen 1966).
Röd, W., Die Philosophie der Antike 1: Von Thales bis Demokrit, in: Geschichte der Philosophie, Band 1, München [2]1988.
Schadewaldt, W., Die Anfänge der Philosophie bei den Griechen. Die Vorsokratiker und ihre Voraussetzungen, hrsg. v. *I. Schudoma,* Frankfurt a.M. 1978.
Snell, B., Die Entdeckung des Geistes. Studien zur Entstehung des europäischen Denkens bei den Griechen, Hamburg [3]1955.
Stokes, M. C., One and Many in Presocratic Philosophy, Washington D.C. 1971.
Zeller, E., Die Philosophie der Griechen in ihrer geschichtlichen Entwicklung, Leipzig [6]1920.

Wichtige Aufsatzsammlungen
Allen, R. E./Furley, D. J. (Hg.), Studies in Presocratic Philosophy, Vol. 1: The Beginning of Philosophy, London 1970, Vol. 2: The Eleatics and the Pluralists. London 1975 [= AF].
Anton, J. P./Kustas, G. L. (Hg.), Essays in Ancient Greek Philosophy, Vol. 1: Albany 1971, Vol. 2: Albany 1983.
Gadamer, H.-G. (Hg.), Um die Begriffswelt der Vorsokratiker, Darmstadt 1968 (Wege der Forschung 9).
Mourelatos, A. P. D. (Hg.), The Presocratics. A Collection of Critical Essays, New York 1974, [2]1993 [= MOU].
Ricken, F. (Hg.), Philosophen der Antike I, Stuttgart 1996.

Wichtige Begriffsstudien
Bremer, D., Von der Physis zur Natur, in: Zeitschrift für philosophische Forschung 43 (1989), 241–261.
Fritz, K. v., Nous, Noein, and Their Derivatives in Pre-Socratic Philosophy, in: MOU, 23–85; dt.: Die Rolle des NOUS, in: Gadamer (Hg.), 246–363.
Heidel, W. A., Qualitative Change in Pre-Socratic Philosophy, in: MOU, 86–98.
Hölscher, U., Der Sinn von Sein in der Älteren Griechischen Philosophie, Sitzungsberichte der Heidelberger Akademie der Wissenschaften, Phil.-hist. Klasse, Heidelberg 1976.

Kahn, Ch. H., The Verb „Be" in Ancient Greek, Dordrecht 1973.
Naddaf, G., L' Origine et l' évolution du concept de physis, Queenston, Ontario 1992, englische Ausgabe in Vorbereitung.
Snell, B., Die Ausdrücke für den Begriff des Wissens in der vorplatonischen Philosophie, Berlin 1924.

2. Zur Überlieferung und Textgeschichte
Cambiano, G. (Hg.), Storiografia e dossografia nella filosofia antica, Turin 1986.
Cherniss, H. F, Aristotle's Criticism of Presocratic Philosophy, Baltimore 1935, New York 1964.
Diels, H., Doxographi Graeci, Berlin 1879, [3]1958.
Guthrie, W. K. C., Aristotle as an Historian of Philosophy, in: AF I, 239–254.
Mansfeld, J., Studies in the Historiography of Greek Philosophy, Assen/Maastricht 1990.

3. Zur Milesischen Philosophie
Classen, C. J., Thales, in: Realencyclopaedie der classischen Altertumswissenschaft, Suppl. 10 (1965), 930–947.
– – Anaximandros, in: Realencyclopaedie der classischen Altertumswissenschaft, Suppl. 12 (1970), 30–69.
Cornford, F. M., Principium Sapientiae. The Origins of Greek Philosophical Thought, Cambridge 1952, repr. Gloucester Mass. 1971.
– – Was the Ionian Philosophy Scientific?, in: AF I, 29–41.
Dancy, R. M., Thales, Anaximander, and Infinity, in: Apeiron 22 (1989), 149–190.
Engmann, J., Cosmic Justice in Anaximander, in: Phronesis 36 (1991), 1–25.
Freudenthal, G., The Theory of the Opposites and an Ordered Universe: Physics and Metaphysics in Anaximander, in: Phronesis 31 (1986), 31–54.
Gottschalk, H. B., Anaximander's Apeiron, in: Phronesis 10 (1965), 37–53.
Kahn, Ch. H., Anaximander and the Arguments Concerning the *apeiron* at *Physics* 203b4–15, in: Festschrift für Ernst Kapp, Hamburg 1958. Anaximander and the Origin of Greek Cosmology, London/New York 1960.
Kirk, G. S., Some Problems in Anaximander, in: Classical Quarterly, n.s. 5 (1955), 21–38.
Klowski, J., Ist der Aer des Anaximenes als eine Substanz konzipiert?, in: Hermes 100 (1972), 131–142.
McDiarmid, J. B., Theophrastus on the Presocratic Causes, in: AF I, 178–238.
Seligman, P., The Apeiron of Anaximander, London 1962.
Vlastos, G., Equality and Justice in Early Greek Cosmologies, in: AF I, 56–91.

West, M. L., Three Presocratic Cosmologies, in: Classical Quarterly, n.s. 13 (1963), 154–176.

4. Zu Heraklit

Bollack, J./Wismann, H., Héraclite ou la séparation, Paris 1972.

Bremer, D., Heraklit, in: Ricken (Hg.), I 73–92.

Conche, M., Héraclite, Fragments. Texte établi, traduit, commenté, Paris 1986.

Dilcher, R., Studies in Heraclitus, Hildesheim/New York 1995.

Emlyn-Jones, C. J., Heraclitus and the Identity of Opposites, in: Phronesis 21 (1976), 89–114.

Fränkel, H., Eine heraklitische Denkform, in: ders., Wege und Formen frühgriechischen Denkens *(s. bei „Gesamtdarstellungen")*.

Guthrie, W. K. C., Flux and Logos in Heraclitus, in: MOU, 214–228.

Held, K., Heraklit, Parmenides und der Anfang von Philosophie und Wissenschaft. Eine phänomenologische Betrachtung. Berlin/New York 1980.

Hospers, J./Robb, K. (Hg.), The Monist 74: Heraklit (1991).

Hussey, E., Heraclitus on Living and Dying, in: The Monist 74 (1991), 517–30.

Jones, H., Heraclitus – Fragment 31, in: Phronesis 17 (1972), 193–97.

Kahn, Ch. H., A New Look at Heraclitus, in: American Philosophical Quarterly 1 (1964), 189–203.

– – The Art and Thought of Heraclitus. An Edition of the Fragments with Translation and Commentary, Cambridge 1979.

Kirk, G. S., Heraclitus, The Cosmic Fragments. Edited With an Introduction and Commentary, Cambridge 1962.

– – Natural Change in Heraclitus, in: MOU, 189–196.

Kurtz, E., Interpretationen zu den Logos-Fragmenten Heraklits, Hildesheim/New York 1971.

MacKenzie, M. M., Heraclitus and the Art of Paradox, in: Oxford Studies in: Ancient Philosophy 6 (1988), 1–37.

Marcovich, M., Herakleitos, in: Realencyclopaedie der classischen Altertumswissenschaft, Suppl. 10 (1965), 246–320.

– – Heraclitus. Greek Text with a Short Commentary, Merida (Venezuela) 1967.

Mondolfo, R./Tarán, L., Eraclito – testimonianze e imitazione, Florenz 1972.

Nussbaum, M. C., Psyche in Heraclitus, in: Phronesis 17 (1972), 1–16, 153–170.

Reinhardt, K., s. bei Parmenides.

Robinson, T. M., Heraclitus Fragments. A Text and Translation with a Commentary, Toronto 1987.

Rossetti, L. (Hg.), Atti des l Symposium Heracliteum 1981, 2 Bde., Rom 1983 und 1984.

Snell, B., Heraklits Fragment 10, in: Hermes 76 (1941), 84–87.

– – Fragmente, griechisch und deutsch, München 1965.

Verdenius, W. J., Der Logosbegriff bei Heraklit und Parmenides, in: Phronesis 11 (1966), 81–98, 12 (1967), 99–117.

Vlastos, G., On Heraclitus, in: AF I, 413–29.

Wiggins, D., Heraclitus' Conceptions of Flux, Fire and Material Persistence, in: *M. Schofield/M. C. Nussbaum* (Hg.), Language and Logos, Cambridge 1982.

Wohlfahrt, G., „Also sprach Herakleitos", Freiburg/München 1991.

5. Zu Xenophanes

Deichgräber, K., Xenophanes *peri physeôs,* in: Rheinisches Museum 87 (1938), 1–31.

Finkelberg, A., Studies in Xenophanes, in: Harvard Studies in Classical Philology 93 (1990), 104–167.

Fränkel, H., Xenophanesstudien, in: ders., Wege und Formen frühgriechischen Denkens *(s. bei „Gesamtdarstellungen").*

Fritz, K. v., Xenophanes, in: Realencyclopaedie der classischen Altertumswissenschaft, 9A (1967), 1541–1562.

Heitsch, E., Xenophanes. Die Fragmente, München/Zürich 1983.

Lesher, J. H. (Hg.), Xenophanes of Colophon. Fragments, A Text and Translation with a Commentary, Toronto 1992.

Reiche, H. A. T., Empirical Aspects of Xenophanes' Theology, in: *Anton/Kustas* (Hg.), 88–110.

Steinmetz, P., Xenophanes-Studien, in: Rheinisches Museum 109 (1966), 13–73.

Untersteiner, M., Senofane – testimonianze e frammenti, Florenz 1956.

6. Zu Pythagoras

Burkert, W., Weisheit und Wissenschaft: Studien zu Pythagoras, Philolaus und Platon, Nürnberg 1962.

Cornford, F. M., Mysticism and Science in the Pythagorean Tradition, in: MOU, 135–160.

Frank, E., Plato und die sogenannten Pythagoreer, Halle 1923.

Heidel, W. A., The Pythagoreans and Greek Mathematics, in: AF I, 350–381.

Kahn, Ch. H., Pythagorean Philosophy before Plato, in: MOU, 161–185.

Philip, J. A., Pythagoras and Early Pythagoreanism, Toronto 1966.

Raven, J. E., Pythagoreans and Eleatics, Cambridge 1948 (Nachdruck: Amsterdam 1966).

7. Zu Parmenides

Aubenque, P. (Hg.), Études sur Parménide. Vol. 1: Le Poème de Parménide. Texte, traduction, essai critique, Vol. 2: Problèmes d'interprétation, Paris 1987.

Austin, S., Parmenides. Being, Bounds and Logic. New Haven/Conn. 1986.

Barnes, J., Parmenides and the Eleatic One, in: Archiv für Geschichte der Philosophie 61 (1979/b), 1–21.

Beaufret, J., Parménide. Le poème, Paris 1955.
Bollak, J., La cosmologie parménidéenne de Parménide, in: *R. Brague/J. F. Courtine* (Hg.), Herméneutique et ontologie. Hommage à P. Aubenque, Paris 1990, 17–53.
Bormann, K., Parmenides. Untersuchungen zu den Fragmenten. Hamburg 1971.
Burkert, W., Das Proömium des Parmenides und die Katabasis des Pythagoras, in: Phronesis 14 (1969), 1–30.
Calogero, G., Studien über den Eleatismus, Darmstadt 1970 (Orig.: Studi sull'eleatismo, Rom 1932).
Coloubaritsis, L. Mythe et Philosophie chez Parménide, Brüssel 1986.
Cordero, N. L., Les deux chemins de Parménide, édition critique, traduction, études et bibliographie, Paris/Bruxelles 1984.
Cornford, F. M., Plato and Parmenides, London 1939.
Coxon, A. H., The Fragments of Parmenides. A Critical Text with Introduction, Translation, the Ancient Testimonia and a Commentary, Assen/Maastricht 1986.
Curd, P. K., Parmenidean Monism, in: Phronesis 36 (1991), 241–264.
Deichgräber, K., Das Ganze-Eine des Parmenides. Fünf Interpretationen zu seinem Lehrgedicht, Wiesbaden 1983.
Diels, H., Parmenides-Lehrgedicht, Berlin 1897.
Finkelberg, A., Parmenides' Foundation of the Way of Truth, in: Oxford Studies in Ancient Philosophy 6 (1988), 39–67.
– – Parmenides: Between Material and Logical Monism, in: Archiv für Geschichte der Philosophie 70 (1988), 1–14.
Furley, D. J., Notes on Parmenides, in: *Lee, E. N./Mourelatos, A. P. D./Rorty, R.*, Exegesis and Argument, Assen 1973, 1–15.
Furth, M., Elements of Eleatic Ontology, in: MOU, 241–270.
Gallop, D., „Is" or „is not", in: The Monist 62 (1979), 61–80.
– – Parmenides of Elea, Fragments. A Text with an Introduction, Toronto 1984.
Graeser, A., Parmenides über Sagen und Denken, in: Museum Helveticum 34 (1977), 145–155.
Heitsch, E., Parmenides: Die Anfänge der Ontologie, Logik und Naturwissenschaft. Die Fragmente herausgegeben, übersetzt und erläutert, München 1974.
– – Parmenides und die Anfänge der Erkenntniskritik und Logik, Donauwörth 1979.
Hölscher, U., Parmenides. Vom Wesen des Seienden. Die Fragmente herausgegeben, übersetzt und erläutert, Frankfurt a.M. 1969.
Jantzen, J., Parmenides zum Verhältnis von Sprache und Wirklichkeit, München 1976.
Kahn, Ch. H., The Thesis of Parmenides, in: The Review of Metaphysics 22 (1968/69), 700–724.
– – More on Parmenides, in: The Review of Metaphysics 23 (1969/70).

Kirk, G. S./Stokes, M. C., Parmenides' Refutation of Motion, in: Phronesis 5 (1960), 1–4.

Laks, A., „The More" and „The Full". On the Reconstruction of Parmenides' Theory of Sensation in Theophrastus, De sensibus, 3–4, in: Oxford Studies in Ancient Philosophy 8 (1990), 1–18.

Lesher, J. H., Parmenides' Critique of Thinking: the poluderis elenchos of Fragment 7, in: Oxford Studies in Ancient Philosophy 2 (1984), 1–30.

Loenen, J. H. M. M., Parmenides, Melissus, Gorgias, Assen 1959.

Long, A. A., The Principles of Parmenides' Cosmology, in: AF II, 82–101.

Malcolm, J., On Avoiding the Void, in: Phronesis 36 (1991), 75–94.

Mansfeld, J., Die Offenbarung des Parmenides und die menschliche Welt, Assen 1964.

Mourelatos, A. P. D., The Route of Parmenides, New Haven/London 1970.

– – Determinacy and Indeterminacy, Being and Non-Being in the Fragments of Parmenides, in: Canadian Journal of Philosophy, Suppl. Vol. II (1976), 45–60.

– – Some Alternatives in Interpreting Parmenides, in: The Monist 62 (1979), 3–14.

– – The Deceptive Words of Parmenides' „Doxa", in: MOU, 312-349.

Owen, G. E. L., Eleatic Questions, in: AF II, 48–81.

– – Plato and Parmenides on Timeless Present, in: MOU, 271–290.

Owens, J. (Hg.), Parmenides Studies Today, La Salle/Ill. 1979 (The Monist 62/1).

Raven, J. E., Pythagoreans and Eleatics, Cambridge 1948.

Reinhardt, K., Parmenides und die Geschichte der griechischen Philosophie, Frankfurt a.M. 1977 (1. Aufl. Bonn 1916).

Ricken, F., Parmenides, in: Ricken (Hg.), I 93–110.

Riezler, K., Parmenides, Frankfurt a.M. 1970 (1. Aufl. 1934).

Schwabl, H., Sein und Doxa bei Parmenides, in: Gadamer (Hrsg.), 391–422.

Schofield, M., Did Parmenides Discover Eternity? in: Archiv für Geschichte der Philosophie 52 (1970), 113–135.

Tarán, L., Parmenides, A Text with Translation, Commentary and Critical Essays, Princeton/N.J. 1965.

– – Perpetual Duration and Atemporal Eternity, in: The Monist 62 (1979), 43–53.

Tugendhat, E., „Das Sein und das Nichts", in: Durchblicke. Martin Heidegger zum 80. Geburtstag, Frankfurt a.M. 1970, 140–161.

Verdenius, W. J., Parmenides. Some Comments on his Poem, Groningen 1942.

Wiesner, J., Die Negation der Entstehung des Seienden, in: Archiv für Geschichte der Philosophie 52 (1970), 1–34.

Zafiropulo, J., L' école éléate, Paris 1950.

8. Zu Zenon und Melissos

Booth, N. B., Were Zeno's Arguments a Reply to Attacks upon Parmenides?, in: Phronesis 1 (1957), 1–9.

– – Were Zeno's Arguments Directed against the Pythagoreans?, in: Phronesis 1 (1957), 90–103.

Calogero, G., siehe bei Parmenides, Kapitel 3: „Zenon".

Cornford, F. M., siehe bei Parmenides, Chapter 3: „Zeno and Pythagorean Atomism".

Daveing, M. Zénon d'Élée. Prolégemènes aux doctrines du continu: étude historique et critique des fragments et témoignages, Paris 1982.

Fränkel, H., Zenon von Elea im Kampf gegen die Idee der Vielheit, in: ders., Wege und Formen frühgriechischen Denkens, *(s. bei „Gesamtdarstellungen")*.

Ferber, R., Zenons Paradoxien der Bewegung und die Struktur von Raum und Zeit, München 1981 (2. Aufl.: Stuttgart 1995).

Furley, D. J., Zeno and Indivisible Magnitudes in: MOU, 353–367.

Gruenbaum, A., Modern Science and Zeno's Paradoxes, Middletown 1967.

Immerwahr, J., An Interpretation of Zeno's Stadium Paradox, in: Phronesis 23 (1978), 22–26.

Knorr, W. R., Zeno's Paradoxes Still in Motion, in: Ancient Philosophy 3 (1983), 45–55.

Lear, J., A Note on Zeno's Arrow, in: Phronesis 26 (1981), 91–104.

Lee, H. D. P., Zeno of Elea, Cambridge 1936, Amsterdam [2]1967.

Loenen, J. H. M. M., Parmenides, Melissus, Gorgias, Assen 1959.

Makin, S., Zeno on Plurality, in: Phronesis 27 (1982), 223–238.

Mansfeld, J., Digging up a Paradox: A Philological Note on Zeno's Stadium, in: Rheinisches Museum 125 (1982), 1–24.

Owen, G. E. L., Zeno and the Mathematicians, in: AF II, 143–165.

Reale, G., Melisso – testimonianze e frammenti, Florenz 1970.

Salmon, W. C. (Hg.), Zeno's Paradoxes, Indianapolis 1970.

Solmsen, F., The Tradition about Zeno of Elea Re-Examined, in: MOU, 368–393.

Stokes, M., One and Many, *(s. bei „Gesamtdarstellungen")*, 175–218.

Tannery, P., Pour l'Histoire de la science hellène, Paris 1887 (Nachdruck: Paris 1930), 255–270.

Vitali, R., Melisso di Samo, sul mondo o sull' essere: Una interpretazione dell' eleatismo, Urbino 1973.

Vlastos, G., A Note on Zeno's Arrow, in: Phronesis 11 (1966), 3–18 (wiederabgedruckt in: AF).

– – Zeno's Race Course. With an Appendix on the Achilles, in: Journal of the History of Philosophy 4 (1966), 95–108 (wiederabgedruckt in: AF).

– – A Zenonian Argument Against Plurality, in: Anton/Kustas (Hg.), 119–144.

– – Plato's Testimony Concerning Zenon of Elea, in: Journal of Hellenic Studies 95 (1975), 136–62.

White, M.J., Zeno's Arrow, Divisible Infinitesimals, and Chrysippus, in: Phronesis 27 (1982), 239–254.

Zafiropulo, J., (s. bei Parmenides).

9. Zu Empedokles

Bollack, J., Empédocle; vol. 1: Introduction à l'ancienne physique, vol. 2: Les Origines, édition et traduction des fragments et des témoignages, vol. 3: Les origines: Commentaire des fragments et des témoignages, Paris 1965–69.

Graham, D. W., Symmetry in the Empedoclean Cycle, in: Classical Quarterly 38 (1988), 297–312.

Imbraguglia, G. et alii, Index Empedocleus, 2 Bde., Genua 1991.

Inwood, B., The Poem of Empedocles, Toronto 1992.

Kahn, Ch. H., Religion and Natural Philosophy in Empedocles' Doctrine of the Soul, in: MOU, 426–456.

Kingsley, P., Empedocles and his Interpreters. The 4-Element Doxography, in: Phronesis 39 (1994), 235–54.

– – Ancient Philosophy, Mystery and Magic: Empedocles and the Pythagorean Tradition, Oxford 1995.

Long, A. A., Empedocles' Cosmic Cycle in the Sixties, in: MOU, 397–425.

Minar, E. L., Cosmic Periods in the Philosophy of Empedocles, in: Phronesis 8 (1963), 127–145.

O'Brien, D., Empedocles' Cosmic Cycle, a Reconstruction from the Fragments and Secondary Sources, Cambridge 1969.

– – Empedocles Revisited, in: Ancient Philosophy 15 (1995), 403–470.

Osborne, C., Empedocles Recycled, in: Classical Quarterly 37 (1987), 24–50.

Solmsen, F., Love and Strife in Empedocles' Cosmogony, in: Phronesis 10 (1965), 109–148.

– – Eternal and Temporary Beings in Empedocles' Physical Poem, in: Archiv für Geschichte der Philosophie 57 (1975), 123–145.

Wright, M. R., Empedocles: The Extant Fragments, New Haven /London 1981; paperback edition with additional material: Indianapolis/Cambrigdge/London 1995.

– – Empedokles, in: Ricken (Hg.), I 111–128.

Zuntz, G., Persephone, book 2: Empedokles' Katharmoi, Oxford 1971.

10. Zu Anaxagoras

Bailey, C., The Greek Atomists and Epicurus, Oxford 1928, Appendix I: „On the Theory of Anaxagoras", 537–556.

Barnes, J., PP II, Chapter II: „Anaxagoras and the Nature of Stuffs", 16–39.

Cornford, F. M., Anaxagoras' Theory of Matter, in: Classical Quarterly 24 (1930), 14–30 und 83–95, nachgedr. in: AF II, 275–322.

Fritz, K.v., Der Nous des Anaxagoras, in: Archiv für Begriffsgeschichte 9 (1964), 87–102.

Furth, M., A „Philosophical Hero"? Anaxagoras and the Eleatics, in: Oxford Studies in Ancient Philosophy 9 (1991), 95–129.

Kerferd, G. B., Anaxagoras and the Concept of Matter Before Aristotle, in: MOU, 489–503.

Lesher, J. H., Mind's Knowledge and Powers of Control in Anaxagoras DK B12, in: Phronesis 40 (1995), 125–142.

Mann, W. E., Anaxagoras and the Homoiomere, in: Phronesis 25 (1980), 228–249.

Mansfeld, J., Anaxagoras' Other World, in: Phronesis 25 (1980), 1–5.

Peck, A. L., Anaxagoras: Predication as a Problem in Physics, in: Classical Quarterly 25 (1931), 27–37 und 112–120.

Raven, J. E., The Basis of Anaxagoras's Cosmogony, in: Classical Quarterly 48 (1954), 123–137.

Schofield, M., An Essay on Anaxagoras, Cambridge 1980.

Schwabe, W., Welches sind die materiellen Elemente bei Anaxagoras, in: Phronesis 20 (1975), 1–10.

Sider, D., The Fragments of Anaxagoras, Meisenheim/Glan 1981.

Strang, C., The Physical Theory of Anaxagoras, in: Archiv für Geschichte der Philosophie 45 (1963), 101–118, nachgedr. in: AF II, 361–380.

Teodorsson, S.-T., Anaxagoras' Theory of Matter, Göteborg 1982.

Vlastos, G., The Physical Theory of Anaxagoras, in: The Philosophical Review 59 (1950), 31–57, nachgedr. in: MOU, 459–488.

11. Zu Leukipp und Demokrit

Alfieri, V., Atomos Idea, Florenz 1935.

Bailey, C., The Greek Atomists and Epicurus, Oxford 1928.

Baldes, R. W., Democritus on Visual Perception: Two Theories or One?, in: Phronesis 20 (1975), 93–105.

– – Democritus on the Nature and Perception of „Black" and „White", in: Phronesis 23 (1978), 87–100.

Bollak, J., La cosmogonie des anciens Atomistes, in: F. Romano (Hg.), 11–59.

Capizzi, A., Democrito nella testimonianza aristotelica, in F. Romano (Hg.), 161–179.

Cole, T., Democritus and the Sources of Greek Anthropology, Cleveland 1987 (2. Aufl. 1990).

Fritz, K. v., Philosophie und sprachlicher Ausdruck bei Demokrit, Platon und Aristoteles, Darmstadt 1966 (1. Aufl. New York 1938).

Furley, D., Two Studies in Greek Atomists, Princeton 1967. Darin auch: The Atomists' Reply to the Eleatics, 79–103, wiederabgedruckt in: MOU, 504–526.

– – Aristotle and the Atomists on Infinity, in: I. Düring (Hg.), Naturphilosophie bei Aristoteles und Theophrast, Heidelberg 1969, 85–96.

Godfrey, R., Democritus and the Impossibility of Collision, in: Philosophy 65 (1990), 225–244.
Hammer-Jensen, I., Demokritos und Platon, in: Archiv für Geschichte der Philosophie 23 (1910), 92–105 und 211–229.
Hirsch, U., War Demokrits Weltbild mechanistisch und antiteleologisch? in: Phronesis 35 (1990), 225–244.
Hölscher, U., Der Herakliteer in Platons Theaitet, in: R. Wiehl (Hg.), Die antike Philosophie in ihrer Bedeutung für die Gegenwart, Heidelberg 1981, 37–53.
Jürss, F./Müller, R./Schmidt, E. G. (Hg.), Griechische Atomisten. Texte und Kommentare zum materialistischen Denken der Antike, Berlin 1984 (1. Aufl. Leipzig 1973).
Kerschensteiner, J., Zu Leukippos A 1, in: Hermes 87 (1959), 441–448.
Kline, A. D./Matheson, C. A., The Logical Impossibility of Collision, in: Philosophy 62 (1987), 509–515.
Langerbeck, H., Doxis epirysmiê. Studien zu Demokrits Ethik und Erkenntnislehre, Berlin 1967 (1. Aufl. 1935).
Löbl, R., Demokrits Atome. Eine Untersuchung zur Überlieferung und zu einigen wichtigen Lehrstücken in Demokrits Physik, Bonn 1976.
– – Demokrits Atomphysik, Darmstadt 1987.
– – (Hg.), Demokrit. Texte zu seiner Philosophie, ausgewählt, übersetzt, kommentiert und interpretiert, Amsterdam 1989.
Luria, S., Demokrit, Leningrad 1970.
Makin, S., The Indivisibility of the Atoms, in: Archiv für Geschichte der Philosophie 71 (1989), 125–49.
Mau, J., Zum Problem des Infinitesimalen bei den antiken Atomisten, Berlin 1954.
O'Brien, B., Heavy and Light in Democritus and Aristotle. Two Conceptions of Change and Identity, in: Journal of Hellenic Studies 97 (1977), 64–74.
– – Theories of Weight in the Ancient World, Bd. 1: Democritus. Weight and Size, Paris/Leiden 1981.
Proceedings of the 1st International Congress on Democritus, Xanthi 6–8 October 1983, Xanthi 1984.
Romano, F. (Hg.), Democrito e l'atomismo antico. Atti del convegno internazionale, Catania 18–21 aprile 1979, Catania 1980.
Sedley, D. N., Two Conceptions of Vacuum, in: Phronesis 27 (1982), 175–193.
Steckel, H., Demokritos, in: Realencyclopaedie der classischen Altertumswissenschaft, Suppl. 12 (1970), 191–223.
Stenzel, J., Leukippos, in: Realencyclopaedie der classischen Altertumswissenschaft Bd. 12, 2 (1925), 2266–2271.
Stokes, M., One and Many, *(s. bei „Gesamtdarstellungen")*, 218–236.
Stückelberger, A. (Hg.), Antike Atomphysik, Texte zur antiken Atomlehre und zu ihrer Wiederaufnahme in der Neuzeit, München/Darmstadt 1979.

– – Vestigia Democritea. Die Rezeption der Lehre von den Atomen in der antiken Naturwissenschaft und Medizin, Basel 1984.
Taylor, C. C. W., Pleasure, Knowledge and Sensation in Democritus, in: Phronesis 12 (1967), 6–27.
Vlastos, G., Ethics and Physics in Democritus, in: AF II, 381–408.

12. Zur Wirkung und Deutung der vorsokratischen Philosophie
Cherniss, H. F., Aristotle's Criticism of Presocratic Philosophy, *siehe bei „Überlieferung und Textgeschichte".*
Fenves, P., Marx's Doctoral Thesis onTwo Greek Atomists and the Kantian Interpretations, in: Journal of the History of Ideas 47 (1986), 433–452.
Hegel, G. W. F., Vorlesungen über Geschichte der Philosophie, in: Werke, Bd. 18, Frankfurt a. M. 1971.
Heidegger, M., Die Grundbegriffe der antiken Philosophie, Gesamtausgabe, II. Abt.: Vorlesungen 1919–1944, Bd. 22, Frankfurt a. M. 1993.
Heisenberg, W., Physik und Philosophie, Frankfurt a. M. 1984.
Hölderlin, F., Hyperion, Große Stuttgarter Ausgabe, Bd. 3, Stuttgart 1957.
Hölscher, U., Die Wiedergewinnung des antiken Bodens. Nietzsches Rückgriff auf Heraklit, in: Neue Hefte für Philosophie 15/16 (1979).
Kondylis, P., Die Entstehung der Dialektik. Eine Analyse der geistigen Entwicklung von Hölderlin, Schelling und Hegel bis 1802, Stuttgart 1979.
Marx, K., Differenz der demokritischen und epikureischen Naturphilosophie (entst. 1840/41).
Nietzsche, F., Die Philosophie im tragischen Zeitalter der Griechen, Werke hrsg. von K. Schlechta, Bd. 3, München [2]1960.
Popper, K. R., Back to the Presocratics, in: AF, Vol. 1, 130–153.
Psimenos, N., Hegels Heraklitverständnis, Basel 1979.
Riedel. M. (Hg.), Hegel und die antike Dialektik, Frankfurt a. M. 1990.
Snell, B., (s. bei „Gesamtdarstellungen").
Stückelberger, A., (s. zu Leukipp und Demokrit).
Wismann, H., Atomos idea, in: Neue Hefte für Philosophie 15/16 (1979), 34–52.

Personenregister

Begriffsregister

Beck'sche Reihe „Denker"

Herausgegeben von Otfried Höffe

Adorno, von Rolf Wiggershaus (BsR 510)
Antike Skeptiker, von Friedo Ricken (BsR 526)
Aristoteles, von Otfried Höffe (BsR 535)
Augustinus, von Christoph Horn (BsR 531)
Bacon, von Wolfgang Krohn (BsR 509)
Berkeley, von Arend Kulenkampff (BsR 511)
Camus, von Annemarie Pieper (BsR 507)
Cassirer, von Andreas Graeser (BsR 527)
Epikur, von Malte Hossenfelder (BsR 520)
Fichte, von Peter Rohs (BsR 521)
Foucault, von Urs Marti (BsR 513)
Frege, von Verena Mayer (BsR 534)
Freud, von Alfred Schöpf (BsR 502)
Galilei, von Klaus Fischer (BsR 504)
Horkheimer, von Zvi Rosen (BsR 528)
Humboldt, W. v., von Tilman Borsche (BsR 519)
Hume, von Jens Kulenkampff (BsR 517)
Jaspers, von Kurt Salamun (BsR 508)
Kant, von Otfried Höffe (BsR 506)
Konfuzius, von Heiner Roetz (BsR 529)
Locke, von Rainer Specht (BsR 518)
Machiavelli, von Wolfgang Kersting (BsR 515)
Marx, von Walter Euchner (BsR 505)
Newton, von Ivo Schneider (BsR 514)
Nietzsche, von Volker Gerhardt (BsR 522)
Ockham, von Jan P. Beckmann (BsR 533)
Peirce, von Klaus Oehler (BsR 523)
Piaget, von Thomas Kesselring (BsR 512)
Popper, von Lothar Schäfer (BsR 516)
Quine, von Henri Lauener (BsR 503)
Rawls, von Thomas W. Pogge (BsR 525)
Schelling, von H. M. Baumgartner/H. Korten (BsR 536)
Sokrates, von Günter Figal (BsR 530)
Spinoza, von Wolfgang Bartuschat (BsR 537)
Tillich, von Werner Schüßler (BsR 540)
Vorsokratiker, von Christof Rapp (BsR 539)
Wittgenstein, von Wilhelm Vossenkuhl (BsR 532)

Verlag C. H. Beck München